编委会

新工科背景下
电子信息人才能力素质培养
基于社会化视角的研究

林良盛◎主　编　　原　玲◎副主编

暨南大學出版社
JINAN UNIVERSITY PRESS

中国·广州

图书在版编目（CIP）数据

新工科背景下电子信息人才能力素质培养：基于社会化视角的研究/林良盛主编；原玲副主编．—广州：暨南大学出版社，2023.8
ISBN 978－7－5668－3125－5

Ⅰ．①新…　Ⅱ．①林…　②原…　Ⅲ．①电子信息—人才培养—研究—中国
Ⅳ．①G203

中国国家版本馆 CIP 数据核字（2023）第 150197 号

新工科背景下电子信息人才能力素质培养：基于社会化视角的研究
XINGONGKE BEIJING XIA DIANZI XINXI RENCAI NENGLI SUZHI PEIYANG：
JIYU SHEHUIHUA SHIJIAO DE YANJIU
主　编：林良盛　副主编：原　玲

出 版 人：张晋升
责任编辑：郑晓玲　林　琼
责任校对：詹建林　黄亦秋　王燕丽
责任印制：周一丹　郑玉婷

出版发行：暨南大学出版社（511443）
电　　话：总编室（8620）37332601
营销部（8620）37332680　37332681　37332682　37332683
传　　真：（8620）37332660（办公室）　37332684（营销部）
网　　址：http：//www. jnupress. com
排　　版：广州尚文数码科技有限公司
印　　刷：佛山市浩文彩色印刷有限公司
开　　本：787mm×1092mm　1/16
印　　张：16.25
[illegible]
版　　次：2023 年 8 月第 1 版
印　　次：2023 年 8 月第 1 次
定　　价：78.00 元

（暨大版图书如有印装质量问题，请与出版社总编室联系调换）

前　言

习近平总书记指出，我们对高等教育的需要比以往任何时候都更加迫切，对科学知识和卓越人才的渴望比以往任何时候都强烈。为主动应对新一轮科技革命与产业变革，支撑服务创新驱动发展、“中国制造2025”等一系列国家战略，教育部积极推进新工科建设的探索与实践。2017年，教育部先后形成“复旦共识”“天大行动”“北京指南”，奏响了高等工科教育改革的“三部曲”，全力探索领跑全球工程教育的中国模式、中国经验，助力高等教育强国建设。从教育视角来看，新工科建设涉及电子信息在内的众多新兴专业、学科，通过对传统专业、学科的升级改造，进一步加强科技界、教育界和产业界的沟通交流，促进科技创新、产业发展和人才培养形成合力。新工科建设不仅是高等教育对我国“新业态”的积极应变，更是对人才培养提出了新的理念和任务要求。相较于传统的人才培养，面向新工业革命的新工科人才能力素质培养应满足国家战略和新兴产业发展的需要，培养更多具备全球视野、创新精神和实践能力的复合型人才，以实现人才的知识、能力、素质等职业能力素质结构升级迭代。

随着社会的高速发展，电子信息技术广泛渗透到国防、工业控制、交通、家用电子、农业、电子商务、通信等各个领域。人们对生活科技化、智能化的要求越来越高，电子信息产业进入了蓬勃发展时期。人们的日常生活对电子信息相关专业知识的应用也越来越普遍。电子信息技术在国民经济增长和人民生活质量的提高等方面起着至关重要的作用，是国家建设与社会发展绕不开的基础和必要条件。电子信息产业作为我国国民经济的基础性、先导性和支柱性产业，已经成为提升我国科技创新实力、推动经济社会发展和整体竞争力的重要动力引擎，对我国整体经济实力的提高至关重要。显然，电子信息产业已成为新兴科技产业，被誉为朝阳产业。国家对电子信息类专业人才的需求量也越来越大，对电子信息类专业人才培养和教育的质量要求也越来越高。

党的二十大报告指出，教育、科技、人才是全面建设社会主义现代化国家的基础性、战略性支撑。从现实本质来看，教育的目标是引导学生成功走向社会并适应社会、融入社会和改造社会；教育的发展也是基于社会发展，并与社会相互作用。大学生的阶段性目标是从学校顺利走向社会，大学生在校期间的学习锻炼目的就是培养自身的社会化能力。所谓社会化，是个体在特定的社会文化环境中，学习和掌握知识、技能、语言、规范、价值观等社会行为方式和人格特征，适应社会并积极作用于社会、创造新文化的过程。因此，高校教育的重要任务就是让大学生实现社会化，使学生思维向社会思维转变，传授学生更多社会需要、适应社会发展的知识和技能。本书从社会化视角切入，思考新工科背景下电子信息人才的能力素质培养与人才成长发展问题，强调教育的主体性、社会性、发展性和实效性。这既是学生个体发展的根本诉求、社会发展的客观需要，也是教育工作的现实要求，体现了“培养什么人、怎样培养人、为谁培养人”的根本问题。

基于以上所述，为适应新的人才培养形势，本书结合新工科背景，从社会化视角对电子信息类专业人才能力素质培养进行阐述，深入分析电子信息产业、专业、职业、就业和创业，为高校电子信息类专业建设、人才培养以及学生成长提供参考和指引。全书主要包括以下几个方面内容：社会变革中的新工科建设实践探索以及社会化视角下的新工科人才能力素质教育培养；新工科背景下的电子信息产业与专业学科发展；电子信息人才职业、就业与创业能力的探索、培养与提升。

本书是2021年度教育部人文社会科学研究专项任务项目（高校辅导员研究）“基于社会化理论高校实践育人共同体的系统构建研究（21JDSZ3040）”以及2020年度电子信息类专业教学指导委员会教学改革研究项目“新工科背景下电子信息人才职业发展与就业能力培养体系与机制研究（2020－YB－16）”相关研究成果，也是广东省教育科学“十三五”规划2020年度研究项目（德育专项）“‘三全育人’体系下高校思想政治教育社会化机制研究(2020JKDY025)”成果之一，得到广东工业大学2021年启动的“1＋2＋3”攀撑计划项目资助。

本书由广东工业大学林良盛担任主编，负责统稿及组织工作；原玲担任副主编，对专业建设及人才培养方面内容编写进行具体指导。具体分工如下：第一章由刘彤、林良盛编写；第二章由王嘉茉、林良盛编写；第三章由钟华、林良盛编写；第四章由林良盛、张鑫编写；第五章由原玲、林良盛编写；第六章由刘志平、林良盛编写；第七章由戴丹、林良盛编写；第八章由张超、林良盛编写。

在编写本书过程中，我们参考了国内外大量关于新工科建设、电子信息类专业建设、电子信息产业行业发展，以及高校人才培养在学生职业、就业、创业发展指导方面的文献资料。书中引用的部分材料与案例来源于期刊、网络，未能一一列明来源和进行针对性说明，在此谨致歉意。

由于编者水平有限，书中难免存在疏漏和不当之处，敬请读者批评指正。

编　者

2023 年 6 月于广州

目 录

CONTENTS

第一章

社会变革中的新工科建设实践探索

第一节　新工科建设的背景及意义

一、第四次工业革命浪潮的兴起

前三次工业革命——蒸汽技术革命、电力技术革命和计算机及信息技术革命，使人类发展进入了空前繁荣的时代，但同时也造成了巨大的能源、资源消耗，付出了巨大的环境代价、生态成本，急剧扩大了人与自然之间的矛盾。自 21 世纪以来，以大数据、云计算、智能机器人和 3D 打印为主的新技术层出不穷，这些技术正深刻改变人类生产生活方式，预示着新一轮工业革命的兴起，我们将迎来利用信息化技术促进产业变革的时代。克劳斯·施瓦布在《第四次工业革命》一书中指出，第四次工业革命与其他几次有着较大差别，呈现出“波及面更大、范围更广、程度更复杂密集”等变化特征，彰显出巨大的影响力。[①] 为应对这些变化，西方国家纷纷采取措施，迎接第四次工业革命的到来。如德国 2013 年提出“工业 4.0”这一重大国家战略；美国提出了工业互联网并组建联盟。

作为世界第二大经济体的中国，已错失前三次工业革命的发展良机，如今在新的发展形势下，理应与时俱进地参与这一浪潮。2014 年 6 月，习近平主席出席国际工程科技大会时指出：“未来几十年，新一轮科技革命和产业变革将同人类社会发展形成历史性交汇，工程科技进步和创新将成为推动人类社会发展的重要引擎。”[②] 我国 2015 年 5 月发布了《中国制造 2025》重大国家发展战略，为我国工业化发展指明了方向。2017 年 6 月，时任总理李克强主持了以新一轮世界科技革命和产业变革为主的专题学习。

二、国内经济结构的调整及产业转型升级

当前，我国经济发展已由高速增长阶段转向高质量发展阶段，当下的主要任务是转变发展方式、优化经济结构、转换增长动力，建设现代化经济体系。处于新经济时代的中国，各种互联网产业形态不断出现，促进了产业升级和变革。新时代新经济发展必然对工科建设提出新的要求。

互联网、物联网、大数据、人工智能、新材料、新能源等新科技和新商业模式快速改

---

① 施瓦布. 第四次工业革命 [M]. 李菁，译. 北京：中信出版社，2016.

② 习近平. 让工程科技造福人类、创造未来：在 2014 年国际工程科技大会上的主旨演讲（2014 年 6 月 3 日）[N]. 人民日报，2014 - 06 - 04.

变着现代工业、经济社会发展和劳动力市场。为了主动应对新一轮科技革命与产业变革，支撑服务创新驱动发展，“中国制造2025”“一带一路”“互联网+”等重大国家政策相继出台，为中国经济发展拓展了新方向、提供了新机遇、注入了新活力，进而形成了以新技术、新业态、新产业为特点的新经济业态。经济结构的优化升级离不开生产力的高速发展，而生产力的进步又要以技术的突破为支撑。经济结构从要素驱动、投资驱动转向了创新驱动，我国也适时提出双创战略，增强经济发展的活力和动力。经济的发展总在推陈出新，这就要求高等教育必须面向未来谋划专业布局。

当前，我国经济发展结构并不均衡，正处于动力转换、结构优化和提质增效的关键时期。国内外制造业竞争激烈、自主创新能力不足成掣肘，急需经济转型升级。在此导向下的新工科建设，对新工科服务产业发展提出了更新、更高、更快的要求，迫切需要新工科提供新兴技术、核心技术、高端技术，直接服务于先进制造业、战略性新兴产业和传统产业的改造。同时，新产业布局正如火如荼，成为驱动国家产业升级融合的内生动力。

创新型经济体系的建设离不开新工科教育背景下培养的新型创新人才。具体到工程教育领域，能够把握科技创新的前沿动态，适时调整改进现时状况，建立更加丰富、更个性化的工程教育育人模式，是新经济时代对工程教育提出的必然要求。

三、工程教育内涵式发展的要求

中国作为一个教育大国，拥有庞大的高等教育受众群体，其中理工科学生所占比例相当高。从教育部网站了解到，2022年，我国普通本科在校学生数为1 893.104 4万人，其中理工科学生数为771.288 4万人，占总学生数比例超过40%。如此庞大的规模，一方面彰显了工程教育发展的显著成就，另一方面也让社会大众对工程教育质量提出了更高的要求。中国工程教育的规模已经位居世界前列，但是人才质量有待提升。当下工程教育的主要任务是从规模式发展走向内涵式发展，即稳定规模、提高质量。要提高工程教育质量，就要从顶层设计上进行合理规划。

与此同时，育人模式的改革必须结合国家重大发展战略和经济发展需求来进行。科学技术的突飞猛进使得第四次工业革命迅速展开，迎来了新经济时代。新经济业态与传统经济业态有着很大差别，专业之间的联结与互通变得非常重要，产业升级迭代速度很快，这就要求工程科技人才必须在知识、能力、职业素养、行业视野等方面跟上形势，与时俱进，不断提升，同时具备更高的创新创业能力和跨界整合能力。

第二节　我国新工科建设的路径演进与优化

一、展望国家愿景，合力凝聚共识

近年来，以新工科建设为牵引，一流本科建设持续发力。2015 年 5 月，国务院发布《中国制造 2025》，旨在推进由制造大国向制造强国转变，由“中国制造”向“中国智造”转变。在此背景下提出“新工科”一词，立即得到了政府、学术界以及行业、企业的积极响应。

2017 年 2 月 18 日，教育部在复旦大学召开了高等工程教育发展战略研讨会，与会高校针对新时期工程人才培养进行了热烈讨论，共同探讨了新工科的内涵特征、新工科建设与发展的路径选择，并达成了相关共识：①我国高等工程教育改革发展已经站在新的历史起点；②世界高等工程教育面临新机遇、新挑战；③我国高校要加快建设和发展新工科；④工科优势高校要对工程科技创新和产业创新发挥主体作用；⑤综合性高校要对催生新技术和孕育新产业发挥引领作用；⑥地方高校要对区域经济发展和产业转型升级发挥支撑作用；⑦新工科建设需要政府部门大力支持；⑧新工科建设需要社会力量积极参与；⑨新工科建设需要借鉴国际经验、加强国际合作；⑩新工科建设需要加强研究和实践。以上，被教育学界统称为新工科建设“复旦共识”。[①]

2017 年 4 月 8 日，教育部在天津大学召开新工科建设研讨会，60 余所高校共商新工科建设的愿景与行动。与会代表一致认为，培养造就一大批多样化、创新型卓越工程科技人才，为我国产业发展和国际竞争提供智力和人才支撑，既是当务之急，也是长远之策。会议在以下几方面形成共识：①探索建立工科发展新范式；②问产业需求建专业，构建工科专业新结构；③问技术发展改内容，更新工程人才知识体系；④问学生志趣变方法，创新工程教育方式与手段；⑤问学校主体推改革，探索新工科自主发展、自我激励机制；⑥问内外资源创条件，打造工程教育开放融合新生态；⑦问国际前沿立标准，增强工程教育国际竞争力。[②]

---

① “新工科”建设复旦共识［EB/OL］. https://jwc. fudan. edu. cn/2b/1b/c25319a273179/page. htm.

② 新华社. 教育部在天津大学召开新工科建设研讨会［EB/OL］. http://news. tju. edu. cn/info/1005/20636. htm.

二、搭建理想框架，计划指导建设

2017 年 6 月 9 日，教育部在北京召开新工科研究与实践专家组成立暨第一次工作会议，全面启动、系统部署新工科建设。30 余位来自高校、企业和研究机构的专家深入研讨新工业革命带来的时代新机遇、聚焦国家新需求、谋划工程教育新发展，审议通过《新工科研究与实践项目指南》，提出新工科建设指导意见：①明确目标要求；②更加注重理念引领；③更加注重结构优化；④更加注重模式创新；⑤更加注重质量保障；⑥更加注重分类发展；⑦形成一批示范成果。①

2018 年 4 月，教育部印发《高等学校人工智能创新行动计划》（以下简称《计划》），要求推进新工科建设，重视人工智能与计算机、控制、数学、统计学、物理学、生物学、心理学、社会学、法学等学科专业教育的交叉融合，形成“人工智能 + X”复合专业培养新模式，到 2020 年，建设 100 个“人工智能 + X”复合特色专业，建立 50 家人工智能学院、研究院或交叉研究中心。②

《计划》指出，人工智能正引发可产生链式反应的科学突破，催生一批颠覆性技术，引领新一轮科技革命和产业变革。根据《计划》，到 2030 年，高校要成为建设世界主要人工智能创新中心的核心力量和引领新一代人工智能发展的人才高地，为我国跻身创新型国家前列提供科技支撑和人才保障。

《计划》的重点任务包括加强新一代人工智能基础理论研究，推动新一代人工智能核心关键技术创新，完善学科布局，加强重点领域应用，推进智能教育发展。

根据《计划》，将面向国家重大战略需求适当增加研究生招生指标；探索建立以高校面向国家重大战略部署所承担的国家重大科技任务、国家级创新平台、省部级创新平台等为支撑，强化高层次人才培养的模式；在国家重大人才工程中，加大向人工智能领域优秀人才的倾斜力度。

2018 年 6 月，教育部在成都召开了新时代全国高等学校本科教育工作会议，发出了“以本为本，四个回归，建设中国特色、世界一流的本科教育”的动员令。随后，教育部发布了《关于加快建设高水平本科教育全面提高人才培养能力的意见》（又称“高教40 条”）。③

---

① 新工科建设形成“北京指南”：新工科研究与实践专家组成立暨第一次工作会议在京召开［EB/OL］. http://www.moe.gov.cn/jyb_xwfb/gzdt_gzdt/moe_1485/201706/t20170610_306699.html.

② 教育部关于印发《高等学校人工智能创新行动计划》的通知［EB/OL］. http://www.moe.gov.cn/srcsite/A16/s7062/201804/t20180410_332722.html.

③ 坚持以本为本　推进四个回归　建设中国特色、世界水平的一流本科教育：新时代全国高等学校本科教育工作会议召开［EB/OL］. http://www.moe.gov.cn/jyb_xwfb/gzdt_gzdt/moe_1485/201806/t20180621_340586.html.

三、建设一流本科，追求专业卓越

新工科教育不是传统工科的对立版，而是卓越教育的升级版。[①] 2019 年 4 月、10 月，教育部先后发布一流本科专业建设、课程建设的“双万计划”通知，各类高校积极行动，掀起了一流本科建设的热潮。2019 年 4 月，教育部联合 12 个国家部委和单位在天津大学召开“六卓越一拔尖”计划 2.0 启动大会，并于当年 9 月分别发布“六卓越一拔尖”计划 2.0 实施意见，其中包括卓越工程师教育培养计划 2.0 实施意见，即《关于加快建设发展新工科实施卓越工程师教育培养计划 2.0 的意见》。[②]

一流本科建设不仅限于工程教育领域，而是包括工程教育改革在内的本科教育质量建设的整体行动。“六卓越一拔尖”计划 2.0，旨在推动新工科、新医科、新农科、新文科协同建设，从“单兵作战”转向“整体发力”。卓越工程师教育培养计划 1.0 到 2.0 转型计划，以及作为转型“桥梁”或重要依托的新工科建设，构成了工程教育改革的完整“路线图”。当前，如何将新工科建设路线图、施工图转化为工程教育改革的具体行动，就成为新工科建设转型发展的重要课题。

2019 年 12 月，在天津大学召开了“教育部深化新工科建设座谈会暨卓越大学联盟高校新工科教育研讨会”，会议强调新工科建设要从前期的轰轰烈烈走向扎扎实实，由 1.0 阶段向 2.0 阶段跨越，新工科建设要再深化、再拓展、再突破、再出发。[③]

在此背景下，新工科建设一要坚持，即坚持基于新经济发展要求的行动逻辑不变，坚持新工科教育的创新人才培养理念不变；二要创新，探寻新工科建设的新动能，构建新工科建设的新范式。当前，新工科建设正处于爬坡过坎和深化改革阶段，研究新工科建设的范式转型及其动能转换，对于推进新工科教育的可持续发展具有重要意义。

四、聚焦前沿科技，拥抱技术未来

2020 年 5 月，为落实《教育部工业和信息化部中国工程院关于加快建设发展新工科，实施卓越工程师教育培养计划 2.0 的意见》（教高〔2018〕3 号），推进未来技术学院建设工作，教育部发布了《未来技术学院建设指南（试行）》。其旨在通过 4 年左右时间，在

---

① 王树新：以“新工科”理念为牵引　推进工程教育改革［EB/OL］. https://www.sohu.com/a/207880315_267106.

② 教育部　工业和信息化部　中国工程院关于加快建设发展新工科实施卓越工程师教育培养计划 2.0 的意见［EB/OL］. http://www.moe.gov.cn/srcsite/A08/moe_742/s3860/201810/t20181017_ 351890.html.

③ 教育部深化新工科建设座谈会暨卓越大学联盟高校新工科教育研讨会在天津大学举办［EB/OL］. http://www.tju.edu.cn/info/1026/2503.htm.

专业学科综合、整体实力强的部分高校建设一批未来技术学院，探索专业学科实质性复合交叉合作规律，探索未来科技创新领军人才培养新模式。在此基础上，不断加强建设，争取用10年左右时间锻造一批在前沿交叉与未来技术领域具有重要影响的高水平教师团队，建设若干适应未来技术研究所需的科教资源平台和数字化资源，培育一批在前沿交叉学科与未来技术领域可能产生重大影响的原创性成果，形成一批具有代表性的体制机制范例，打造能够引领未来科技发展和有效培养复合型、创新性人才的教学科研高地。①

2020年11月8日，第五届中国高等工程教育论坛在长沙举行，共话中国高等工程教育的国之重器新征程，聚焦和研讨新形势下高等工程教育领域中的关键核心问题。论坛聚焦国家战略，开启高等工程教育高质量发展新征程；深化质量革命，开创高等工程教育高质量发展新模式；推进多维融合，开拓高等工程教育高质量发展新格局。②

“复旦共识”“天大行动”“北京指南”③ 构成了新工科建设“三部曲”，奏响了人才培养主旋律，开拓了工程教育改革新路径。其旨在深入系统地开展新工科研究和实践，从理论上创新、从政策上完善，在实践中推进和落实，一步步将建设工程教育强国的蓝图变成现实，建立中国模式、制定中国标准、形成中国品牌，打造世界工程创新中心和人才高地，为实现“两个一百年”奋斗目标和中华民族伟大复兴的中国梦作出积极贡献。

第三节　新工科建设的内涵与特征

学科是人类根据自身对客观世界的认识和科学的知识体系的共性特征进行的学术划分。虽然这一分类具有人类认识上的局限性和主观性，但其在人类社会发展中会留下历史烙印。新经济的发展及其产业变革不会因为人类对学科的界定而局限在某门学科内，而必然会突破原有的学科界限和产业划分。在分析新工科的内涵与特征时，首先要突破人们原有对工科的界定，超越传统工科专业的设置；要根据科技革命和产业变革的需要以及新经济发展的趋势来理解和认识新的工程学科及其范畴，赋予其跨越现有学科界限和产业边界的新的内涵。

新工科的“新”并不是一个时间上的概念。新工科诞生于科技革命、产业革命和新经济的大背景下，“新”既是它的本质，也是它的特征。“从某种程度上说，新工科就是有

---

① 教育部办公厅关于印发《未来技术学院建设指南（试行）》的通知［EB/OL］. http://www.moe.gov.cn/srcsite/A08/moe_742/s3860/202005/t20200520_456664.html.

② 第五届中国高等工程教育论坛［DB/OL］. https://www.eol.cn/e_html/2020/heec-gc/.

③ “复旦共识”“天大行动”“北京指南”［EB/OL］. http://zljk.hsnc.edu.cn/info/1133/2162.htm?eqid=9013e4780007cd0b00000003642d22e6.

别于传统学科的学科交叉产物”①，是与新科技紧密相连、对接新兴产业、由多学科交叉生成的学科。这些“新”不仅体现出新工科的建设内容之新，也揭示出新工科建设所蕴含的学科建设和高等教育改革的理念之新。

一、新工科的基本内涵

在“新工科”一词中，“工科”是指工程学科，“新工科”则是指新的工科形态，是对工科注入新的内涵以适应新经济发展需要而产生的工科新形态。新工科又可表述为“工科+”，即“工科+新理念”“工科+新专业”“工科+新结构”“工科+新模式”“工科+新体系”“工科+新技术”等工科新形态。其中，新理念是这些“新”的统领，理解新工科首先要从理念的角度来认识，要突破传统的对学科的思维定式。②

林健认为，新工科的“新”有三方面含义，即新兴、新型和新生。①新兴指的是全新出现、前所未有的新学科，主要指从其他非工科的学科门类（如应用理科等基础学科）孕育、延伸和拓展出来的面向未来新技术和新产业发展的学科。这些学科不仅孕育了一批以新能源、新材料、生物科学为代表的新技术，而且催生了一批以光伏、锂离子电池和基因工程为代表的新产业。简而言之，由基础学科孕育的新技术在产业化后就形成了新产业。值得注意的是，有些学科虽然以某一现有学科为背景，但在发展初期仍存在着内涵不确定和特征不清楚的特点，需要在形成和发展过程中不断明确。②新型指的是对传统的、现有的，也就是旧的学科进行转型、改造和升级，包括对内涵的拓展、培养目标和标准的转变或提高、培养模式的改革和创新等而形成的新学科。转型前的学科虽然可能是工程学科中的重要学科，具有发展历史悠久、在国民经济建设中不可或缺等特点（如机械、土木、化工等），但面对我国产业的转型升级，尤其是互联网和人工智能对传统产业产生颠覆性影响而引发的对这些产业的改造以及其他高新技术对传统产业的改造，这些学科需要针对当前和未来产业发展需要进行转型、改造，成为新型工科。③新生指的是由不同学科交叉，包括现有不同工科的交叉复合、工科与其他学科的交叉融合等而产生的新学科。不同工科的交叉复合可以是两个以上的工科的交复，如将机械、计算机和控制交叉，这些都是现代产业发展的趋势。工科与其他学科的交叉融合可以是工科与理科、管理、经济、人文、医学、新闻、法律等其他学科的交融，这些都是现代产业发展的需要。其中，工科与理科的结合强化了工科的基础内涵，赋予其新的发展空间和潜力；工科与人文社会学科的结合彰显了工科的管理、服务和人文特色。③

总而言之，新工科代表的是最新的产业或行业发展方向，指的是正在形成或将要形成

① 李华，胡娜，游振声．新工科：形态、内涵与方向［J］．高等工程教育研究，2017（4）：16－19，57．
② 阚凤云，陈斌．新工科，一场工程教育新革命？［N］．中国科学报，2017－03－14（6）．
③ 林健．面向未来的中国新工科建设［J］．清华大学教育研究，2017，38（2）：26－35．

的新的工程学科。从新经济的发展模式来看，新经济强调以产业链整合替代传统学科的专业化分工，互联网的超强跨界渗透能力形成了“互联网+”的产业创新模式。因此，新工科要注重建设一批具有跨行业界限、跨学科界限的跨界特征的新学科。

二、新工科的主要特征

林健认为，新工科具有引领性、交融性、创新性、跨界性和发展性等特征。①引领性是新工科的前沿特征，表现在高等教育系统内、外两方面。在高等教育内部，新工科的建设和发展将为其他学科和专业的建设，以及其他专业人才培养各个环节的改革和发展起到引领和示范作用。在高等教育外部，新工科超前布局和建设将孕育出新技术，进而通过新技术的产业化支撑引领新产业的形成。因此，新工科建设具有超越自身的重要意义。②交融性是新工科的学科特征，表现在新工科往往是由多个学科经交叉、融合、渗透或拓展而形成的，以落实新经济强调的绿色、智能、泛在等理念。这一特征使得新工科较传统的工科而言内涵更复杂、建设难度更大、需要投入的资源更多。因此，政府和高校应对新工科建设予以更多的政策支持和资源投入。③创新性是新工科的属性特征，是新工科的价值所在，是国家经济社会发展对新工科本质属性提出的要求。新工科建设是服务以新技术、新产业、新业态和新模式为特点的新经济发展，寻求我国在核心关键技术上的突破，在未来全球创新生态系统中占据战略制高点，因此，在技术、产业和模式上的创新以及创新人才培养模式是新工科的主要任务。④跨界性是新工科的产业特征，是新工科围绕产业链整合需要而在自身构成中必须具有的跨越原有产业和行业界限的特征。这一特征反映了产业当前和未来发展对新工科的要求，将影响新工科建设的内涵、构成及其专业建设重点。⑤发展性是新工科的动态特征，表现为新工科在建设过程中需要不断完善和在发展过程中需要不断调整，这是由新工科的性质所决定的。新工科在建设初期存在着内涵、性质和边界不确定或不清晰的情况，需要日后继续完善；新工科在发展中需要根据产业发展变化和趋势对学科内涵、要素等进行及时和超前的调整。①

第四节　新工科建设的教育范式

一、新工科教育范式的逻辑概念

范式是指特定的科学共同体从事某一类科学活动所必须遵循的公认模式，它包括共有

① 林健．面向未来的中国新工科建设［J］．清华大学教育研究，2017，38（2）：26－35．

的世界观、基本理论、范例、方法、手段、标准等与科学研究有关的各个方面。美国著名科学哲学家托马斯·库恩认为，每一个科学发展阶段都有特殊的内在结构，而体现这种结构的模型即范式。

按传统工程教育范式培养的人才服务于工业和经济社会发展，而当科技和社会进步改变了工业产业发展，导致已有工程教育范式不能满足产业对工程技术人才的需求时，工程教育界便需要开展教育教学改革，转变工程教育范式。目前的工程教育范式转变，源于多年前就开始的各种工程教育改革尝试。新工科教育改革的讨论和实践，使中国工程教育界形成共识，建立了新的工程教育范式。新工程教育范式形成一段时间后，随着科技和社会的进步，又会出现新发展、新知识和对于工程教育的新理解，将会开始新一轮工程教育范式的转变，因此，工程教育范式的转变、形成、稳定和再转变是一个动态和发展的过程。在这个过程中，适应当前发展的工程教育范式的内容会被保留和传承，不适应的部分就会消失。因此，工程教育范式是传承和渐变而来的，很少是颠覆性的推翻重来。顾佩华认为，工程教育的新理念、新模式、新方法、新内容、新质量等可以作为学校新工科建设和教育改革的基本内容，可构建新工科专业或改造现有专业，培养新经济和学校所服务产业需要的新型工程技术人才，新工科教育的范式也可以称为工程教育的新范式。[①] 此外，吴爱华等提出“新理念、新结构、新模式、新质量、新体系”作为新工科的核心内容[②]，李茂国等提出“融合创新”范式作为新工科的教育范式[③]。

二、新工科教育的基本框架

工程教育专家及工程教育利益相关者所共同遵守和接受的理念和原则、标准、教育教学方法、内容、评价体系等构成了工程教育的范式基础框架。顾佩华综合吴爱华、李茂国等学者的研究，提出创新工程教育的理念、质量标准、模式、培养体系、教育教学方法，以及不断更新教学内容，与理工和多学科融合、产学融合、校企融合、教研学融合等相结合，形成新工科教育范式的基本框架。

（一）新理念

新工科教育要贯彻落实创新、协调、绿色、开放、共享的新发展理念，全面创新新工科教育观。一要树立创新的新工科教育理念，深化工科教育改革，注重学生的工程和科技创新能力的培养、多学科和跨界领导力的培养；二要树立全面综合的新工科教育理念，消

---

① 顾佩华. 新工科与新范式：概念、框架和实施路径［J］. 高等工程教育研究，2017（6）：1－13.

② 吴爱华，侯永峰，杨秋波，等. 加快发展和建设新工科 主动适应和引领新经济［J］. 高等工程教育研究，2017（1）：1－9.

③ 李茂国，朱正伟. 工程教育范式：从回归工程走向融合创新［J］. 中国高教研究，2017（6）：30－36.

除工科专业过窄过细的弊端，加强跨学科、多学科知识和能力、人文和管理能力、运用所学知识解决真实世界复杂工程问题的综合能力的培养；三要树立全周期新工科教育理念，培养学生对产品、系统和过程全生命周期的系统工程观；四要以更加开放和广阔的视野，立足当前需求、面向未来、面向国际，以学生为中心，建设贴近业界、聚焦需求、结果导向、持续改进的新工科教育。①

（二）新模式

建立新工科教育新模式至少应该包括以下方面：一是总结中国新工科教育改革经验，借鉴符合国情的在国际上成功的新工科教育模式，创建中国特色、世界水平的人才培养新模式；二是综合国际工程专业认证要求的知识、能力和职业素质，根据科技、产业和社会发展，分析未来工程技术人才应具备的知识、能力和职业素质等；三是根据产业和现代工程师职业需求，确定人才培养目标和毕业要求，制定系统化、整体化的人才培养计划和课程体系，将创新、创造、创业能力贯穿整个人才培养过程，营造创新型工程师培养的生态系统，不断完善适应和引领工程发展的新工科教育，培养从研发、设计、建造到运行的多元化、创新型现代工程技术人才。②

（三）新方法

在新理念的指导下，根据新工科教育新模式的需求，创新新工科教育教学培养方法和手段。根据培养计划，制定详细课程内容和学习总结。根据课程内容和学习总结的要求，整合教学资源，包括互联网开放教学资源，如 MOOC（慕课）、其他网络和数字化教学资源；及时采纳新的教学和人才培养经验、手段，创新教育、教学和学习方法。鼓励教师采用体验式学习（Experiential Learning）、基于项目的学习（Project-Based Learning）、基于问题的学习（Problem-Based Learning）、探究式学习（Inquiry-Based Learning）等各种主动学习方法，灵活运用案例教学、翻转课堂等方式。随着科技和社会的进步，教师与学生在学习习惯、学习方法和工具使用等方面会有差别，教师应该与时俱进，适应和使用先进的教学和学习工具、先进的教学方法，将先进工具、方法和学习内容集成起来，完善人才培养体系。从广义理解新方法，它既包括传统意义上的教学和学习方法，也包括现代的教育方法。教育、教学和学习方法将随着脑科学、认知科学和学习科学研究的不断深入而发展，更加科学的新方法将会不断出现，新工科教育应及时探索和应用这些科研成果，提高教育、教学和学习的质量和效果。

---

① 吴爱华，侯永峰，杨秋波，等．加快发展和建设新工科 主动适应和引领新经济［J］．高等工程教育研究，2017（1）：1－9．

② 吴爱华，侯永峰，杨秋波，等．加快发展和建设新工科 主动适应和引领新经济［J］．高等工程教育研究，2017（1）：1－9．

（四）新内容

快速发展的科学与技术正不断促进知识更新和新知识产生，因此教学和学习内容特别是涉及快速发展的工程科技领域的专业内容应及时更新，体现当前科技发展的新成果和新知识。如果课程内容不及时更新，学生学到的知识比较陈旧，缺乏现代工业需要的工程技能，就无法满足当前和将来企业的需求，这样的教育也无法满足现代企业对工程技术人才的要求。为了保障学生学习的内容体现当今时代的先进水平，学校必须制度性定期修订课程计划，定期更新课程内容，将相关专业领域最新发展情况和科研成果及时介绍给学生，使他们学到的知识是当时最先进的。当学生走上工作岗位后，就会发现他们的知识、能力有用武之地。教育和教学行政管理部门要建立科学的体制机制，定期审查和改革教学内容，及时更新教学内容和教学手段。

（五）新质量

建设新工科教育强国，新工科教育必须具有国际竞争力，代表国际最先进水平和最高质量标准。因此，需构建国家新工科教育的质量标准和质量保障体系，推动建立行业人才培养和要求的标准，包括专业培养标准。学校应根据这些标准制定工科专业的培养标准，从而形成国家、行业、学校的质量标准和质量保障体系。工程认证标准是国家和行业标准中的重要组成部分，根据国家发展的需要，工程认证标准既要满足国际等效的要求，如《华盛顿协议》的相关规定，也要体现国家对工程科技人才的高要求。为了确保新工科教育教学的高水平和高质量，学校的专业质量标准应该超过国家的教育质量和认证标准，而国家的教育质量和认证标准应该超过国际认证标准。①

三、新工科教育的研究范式

（一）新工科建设的校本研究范式

近年来，政府层面已相继发布了一系列新工科建设以及一流本科、一流专业、一流课程建设的相关政策文件，颁布和实施了两批新工科建设研究与实践项目，形成了新工科建设的顶层设计和政策导向。高校作为新工科建设的主体，也是研究和实践的主体。在实践中，新工科建设的成效首先被考察的是高校，而后是专业和课程，因为每所高校都必须根据自己的定位设置专业、开设课程，以及设定或修正人才培养目标和课程标准。因此，新工科建设的首要问题就是把高校作为新工科建设研究与实践的独立单位。高校作为新工科研究与实践的主体，并不否定院系或学科专业的主体地位，它们之间是不同层级主体的关

---

① 顾佩华. 新工科与新范式：概念、框架和实施路径［J］. 高等工程教育研究，2017（6）：1-13.

系。一方面，校级主体地位的实现内含院系或学科专业主体作用的发挥，没有院系或学科专业主体作用的发挥，校级层面的新工科建设只能是悬浮化的；另一方面，院系或学科专业层面的新工科建设不是学校层面的指令性行动，而是基于专业人才培养目标的研究和实践。

（二）新工科建设的行动研究范式

新工科建设是突破传统的工程教育“路径依赖”，构建工程教育新理念、新模式、新标准、新结构、新体系的过程。因此，新工科建设是实实在在的行动研究。首先，新工科建设是涉及不同层次高校、不同学科领域、不同参与主体的系统改革工程，实践中没有统一的建设模式。新工科建设是相关工程教育实践行动者的研究，是为了行动的研究，以及在行动中进行的研究。其次，在实践中，新工科建设的行动研究以活生生的工程教育实践为对象，以新工科建设实践存在的问题为导向，是在新工科建设实践中解决问题的研究，是工程教育人才培养模式变革的行动研究。教师要根据学科专业人才培养目标的新要求，改变传统的课程教学内容体系和课堂教学模式；学校要根据新科技革命和区域产业发展需求，创新高校办学理念和办学行为，强化产学研合作，调整人才培养目标定位，统筹规划新工科建设与特色发展。

（三）新工科建设的教学学术研究范式

新工科建设的研究应以工程科技人才培养作为核心的教学学术研究。尽管新工科建设与工程科技研究以及高校学科建设密切相关，强调产学研合作以及科研对教学的支持作用，但新工科建设的教学学术研究强调以新工科人才培养作为学术研究对象，是对新工科人才培养模式的创新与研究。首先，对新工科建设的教学学术研究来说，关键是教师。教师是新工科课程教学、人才培养的主体，教师教学应立足于研究性教学，通过课程教学模式创新和实践，将课程教学过程与实现专业培养目标结合起来。其次，新工科建设的教学学术研究不是教师个体孤立的研究，而是教师之间结成“学术共同体”或“合作同盟”，对教学实践中存在的问题进行系统研究，并将研究结果与同行交流、接受同行评价。只有如此，才可能使新工科建设的创新性实践突破个体的限制，成为教师群体的自觉行动。最后，新工科建设是跨学科专业的教学学术研究。无论是升级改造传统工科专业，还是设置交叉学科专业和战略性新兴产业相关专业，新工科建设都具有明显的跨学科专业特征。[①]

---

① 马廷奇. 新工科建设的范式转换及实现路径［J］. 中国高等教育，2021（2）：16－18.

第五节　新工科建设供给侧结构性改革

新工科人才需求驱动高校新工科教育体系建设。作为培养工科人才的重要基地，高校的工程教育必须进行全面、深刻的改革和创新。从国家需求角度对工程教育进行改革，既要发挥教育的社会功能，也要促进受教育者的个性化和社会化。新工科教育体系应紧贴时代发展脉搏，同频共振，着眼服务全国产业，产出核心技术、高端技术，促进工科交叉复合，成为服务国家智能制造、战略性新兴产业和新兴产业创新中心的主体。

一、不同类型高校的新工科建设

（一）高校新工科建设的原则

我国超过90%的高校都设置了工科专业，这些高校在服务面向、办学定位、学校类型、办学层次等诸多方面各有不同，因此，新工科建设应该根据学校类型，有重点、有区别地开展，以充分发挥各类高校在新工科建设上的不同优势。然而，不论何种类型的高校开展新工科建设，均需遵循以下原则：

第一，针对服务面向。不同类型高校有不同的服务面向，就人才培养角度而言，服务面向指的是毕业生主要的就业区域和行业领域，或者说是高校人才培养主要面向的地区和行业领域。对于这些区域和领域，高校有着长期积累的广泛的社会基础和行业、企业联系，不仅最了解这些区域和领域需要什么样的人才，而且最能够与这些区域和领域内的产业、企业及研究院所开展产学研合作教育，从而培养出现实需要的人才。因此，针对服务面向原则就是要针对服务面向区域和领域的需要，有针对性地培养新工科专业人才。

第二，发挥整体优势。不同类型高校，不论其规模大小、办学层次高低、校史长短，都会由于发展历史、学科结构、专业设置以及与经济社会发展的关系，形成自身的整体优势。基于对传统学科的突破、转型、改造、交叉和融合的新工科的建设和发展，需要的是多学科的支持、多种资源的投入和广泛的产业基础，因此，不同类型高校的整体优势正是各自建设好本校新工科的优势，应该予以充分发挥。

第三，突出培养特色。不论何种类型的高校，均在其长期的发展过程中积累和形成了与众不同的人才培养特色，这种特色符合新技术、新产业和新经济对人才多样化的需求，也是每一所高校的毕业生能够被社会接受的根本原因。因此，在新工科建设过程中注重和突出本校的人才培养特色显得尤其重要，需要每一所高校在达到新工科专业人才培养共性要求的情况下，突出本校个性化的特色培养。

（二）不同类型高校的重点特点把握

根据不同的目的，高校可以有不同的分类。根据新工科建设和人才培养的需要，可以将高校分为工科优势高校、综合性高校、行业性高校和一般地方高校，它们在新工科建设上有着各自不同的重点，但都需要做好新工科的研究和实践两方面工作。

1. 工科优势高校

这类院校的主要特点是办学历史长、工科优势明显、工科门类齐全、产业联系紧密等。它们多数是“985 工程”“211 工程”高校或教育部直属等部属高校，其中一些是“双一流”建设高校，应该在我国新工科建设以及工程教育改革和发展中为其他类型高校提供经验和借鉴，起到示范和引领作用。工科优势高校在新工科建设上应做到广而强，即新工科建设门类要尽可能多、覆盖面广，力求把每个新工科建成强势学科专业；主要聚焦国家发展战略、国际新技术和新产业发展、国家战略性新兴产业、高端制造业等前沿和未来领域。新工科建设重点应该在“新生”工科：

首先，要发挥高校自身的工科优势以及与行业产业紧密联系的优势，优化专业结构，推动现有工科之间的交叉复合、工科与其他学科的交叉融合，由此产生新的工程学科。

其次，新工科研究的重点应该包括：国际新技术、新产业和新经济的发展和趋势；欧美主要发达国家工程学科建设、专业设置及人才培养的比较研究；中国新工科构成的结构分析和新工科人才培养的模式研究。

最后，新工科实践的重点应该在卓越工程人才培养上，聚焦新材料、新能源、生物技术、信息技术、智能制造等领域的交叉学科专业的建设和发展，既要重视与国际一流理工科大学的合作，也要加强与产业部门及国内外产业领先企业的合作，注重培养学生的创新创业能力、工程领导力、战略意识和国际视野、全球胜任力等核心能力和素质。

以工科为主的学科交叉而产生的新的工程学科应该占新工科的最大比例。交叉形式包括工科与工科、工科与理科、工科与其他学科等。要注意不同生成形式产生的新工科在人才培养模式、教育教学方法以及产学研合作教育上的差异，强调工程教育与科学教育和人文教育的结合。在重视“新生”工科的同时，优势工科高校还应注重本校的“新型”工科，即对传统工科专业的改造、转型和升级，尤其是推进互联网、人工智能、信息技术、大数据、经济管理、法律艺术等与传统工科专业的深度融合。

2. 综合性高校

这类院校的主要特点是办学历史长，文、理、医、商等学科综合优势明显、门类齐全，亦包括一定数量的工科专业。它们也基本是“985 工程”“211 工程”高校或教育部直属高校，其中一些也是“双一流”建设高校。

综合性高校在工程学科建设上不应追求大而全，而应做到少而精。新工科建设门类要少、仅覆盖有限领域，力求把每个新工科建成精品；应该注重发展那些与学校办学定位和办学特色相适应并能够促进其他门类学科发展的工程学科，主要聚焦与国家发展战略密切相关、处于前沿领域的国际新产业和未来技术的发展趋势。新工科建设重点应该在“新兴”工科：

首先，要发挥学科综合优势，面向未来新技术和新产业的发展，推动文、理、医、商等学科与工科学科交叉融合和跨界整合，尤其是推动应用理科向工科延伸，由此形成新的工程学科。

其次，新工科研究的重点应该包括：世界高水平综合性大学工科学科建设、专业设置及人才培养情况的比较研究；科学教育、工程教育与人文教育相结合的工科人才培养模式；综合性高校与优势工科高校工程人才培养模式的比较研究。

最后，新工科实践的重点应该在复合型工程科技人才的培养上，聚焦信息、生物、新材料、新能源等领域交叉学科专业的建设和发展，既要重视与国际一流大学的合作，也要加强与国内外产业领先企业的合作。

3. 行业性高校

这类院校的主要特点是办学历史较长，聚焦于农林、水利、地矿、石油、交通、电子等行业领域，在主要学科领域专业设置齐全、与产业联系紧密等。它们中的一些是“211工程”高校或教育部直属高校，其余属地方院校。

行业性高校在新工科建设上应该做到专而深，要突显学校在行业领域的专业优势，专门集中在与行业联系紧密的门类上，力求把这些新工科建成有深度、有特色的学科专业。主要聚焦关联行业产业当前急需和未来需要的领域，涉及国家发展战略、国家战略性新兴产业、我国优势产业等领域。新工科建设重点应该在“新型”工科：

首先，要发挥与行业产业联系紧密的优势，面向相关行业产业当前需求和未来发展，推动传统学科的转型、改造和升级，尤其要推动移动互联网、物联网、大数据、云计算、智能技术等与传统工科专业交叉融合，由此形成新的工程学科。与此同时，要对现有过于细分的学科专业进行整合，使其能够与行业产业直接对接。

其次，新工科研究的重点应该包括：在面向新产业发展需求和发展的新工科建设过程中如何保持传统工科特色和行业优势；在新经济背景下新工科建设与学校整体发展的关系。

最后，新工科实践的重点应该在行业型工程技术人才培养上，聚焦本行业及其产业领域的当前急需和未来发展，关注影响本行业发展的新技术和相关产业，既要重视对传统行业特色工科的转型升级，也要注重在传统工科基础上的新工科建设，更要加强与国内外相关产业领先企业的合作和深度融合。

4. 一般地方高校

这类院校的主要特点是办学历史往往不长，基本属于以工科为主的多学科院校，与地方经济社会发展联系紧密，学科点跨多个门类、专业设置较为松散、以地方需求为主，毕业生多数在本地就业。这些高校多数隶属地方省级政府，其余隶属地级市政府。

一般地方高校在新工科建设上应该做到好而实，要聚焦地方行业产业当前和未来需要的学科专业，以满足地方要求为建设标准，将新工科建设好，将新工科专业人才培养好，毕业生能够直接在新产业一线就业。聚焦本省市区域经济和产业发展相关领域、“一带一路”等国家政策、国家战略性新兴产业相关领域等。新工科建设重点也应该在“新型”工科：

首先，要发挥与地方经济和产业联系紧密的优势，面向地方企业和产业当前需求和未来发展，推动本校传统学科的整合、转型、改造和升级，改变本校学科门类多而不强的状况，集中有限资源形成新的工程学科。

其次，新工科研究的重点应该包括：地方高校如何支撑和引领区域经济和产业的发展；地方高校面向区域主导产业和特色产业，如何与其他类型院校互补，构建与区域经济社会发展相适应的学科专业体系；地方高校如何发挥区位优势，在新工科建设过程中形成不同于其他类型高校的学科优势和专业特色。

最后，新工科实践的重点应该在应用型工程技术人才培养上，聚焦区域产业及其相关领域的当前急需和未来发展，关注影响区域产业发展的新技术及其相关领域，既要重视对传统工科的转型、改造和升级，也要注重对现有学科的跨学科整合；除了继续加强与区域内产业、企业的深度合作，还要加强与国内外相关产业领先企业以及其他类型高校的合作。

二、新工科建设的重点

新工科建设的重点应该聚焦在其与传统工科建设的不同，需要高度重视之处主要包括新工科平台构建、新工科人才培养模式改革、新工科人才创新创业教育、新工科专业产学研合作教育和新工科专业教育教学质量评价等方面。

（一）新工科平台构建

新工科平台构建是开展新工科学科专业建设和人才培养的重要前提和基础，有实体和非实体两种模式，即按照传统工科以院系为实体平台进行学科与专业建设的架构和按照新工科特征不设实体而由相关学科院系关联组成的架构，或称跨学科交融的新型组织。

采用传统的院系实体架构构建新工科平台的模式容易被多数教育工作者所接受。这种模式关系到相关学科院系的整合重组、各种资源的重新分配以及学校新资源的投入等，涉及多方利益的博弈，需要学校层面的强力领导、相关院系和部门的支持协调以及教师的理解支持，需要处理好局部与整体、个人与组织、近期目标与远期目标等方面的关系。实体模式新工科平台的优势在于：各种教育和科研资源相对集中，容易在短期内看到建设成效；教师专职有利于他们集中精力和整个学科队伍建设；适应高校传统的内部管理体制和运行机制，容易被多数教职员工所接受。

采用不设实体的组织架构构建新工科平台的模式符合新工科的引领性、交融性、创新性、跨界性和发展性等特征。这需要相关学科院系的沟通协调和通力合作，教师由来自校内不同实体院系、不同学科和专业方向的教师以及校外兼职教师组成，他们共同承担新工科的科学研究、专业建设和人才培养工作。非实体新工科平台的优势集中体现在：能够充分利用相关学科院系长期积累的校内外各种资源，使新工科建设始于较高的起点；对新产业的需求和未来发展具有很强的适应性，能够及时调整学科建设方向和人才培养要求，及时调整或重组教师队伍。这些优势正是实体平台所不具备的。但是，这种非实体平台的有效运行需要制度和机制的保障：在资源分配上，要突破传统的院系利益格局，鼓励学科之间融合，强调教育与科研资源共享；在考核制度上，要改变以院系为中心的传统评价模式，鼓励教师跨学科专业、跨院系合作与融合；在管理体制上，要转变传统的条块分割管理模式，促进跨院系、跨学科、跨部门的协同发展。不论采用何种架构，教师队伍建设都是学科专业建设的核心工作，在引进或聘用教师时要注重教师学科背景的交叉性、知识结构的互补性、年龄结构的合理性、学缘结构的多元性、工作经历的多样性等。

（二）新工科人才培养模式改革

新工科人才培养模式主要涉及课程体系和教学内容改革、教育教学方式改革、课堂教学与课外学习的关系、通识教育与专业教育的关系等方面。

1. 课程体系和教学内容改革

首先，新工科多学科交叉融合的内涵和特征决定了对课程体系和教学内容的改革是系统性的而不是个体性的，即要从整个新工科专业建设的角度，有组织地、系统地、整体地进行课程体系设计、课程设置和教学内容选择，而不能由教师单打独斗，仅根据个人的理解对现有课程进行简单调整。其次，随着新技术、新产业和新经济的快速发展，需要定期审视培养方案、课程设置和教学内容，以便及时作出调整。

2. 教育教学方式改革

新工科专业明确的培养目标和丰富多变的教学内容要求注重提高学生的学习兴趣、学习参与度、学习效果和多种能力。要通过教学组织形式设计和教学内容的创新提高学生的学习兴趣；通过研究性学习、专题研讨、小组合作学习、挑战性学习等方式提高学生的学习参与度；通过共享优质在线教育资源，实施混合式教学方式等提高学生的学习效果；通过以能力为导向的教学设计并辅以过程性评价提高学生的多种能力。

3. 课堂教学与课外学习的关系

新工科人才培养可能面临课时不足问题，应将课堂教学和课外学习作为人才培养生态环境互为补充的两个部分。一方面通过线上学习和课下学习提高课堂教学的有效性，另一方面要鼓励并创造条件引导学生利用社团活动、科技竞赛、创新创业实践、专业社会实践等多种方式进行理论联系实际，开展实践能力、应用能力和专业素养的培养。

4. 通识教育与专业教育的关系

虽然不同类型高校在新工科人才培养上对待二者关系可以根据服务面向而有不同的处理方式，但有两点是一致的：一是强调通识教育对专业教育的支持。如：加强基础学科教育，使学生对各种新技术的学科基础有深入的理解；加强人文学科教育，使学生对新业态和新模式的人文元素有清楚的认识。这对学生适应日后新技术和新产业的快速发展和变化十分重要。二是新工科注重专业教育的包容性、发展性和未来性。这对通识教育提出了更高的要求，有助于促进通识教育的改革。

（三）新工科人才创新创业教育

创新驱动的新产业正成为全球经济复苏和增长的主要动力，创新创业成为新工科人才至关重要的能力。新经济时代创新的主要特点是成果转化快、创新周期短、技术更新快、未来因素多、涉及学科广、发展模式多。这对新工科人才的创新创业教育提出了更高的要求：学生应具有更强烈的危机意识和未来意识、更积极的批判性思维、更敏锐的创新意识和发展眼光、更宽阔的全球视野和战略视角、更有效的创新思维和能力，以及更强的市场能力和领导力等。因此，新工科专业要将创新创业教育融入专业培养方案，以交叉跨界问题、综合复杂问题和未来前沿问题等为导向，把危机意识、创新精神、创新思维、创新创业能力的培养贯穿工程教育全过程，通过广泛搭建各种跨行业、跨界的创业孵化基地、创业实习基地、创客空间等创新创业平台，组织形式多样的科技创新活动、创新创业竞赛等，全过程营造创新创业教育氛围，全方位推动创新创业教育深层次融入整个专业教育。

（四）新工科专业产学研合作教育

与传统工科专业产学合作教育不同的是，新工科专业产学研合作教育要强调合作对象的代表性、教育内容的前沿性，并加强与产业研究院所的合作。首先，合作对象应该是与新工科专业相关新产业的代表性企业，具备新产业的特征，在业内处于优秀水平或引领地位，这才符合新工科专业教育的要求。其次，合作教育的内容应该具有前沿性，即能够真实地反映新材料和新产业当前的发展状况和未来的发展趋势，这样有利于新工科人才专业能力和素质的培养。最后，要加强与新产业相关研究院所的合作，原因在于这些院所对新产业的未来发展有深入的研究并积累了相关资料信息，这正是新工科人才培养所需要的。此外，应该鼓励和支持有条件的高校就以上三方面开展产学研方面的国际合作教育。

从顶层设计视角，为了更好地开展新工科建设，应为各类高校搭建合作与交流的全国性平台。首先，建议国家相关部委、教育部和行业产业协会协调组织建立单一新工科门类的全国性产学研合作联盟。这种联盟不仅有利于某一新工科门类的高校在全国范围内建立产学研合作关系，还可为高校之间、产学研组织之间搭建合作交流的平台。其次，建议教育部协调组织建立两类新工科专业协助组：一是各类院校新工科专业协助组，为同类型高校面向未来的新工科专业建设提供合作与交流的机会；二是跨院校类型的新工科专业协助组，为不同类型高校在新工科建设、专业人才培养等方面提供学习和借鉴的机会，尤其是从全国新工科专业人才市场需求的角度，这种机会能够促进不同类型高校人才培养的多元化。当然，高校也可以建立以自身为中心的新工科合作教育联盟，将与本校新工科专业有合作关系的企业联合起来。

（五）新工科专业教育教学质量评价

质量评价是保证新工科人才培养质量的重要手段，在这方面需要建立质量标准体系、落实培养标准和建立质量评价体系。在质量标准体系建设方面，可建立类似“卓越工程师教育培养计划”的人才培养质量标准体系，由国家标准、产业标准和学校标准三部分构成。教育部与国家相关部委或工程院负责制定新工科人才培养的国家标准；产业部门或协会基于国家标准负责制定各自产业的新工科人才培养的产业标准；高等学校基于国家标准和产业标准制定本校新工科各个专业人才培养的学校标准。对于人才培养标准的落实，新工科专业应以“卓越工程师教育培养计划”为示范，将本校制定的各专业人才培养的学校标准通过分解细化成标准点，逐点落实到本专业的课程和教学环节，而后通过对课程体系和教学内容的改革，完善新工科专业人才培养方案。质量评价体系的建立有两种选择：一是借助工程教育认证制度，二是参照工程教育认证制度，其中关键在于认证标准。①

借助现有工程教育认证制度评价新工科专业人才培养质量，就需要增加、修订或替换认证通用标准和专业补充标准。对于不在目前工程教育认证专业目录中的“新兴”“新生”等新增工科专业，需要扩充工程教育认证专业目录并增加这些专业的认证标准；对于不能用于转型、改造、升级后的“新型”工科专业认证的现有认证标准，需要进行修订或替换，这将影响对那些还没有转型、改造、升级的传统工程专业的认证。

参照现有工程教育认证制度，应将行业标准作为工程教育认证通用标准中的毕业要求，建立专门针对新工科专业的认证体系。新工科建设是一项涉及多产业、多部门、跨学科、跨院系的具复杂性、全局性的系统工程，不可能一蹴而就，需要政府、产业和高校的协同努力，需要全校上下的通力合作。通过坚持不懈的研究、实践和不断完善，新工科建设将会有力促进中国工程教育的改革和发展，为中国高等教育改革提供示范，为国际工程教育的改革和发展提供中国模式和中国经验。

---

① 林健．面向未来的中国新工科建设［J］．清华大学教育研究，2017，38（2）：26－35.

三、工科专业建设评估：中国工程教育认证

我国早于2006年就开始对工程教育专业进行评估认证。2016年，我国工程教育正式加入《华盛顿协议》。这意味着目前我国工程教育质量及专业认证工作得到国际同行的认可，标志着我国工程人才培养已迈进标准化、国际化的里程。显然，中国工程教育认证作为质量等效和国际通行的制度，已成为当前我国工程人才培养质量的保证以及实效监控的重要举措和机制，其将在今后一个较长时期引领着我国工程专业的建设与发展方向，推动高校人才培养模式的不断优化与改进。

我国的工程教育认证标准由通用标准和专业补充标准两部分构成，内容覆盖了《华盛顿协议》提出的毕业生素质要求（Graduate Attributes），具有国际实质等效性。其中，通用标准规定了工科专业在“学生”“培养目标”“毕业要求”“持续改进”“课程体系”“师资队伍”“支撑条件”七个方面的要求。认证标准各项指标的逻辑关系为：以学生为中心，以培养目标和毕业要求为导向，通过足够的师资队伍和完备的支持条件保证各类课程教学的有效实施，并通过完善的内外部质量保障机制保证质量的持续提升，最终使学生培养质量满足要求。

工程教育专业认证的核心就是要确认工科专业毕业生达到行业认可的既定质量标准要求，是一种以培养目标和毕业出口要求为导向的合格性评价。工程教育专业认证要求专业课程体系设置、师资队伍配备、办学条件配置等都围绕学生毕业能力达成这一核心任务展开，并强调建立专业持续改进机制和文化以保证专业教育质量和专业教育活力。

我国工程教育认证主要倡导三个基本理念：①学生中心理念。强调以学生为中心，围绕培养目标和达成全体学生的毕业要求进行资源配置和教学安排，并将学生和用人单位满意度作为专业评价的重要参考依据。②产出导向理念。强调专业教学设计和教学实施以学生接受教育后所取得的学习成果为导向，并对照毕业生核心能力和要求，评价专业教育的有效性。③持续改进理念。强调专业必须建立有效的质量监控和持续改进机制，能持续跟踪改进效果并用于推动专业人才培养质量不断提升。

《工程教育认证通用标准解读及使用指南（2022版）》设定了7个一级指标、36个二级指标，具体如下：

1. 学生

（1）具有吸引优秀生源的制度和措施。

（2）具有完善的学生学习指导、职业规划、就业指导、心理辅导等方面的措施并能够很好地执行落实。

（3）对学生在整个学习过程中的表现进行跟踪与评估，并通过形成性评价保证学生毕业时达成毕业要求。

（4）有明确的规定和相应的认定过程，认可转专业、转学学生的原有学分。

2. 培养目标

（1）有公开的、符合学校定位的、适应社会经济发展需要的培养目标。

（2）定期评价培养目标的合理性并根据评价结果对培养目标进行修订，评价与修订过程有企业或行业专家参与。

3. 毕业要求

专业制定的毕业要求在广度和深度上应能完全覆盖标准中12条毕业要求所涉及的内容，特别关注12项标准中对培养学生解决复杂工程问题能力的要求。

（1）工程知识：能够将数学、自然科学、工程基础和专业知识用于解决复杂工程问题。

（2）问题分析：能够应用数学、自然科学和工程科学的基本原理，识别、表达并通过文献研究分析复杂工程问题，以获得有效结论。

（3）设计/开发解决方案：能够设计针对复杂工程问题的解决方案，设计满足特定需求的系统、单元（部件）或工艺流程，并能够在设计环节中体现创新意识，考虑社会、健康、安全、法律、文化和环境等因素。

（4）研究：能够基于科学原理并采用科学方法对复杂工程问题进行研究，包括设计实验、分析与解释数据并通过信息综合得到合理有效的结论。

（5）使用现代工具：能够针对复杂工程问题，开发、选择与使用恰当的技术、资源、现代工程工具和信息技术工具，包括对复杂工程问题的预测与模拟，并能够理解其局限性。

（6）工程与社会：能够基于工程相关背景知识进行合理分析，评价专业工程实践和复杂工程问题解决方案对社会、健康、安全、法律和文化的影响，并理解应承担的责任。

（7）环境和可持续发展：能够理解和评价针对复杂工程问题的工程实践对环境、社会可持续发展的影响。

（8）职业规范：具有人文社会科学素养、社会责任感，能够在工程实践中理解并遵守工程职业道德和规范，履行责任。

（9）个人和团队：能够在多学科背景下的团队中承担个体、团队成员以及负责人的角色。

（10）沟通：能够就复杂工程问题与业界同行及社会公众进行有效沟通和交流，包括撰写报告和设计文稿、陈述发言、清晰表达或回应指令。具备一定的国际视野，能够在跨文化背景下进行沟通和交流。

（11）项目管理：理解并掌握工程管理原理与经济决策方法，并能在多学科环境中应用。

（12）终身学习：具有自主学习和终身学习的意识，拥有不断学习和适应发展的能力。

4. 持续改进

（1）建立教学过程质量监控机制，各主要教学环节有明确的质量要求，定期开展课程体系设置和课程质量评价。建立毕业要求达成情况评价机制，定期开展毕业要求达成情况评价。

（2）建立毕业生跟踪反馈机制以及有高等教育系统以外有关各方参与的社会评价机制，对培养目标的达成情况进行定期分析。

（3）能证明评价结果被用于持续改进。

5. 课程体系

课程设置能支持毕业要求的达成，课程体系设计有企业或行业专家参与。课程体系必须包括：

（1）与本专业毕业要求相适应的数学和自然科学类课程（至少占总学分的15%）。

（2）符合本专业毕业要求的工程基础类课程、专业基础类课程与专业类课程（至少占总学分的30%）。工程基础类课程和专业基础类课程能体现数学和自然科学在本专业应用能力的培养，专业类课程能体现系统设计和实现能力的培养。

（3）工程实践与毕业设计（论文）（至少占总学分的20%）。设置完善的实践教学体系，并与企业合作，开展实习、实训，培养学生的实践能力和创新能力。毕业设计（论文）选题要结合本专业的工程实际问题，培养学生的工程意识、协作精神以及综合应用所学知识解决实际问题的能力。对毕业设计（论文）的指导和考核有企业或行业专家参与。

（4）人文社会科学类通识教育课程（至少占总学分的15%）。使学生在从事工程设计时能够考虑经济、环境、法律、伦理等各种制约因素。

6. 师资队伍

（1）教师数量能满足教学需要，结构合理，并有企业或行业专家作为兼职教师。

（2）教师具有足够的教学能力、专业水平、工程经验、沟通能力、职业发展能力，并且能够开展工程实践问题研究，参与学术交流。教师的工程背景应能满足专业教学需要。

（3）教师有足够时间和精力投入本科教学和学生指导，并积极参与教学研究与改革。

（4）教师为学生提供指导、咨询、服务，并对学生职业生涯规划、职业从业教育有足够的指导。

（5）教师明确他们在教学质量提升过程中的责任，不断改进工作。

7. 支撑条件

（1）教室、实验室及设备在数量和功能上满足教学需要。有良好的管理、维护和更新机制，使得学生能够方便地使用。与企业合作共建实习、实训基地，在教学过程中为学生提供参与工程实践的平台。

（2）计算机、网络以及图书资料资源能够满足学生的学习以及教师的日常教学和科研所需。资源管理规范，共享程度高。

（3）教学经费有保证，总量能满足教学需要。

（4）学校能有效支持教师队伍建设，吸引与稳定合格的教师，并支持教师本身的专业发展，包括对青年教师的指导和培养。

（5）学校能够提供达成毕业要求所必需的基础设施，包括为学生的实践活动、创新活动提供有效支持。

（6）学校的教学管理与服务规范能有效支持专业毕业要求的达成。

第二章

社会化视角下的新工科人才能力素质教育培养

第一节 能力素质概述

一、能力理论概述

能力是人顺利完成一项目标或任务所体现出来的综合素质。能力是直接影响活动效率，能使活动顺利完成的个性心理特征。它总是与人的某种实践相联系，并表现在实践中。作为个性心理特征，能力在不同个体上存在显著性差异，而由于差异的存在，人们在实践活动中处理问题的方式方法常常各不相同，看似完成的是相同的任务，往往是通过不同能力的综合来实现的。常见的关于能力的理论有能力因素说和能力结构说两种派系。

（一）能力因素说

英国心理学家斯皮尔曼主张人的能力二因素说，认为人的能力由两种因素构成——一般因素（G 因素）和特殊因素（S 因素），人在完成任何一项作业时都是由这两种因素决定的。一般因素是个体的基本能力，是个体参与各类活动的共同基础，如感知能力（观察力）、记忆力、想象力、思维能力、注意力等，其中抽象思维能力是核心，因为抽象思维能力支配着智力的诸多因素，并制约着能力发展的水平；特殊因素是个体完成特殊活动所具备的能力，又称专门能力，如音乐能力、绘画能力、数学能力等。

美国心理学家、教育家桑代克提倡能力的多因素说，认为能力普遍包含对抽象概念的适应能力、对社会关系的适应能力和对机械问题或选择问题的适应能力。美国心理学家卡特尔提出了液态智力和晶态智力理论，认为液态智力是一个人与生俱来能进行智力活动的能力，即学习和解决问题的能力，多由天赋决定；晶态智力是一个人通过液态智力所学到并得到完善的能力，是通过学习语言和其他经验发展起来的。

美国心理学家塞斯顿提出能力的群因素说，认为任何能力活动都是依靠彼此不相关的许多能力因素共同起作用的，因此可以把能力分解为诸种原始的能力。塞斯顿对 56 种测验的结果进行因素分析，提出了七种平等的基本能力：语词理解（Verbal Comprehension），即理解语词含义的能力；语词流畅（Word Fluency），即语言迅速反应的能力；数字运算（Number），即迅速正确计算的能力；空间关系（Space），即方位辨别及空间关系判断的能力；联想记忆（Associative Memory），即机械记忆能力；知觉速度（Perceptual Speed），即凭知觉迅速辨别事物异同的能力；一般推理（General Reasoning），即根据经验作出归纳推理的能力。

（二）能力结构说

能力结构是将能力看成具有多种成分的复杂架构，是指构成能力的诸要素相互联系的方式。代表性理论是费依的层次结构理论。他认为，能力的第一层次是智力的最高层次，也是一般因素构成的基础能力；能力的第二层次是大因素群，包含言语、教育方面和操作、机械方面两个因素；能力的第三层次为小因素群，包括言语、数量、机械信息、空间信息、操作能力等；能力的第四层次为特殊因素，即人的特殊能力。[①] 其实，费依的层次结构理论是在斯皮尔曼的 G 因素和 S 因素之间增加了两个层次，是对斯皮尔曼二因素论的深化。

二、能力素质基本划分[②]

能力素质是现代职业社会衡量人才的三个核心要素之一，是个体从事职业所需的基本能力和职业素养，是潜藏在个体身上的一种能动力。能力根据不同划分标准有不同分类，常见的有根据所表现的活动领域，将能力分为一般能力与特殊能力、模仿能力与创造能力、认知能力与元认知能力、优势能力与非优势能力以及超能力等。通常而言，能力包括工作能力、决策能力、组织能力、应变能力和创新能力等素质。美国劳工部对劳动力市场进行分析和调查后提出：在当今技术时代，人们从事任何职业都应具有下述五种基本能力和三种基本素质。

（一）五种基本能力

1. 合理利用与支配各类资源的能力

在时间维度，可以选择有意义的行为，并合理分配时间，按照计划执行，能动掌握工作进展；在资金维度，能制定经费预算并随时作出必要调整；在设备维度，可以获取、储存与分配利用各种设备；在人力资源维度，能合理分配工作，并全面评估他人工作中的表现。

2. 处理人际关系的能力

要求个体懂得在各类场合的一定礼仪，善于待人接物；在工作中可以积极主动融入集体，懂得维护个人良好社交形象；在与他人的具体接触中，能展现自信、温和的性格特征，掌握必备的人际交往技能，懂得尊重他人；在处理公共事务时善于化解各类矛盾，能与背景不同的人共事。

---

① 黄希庭，郑涌．心理学导论［M］．北京：人民教育出版社，2015：548－584.

② 能力素质［DB/OL］．https://baike.baidu.com/item/%E8%83%BD%E5%8A%9B%E7%B4%A0%E8%B4%A8/6230950?fr=aladdin.

3．获取信息并利用信息的能力

这是指获取信息和评估、分析与传播信息的能力，亦指使用计算机处理信息的能力。

4．综合与系统分析能力

理解社会体系及技术体系，辨别世界趋势和国际形势，能对现行体系提出修改建议或设计可替代的新体系的能力。

5．运用特种技术的能力

能选出适用的技术及设备，理解并掌握操作设备的手段、程序；能维护设备并处理各种问题，包括计算机设备及相关技术。

（二）三种基本素质

1．基本技能

（1）阅读能力，指可以正确理解书面内容。

（2）书写能力，指可以正确书写书面报告、说明等。

（3）倾听能力，指可以正确理解口语信息及暗示。

（4）口头表达能力，指可以系统地表达想法。

（5）数学运算能力，指可以用基本数学运算解决实际问题等。

2．思维能力

（1）创造性思维，是指个体开创性地探索新领域的思维能力，是实现创新性的基础。

（2）综合性思维，是指个体考虑各项因素以作出最佳决定的思维能力。

（3）敏捷性思维，是指思考问题时的灵活性，有助于迅速解决问题或提出问题解决策略。

3．个人品质

从个体角度出发，包含自尊、自律、自信心、自制力以及善于正确自我评价；从道德角度出发，包含正直、诚实、遵守社会道德行为准则等道德品质；从社会角度出发，包含责任感、敬业精神、集体主义精神等；从政治角度出发，包含个体稳定而深刻的爱国主义精神、明确的政治方向等品质。

三、能力素质模型[①]

能力素质模型（Competence Model）的构建最早见于美国社会心理学家麦克利兰在1973年《美国心理学家》杂志上发表的《测量胜任特征而非智力》（*Tcsting for Compctcncy*

① 本小节参见陶晓霞．大学生一般就业能力素质模型的构建［D］．南昌：江西师范大学，2007：9－11；能力素质模型［DB/OL］．https://baike.baidu.com/item/%E8%83%BD%E5%8A%9B%E7%B4%A0%E8%B4%A8%E6%A8%A1%E5%9E%8B.

Rather Than Intelligence）一文。他通过引用大量研究指出，仅靠智力因素来测量个体能力具有充分的不合理性。人们主观上认为能够决定工作成绩的一些人格、智力、价值观等因素，在现实中并没有表现出预期的效果。因此，他强调要离开被实践证明无法成立的理论假设和主观判断，回归现实，直接发掘那些能真正影响工作业绩的个人条件和行为特征，为提高组织效率和促进个人事业成功作出实质性贡献。他把这些直接影响工作业绩的个人条件和行为特征称为“能力素质”，并提出了一个关于能力素质的著名模型——“冰山模型”。

麦克利兰把能力素质划分为五个层次：知识（Knowledge）、技能（Skill）、自我概念（Self-concept）、特质（Traits）、动机（Motives）。其中，自我概念指态度、价值观和自我形象等。麦克利兰认为，不同层次的能力素质在个体身上的表现形式不同。我们可以把人的能力素质形象地描述为漂浮在海面上的冰山，知识和技能属于海平面以上的浅层次的部分，而自我概念、特质、动机属于潜伏在海平面以下的深层次的部分。有研究表明，真正能够把优秀者与一般者区分开的是深层次的部分。因此，麦克利兰把不能区分优秀者与一般者的知识和技能部分称为基准性素质（Threshold Competencies），也就是从事某项工作起码应该具备的素质；而把能够区分优秀者与一般者的自我概念、特质、动机称为鉴别性素质（Differentiation Competencies）。

“冰山模型”将个体能力素质的不同表现形式划分为表露外显的“冰山以上部分”和深藏内隐的“冰山以下部分”（见图2-1）。其中，“冰山以上部分”包括基本知识和技能，是外在表现，是容易了解与测量的部分，相对而言也比较容易通过培训来改变和发展；而“冰山以下部分”包括自我概念、特质和动机，是人内在的、难以测量的部分，不太容易因外界的影响而发生改变，却对人的行为表现起着关键性作用。

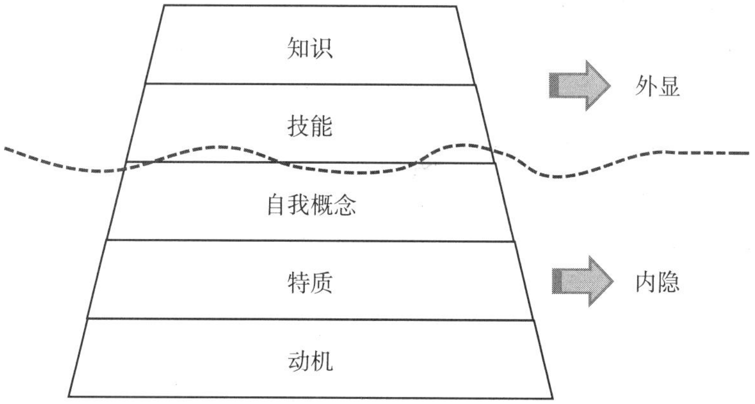

图2-1　能力素质“冰山模型”

第二节　社会化能力素质教育培养

人的一生都要不断学习，适应社会，融入社会，进而改造社会，这本质上就是社会化能力的提升过程。大学生的阶段性目标是从学校顺利走向社会，因此大学生在学校期间的学习锻炼目的就是培养自身的社会化能力。社会化理论的基本观点认为，教育的经济价值源于它的社会功能，教育的社会功能远比教育提高知识技能对经济的影响重要。在现代美国社会，实际上绝大部分工作只需要程度很低的知识技能，工人工作表现的好坏，主要取决于工人本身非知识性的个性特征，而教育是培养这些个性特征的重要手段。

一、人的社会化基本内涵

社会化是个体在特定的社会文化环境中，学习和掌握知识、技能、语言、规范等社会行为方式，形成正确价值观等人格特征，适应社会并积极作用于社会、创造新文化的过程。它是人和社会相互作用的结果。我国著名社会学家费孝通将社会化定义为个人学习知识、技能和规范，取得社会生活的资格、发展自己的社会性的过程。这个定义明确指出了社会化的内容和目标。

马克思指出，人是一切社会关系的总和。社会化是人和社会相互作用的结果。通过社会化，个体学习社会中的标准、规范、价值观和人们所期望的行为。① 人的社会化的具体内涵一般包含两方面：一是个体在社会中掌握社会知识、技能，学习、集成文明，从而把属于社会的规范、制度和文明内化为个体所认同的规则、信念与行为习惯；二是个体积极参与社会生活，介入社会环境再现社会经验，发展个性的过程。② 社会化作为个体从自然人转变为社会人的过程，强调过程的动态性、个体的能动性与毕生的持续性。

每一个体从自然人转变为社会人，都必须经过社会化才能使外在于自己的社会行为规范、准则内化为自己的行为标准，这是社会交往的基础。社会化是人类特有的行为，只有在人类社会中才能实现。个体的社会化是一种持续终身的经验。社会化涉及两个方面：一是社会对个体进行教化的过程；二是个体与其他社会成员互动，成为合格的社会成员的过程。

从人的生产生活与发展视角看，人的社会化基本内涵主要包括四个方面：一是生活技能的社会化，即学习生活的基本技能，包括生活自理能力、日常生活知识、生活适应技能

---

① 俞国良．社会心理学［M］．北京：北京师范大学出版社，2006．

② 刘小龙，吕志．青少年社会化中的“成人本位”困境及其超越［J］．当代青年研究，2014（1）：69－73．

等。二是职业技能的社会化，即学习谋生的基本手段。作为一个社会成员，人不仅是一个消费者，还是一个生产者。学习掌握生产技能和职业技能，能为个体进入社会从业打好基础。三是行为规范的社会化，即学习社会行为规范。社会行为规范是一定群体和社会成员所要遵守的行为准则。这是社会化的核心，是个体适应社会生活和形成人格特征的关键，包括政治规范、法律规范、道德规范和角色规范的社会化等内容。四是生活目标的社会化，即明确生活目标。生活目标的社会化，一方面要把社会目标内化为个体的生活目标；另一方面要造就出成千上万胸怀大志，努力将自己的知识、技能、才智和创造力等能动地外化于社会，为社会造福的人，使其成为社会文化的承上启下者。

作为社会性动物的人，一生都面临着发展与生存两大问题，为解决这千百年来羁绊着人类的重要问题，人的一生都要不断学习，适应社会，融入社会，进而改造社会。在“社会化”这个概念出现之前，人类在长期的社会生活实践中，早已在各个领域内化了“社会化”的有关概念。

在政治领域，政治社会化是任何国家、任何阶级都无法回避的问题，它是维护政治体系稳定发展、促进个人全面发展的必要前提。从古希腊城邦的斯巴达军事专制和雅典时代实施公民教育的政治社会化思想的萌芽；到近代西方文艺复兴时期以马基雅维利为代表的一批有识之士提出“国家政权需要民众的支持与认同”，从人性与权力的角度建立政权并维护国家的长治久安，推动政治社会化的理论深化；再到现代随着杜威等美国学者对公民教育理论与实践探索的日益深入，从而奠定了政治社会化的科学研究基础，最终将政治社会化确立为一门学科。能否顺利实现政治社会化，已成为影响政治体系有序运行以及国家稳定发展的重要问题。政治社会化的核心观点是：任何一个政治体系要实现统治的稳定并建立某种公约秩序，势必要通过一定的途径和方式向社会成员宣传、渗透其所倡导的政治思想、政治理念、政治价值、政治准则，使社会成员主动接受并认同，从而按照统治者的要求进行生产生活。①

在经济领域，“社会化”更是一个常见的概念。马克思主义经济学理论中的重要理论“生产社会化”阐明，随着社会生产力和生产规模的不断扩大，分散的小生产者会向大规模社会生产转化。这一过程包括三个相互联系的方面：第一，生产资料使用的社会化，即生产资料从个人分散使用变为大批人共同使用。第二，生产过程的社会化，即生产过程从一系列个人行动变为一系列社会行动。第三，产品的社会化，即生产出的产品通过交换供应整个社会。

在道德领域，道德社会化的实质在于促进人性的提升和完满。道德社会化随人类的存在而存在，是人类文明生活的永恒主题。道德社会化这一理论的形成可以追溯至 18 世纪的“道德科学”。法国启蒙时期共和主义思想家孔多塞主张“社会上的恶事乃是无知与错

① 黄丹. 马克思政治社会化思想研究［M］. 上海：复旦大学出版社，2014.

误造成的，而非人性不可避免的发展”，从道德层面提出了国家公民道德启蒙的重要性，经过孔德、涂尔干等思想家的继承与创新得以发扬光大。① 道德在不同时期具有不同的内涵与外延，这决定了道德社会化是一个动态的概念，人的道德社会化从根本上反映了当前时代的主流精神。

科学技术社会化是现代科学技术发展的一个重要趋势和基本特征，是科学技术与社会之间相互作用、相互影响、相互渗透过程的一个方面。近代科学诞生以后，人们往往把科学技术活动看作“独立自主的东西”，但随着科学技术的发展，人们逐渐认识到，它不仅是一个智力过程，也是一个社会过程。科学技术是“社会的科学技术”，而社会是“科学技术的社会”。在科学技术与社会的互动过程中，不但科学技术在社会化，而且整个社会也在科学技术化。社会对科学技术活动的组织、管理和对人、财、物等方面的支配和支持能力，形成了社会的整体科技能力。现代社会整体科技能力的形成，标志着科学技术已成为现代社会最重要的战略资源，它还成为现代社会的一个重要的社会子系统，是整个社会建制不可或缺的部分。

二、社会角色与社会化能力

（一）社会角色

角色原本指的是演员扮演的剧中人物。角色各具特点，相互配合并演绎故事。如果把社会看作一个大舞台，人们就是在这个大舞台上表演，充当不同的角色。在现实社会中，每个人都有一个期待或者理想的社会角色，并为此付出努力去实现。社会角色是人们在社会生活中形成的、在社会系统中与一定社会位置相关联的、符合社会要求的一套个人行为模式，也可以理解为个体在社会群体中被赋予的身份及该身份应发挥的功能。每个角色都代表着一系列有关行为的社会标准，这些标准决定了个体在社会中应有的责任与行为。如教师，在学生面前，应该为人师表，处处以教师的规范约束自己；在家里，其就是家庭的一个成员，扮演着父母的子女、小孩的父母以及夫妻等角色。每个人在社会生活中都在扮演自己的角色，这不仅意味着占有特定社会位置的人所应完成的行为，还意味着社会、他人对占有这个位置的人所持有的期望。每一个社会角色都需要具备相应的能力和社会责任。因此，每一个社会个体都会围绕自己的理想角色及社会相关要求，不断学习和提升相应能力，以胜任期待的社会角色。这个不断学习和提升能力的过程就是人的社会化过程。例如，要想成为一名工程师，首先应具备相关的工程技术能力和水平，个人就要通过学校的教育，或者经过培训机构的专门培训，不断加强相关专业的学习训练，以达到这一角色的要求。

---

① 王伟忠．当代大学生道德社会化问题研究［M］．杭州：浙江大学出版社，2016.

社会角色具有普遍性、具体性、复杂性、表现性等特点。社会角色普遍存在于各种社会之中，与社会结构、社会关系相伴随。当不同个体结成社会关系，形成共同活动体系，社会角色自然产生。社会角色是同类社会成员共享的行为模式，都表现为具体的规范。社会角色在社会生活多样化和社会分化形势下显得日趋复杂，社会上有多少社会关系就有多少与之相应的社会角色，因此社会角色的数量和种类难以计数。社会角色是以符合其要求的人的行为为基础的，并且通过这些行为使角色表现出来。

简单地说，角色是人们对处于特定位置上的人的行为期待。不同角色的行为模式往往被人们固定认知并接受，成为指导人与人之间关系的规则。这些规则产生于现实生活和客观需要，具有社会期望的特征。一个人要实现自己的梦想目标，其实就是向着自己理想的社会角色进发，并不断靠近这一社会角色。因此，社会角色是一套有关权利、义务的规范。

角色权利是角色扮演者所享有的权力和利益。角色权力是指角色扮演者履行角色义务时所具有的支配他人或使用所需物质条件的权力。角色利益是指角色扮演者在履行角色义务后应当得到的物质和精神报酬。例如，工资、奖金、福利、实物等属于物质报酬，表扬、称号等属于精神报酬。

角色义务是角色扮演者应尽的社会责任。角色义务包括角色扮演者“必须做什么”和“不能做什么”两个方面。例如，教师和学生是相关的社会角色，教师要做到“为人师表”“传道授业解惑”，学生要做到“尊师重道”“学习为重”“立志成才”。这两个角色反映的是他们之间相互的权利和义务。

角色规范是指角色扮演者在享受权利和履行义务过程中必须遵循的行为规范或准则。角色规范包括不同的形式：从范围上可以分为一般规范和特殊规范；从具体要求上可以分为正向规范（角色扮演者可以做、应当做和需要做的行为规范）和反向规范（角色扮演者不能做、不应做的各项行为规定）；从表现形式上可以分为成文规范（法律、法规、制度、纪律等）和不成文规范（风俗习惯等）。

（二）社会化能力

人是社会的主体，人在社会中生活、生产就要不断增强其社会性。这个增强社会性的过程就是人的社会化过程，也是提升自身社会化能力的过程。社会化能力主要指个体对社会环境的适应能力、与他人交往和协调的能力、调控和改变社会成员之间关系的能力，以及有效从事各种社会活动的能力之总和。这些能力，不仅需要通过课堂学习提高，还需要在社会观察和社会实践中提升。一般来讲，社会化技能包括 3 个层级模块、9 项基本技能：一是社会化语言技能，包括表达技能、交流技能、沟通技能；二是社会化行为技能，包括组织技能、协调技能、合作技能；三是社会化思维技能，包括观察技能、适变技能、创新技能。

从人的生活、生产与发展视角看，人的社会化基本内涵主要包括四个方面：一是生活技能的社会化，即学习生活的基本技能，包括生活自理能力、日常生活知识、生活适应技能等。二是职业技能的社会化，即学习谋生的基本手段。作为一个社会成员，人不但是一个消费者，还是一个生产者。学习掌握职业技能，能为个体进入社会从事职业打好基础。三是行为规范的社会化，即学习社会行为规范。社会行为规范是一定群体和社会成员所要遵守的行为准则。这是社会化的核心，是个体适应社会生活和形成人格特征的关键，包括政治规范、法律规范、道德规范和角色规范的社会化等内容。四是生活目标的社会化，即明确生活目标。生活目标的社会化，一方面要把社会目标内化为个体的生活目标；另一方面要造就出成千上万胸怀大志，努力将自己的知识、技能、才智和创造力等能动地外化于社会，为社会造福的人，使其成为社会文化的承上启下者。

人的社会化过程就是人与社会的互动过程，其结果表现在人的主体性、适应性、创造性，体现为人的社会化能力。大学生角色的社会化包括对社会角色的认识、确定社会角色的期望值、培养“角色变迁”的适应能力。现代科学技术的发展使得社会分工、社会文化环境不断发生变化，一个人不会终生只扮演同一个角色。大学生必须具有“角色变迁”的心理准备和适应能力，即当自己所处的社会文化环境和扮演的社会角色发生变化时，能及时调整自己的社会行为与之相适应。这种应变能力实际上是一种自我再社会化能力。

三、学校教育社会化

（一）学校教育与人的社会化关系

社会化理论是以个体社会化的过程、内容、方式和机制等为对象的理论，是人类学、心理学和社会学共同研究的领域。19 世纪末至 20 世纪 50 年代，结构功能主义学派在此领域占统治地位，其主要观点是：在社会化过程中，个体与社会是统一的，通过教育传递集体意识、道德观念，使年轻一代社会化并个性化，以便维持社会的同一性和多样性；班级是社会化的重要代理者，传递社会文化并使之内化于学生；通过以学业成绩为标准的选拔和分配机制，社会为每个人提供了较为均等的升学和就业机会。

对于学校而言，教育是通过种种途径及手段使学生社会化，使不同的学生经教育培养形成经济结构所需要的种种个性特征。因学校教育结构形式的多样化、教育决策的作用、教育经费来源的多寡以及课程的多种设置，来源于不同阶段的学生会受到不同形式和不同素质要求的教育，他们的个性特征也会向不同的社会方向发展。

从本质上讲，教育是一种社会行为，而社会发展水平也侧面体现了当时境况下的教育价值取向与本位思想。毛泽东在《新民主主义论》中深刻阐释了文化与社会的关系，他提出：“一定的文化是一定社会的政治经济的反映，又给予伟大影响和作用于一定社会的政治和经济。”① 因此，文化与社会是辩证统一的关系。教育是同社会存在、社会延续、社会发展共始终的一种社会现象；社会也是以传递文化、培养人才为使命的教育社会。②

人的社会化是社会群体和组织、机构等对新成员进行社会塑造的过程，施教者通常包含家庭、同伴、社区、学校、社会机构、工作单位、大众传媒等。③ 其中，学校是个体社会化的重要场所，是人的社会化进程中的专门机构。学校教育本质上是一种社会活动，在学校中，教育者通过有目的、有系统、有组织、有计划地开展各类教育实践活动，向社会新成员系统传授社会规范、价值标准、科学知识和专门技能。学校教育对社会新成员的社会化影响具有明显的组织性和系统性。与其他各类社会化的施教组织与群体不同，学校对新社会成员的社会化教育有一定的强制性，体现在有明确的目标、科学的方式、严格的纪律要求、完备的培养方案以及多元的评价体系。同时，学校特别是高校，已经出现各类社会角色以及初步的社会分工和社会规范，在此基础上形成了一定的“校园亚文化”，新社会成员在这一圈层文化下逐渐习得社会化的知识和技能，懂得自我克制、尊重权威、遵守秩序，有力地推动着个体的社会化进程。此外，人的社会化也是学校开展教育活动的理论基础与哲学依据。学校教育归根到底是对“人”的教育，因此无可避免地要从“人”的角度出发，组织适宜的教学活动，这与社会化理论存在主体的天然契合。可见，学校教育与人的社会化存在必然联系，二者互为依托、相辅相成。

（二）教育社会化的含义与内容

教育社会化是指随着社会的政治、经济、科技与教育全方位的改革与社会生产力的迅速发展，社会对学校教育关注的程度不断提高，学校教育的社会功能不断扩大的趋势。其具体表现在学校教育发展与社会发展密不可分、学校教育过程更加强调社会参与、学校教育职能突显社会发展需要、学校教育改革相应社会化四个方面。教育社会化是教育改革的必然结果，也是深化育人成效的深刻变革。

从全人角度出发，教育社会化包含以下内容：一是发展自我意识，即形成个性和自我发展的过程，具体指完善个体对自我内部环境的觉察、认知与判断；二是掌握生活技能，即传授基本生存技能与从事某项劳动或职业的技能，使个体具备一定的生存能力和创造价值能力；三是传递社会规范，指让个体在某种约定俗成的社会秩序中，如在校规校纪、法律基础以及思想政治价值标准的框架下，习得和认识整套社会规范，并逐步内化为个人的信念、行为方式和习惯，从而自觉遵守并维护社会秩序的过程；四是确立人生目标，群体

---

① 毛泽东. 新民主主义论［M］. 北京：人民出版社，1952.

② 李德善. 深化社区教育的辩证思考［J］. 教育论丛，1992（1）：5-9.

③ 白楠楠. 基于人的社会化理论培养大学生的社会责任感［J］. 黑龙江高教研究，2018（1）：136-138.

往往对社会新成员存在文化认同期望，即希望其认同并接受本群体的各类文化价值取向，这意味着学校有对社会新成员开展价值观培育的重要作用，亦体现在帮助新成员确立人生目标，包括职业生涯规划、职业选择、人生信念等，从而培育新成员树立正确的三观，为实现社会化转变积蓄内部力量；五是培养社会角色，通过社会化的培养使新成员在模仿、理解中逐步学会扮演社会角色，并主动承担相应义务。[①]

（三）大学生社会化

大学生社会化是人的社会化的重要阶段。大学生在少年时期，经过家庭、社会以及中小学教育，经历了社会化的初级阶段，形成了社会化的重要基础。进入大学后，他们就进入社会化的高级阶段，在大学的特定环境下，依托校园文化和教育制度，经过系统的人文、专业知识和技能学习，进一步吸收和提升个体的社会化知识与能力，掌握符合社会规范的行为方式，[②] 通过理论认知与社会实践等方式逐步适应社会生活，具备相应社会角色的主动公民意识。

大学生处于成年早期，在大学阶段仍要受到来自家庭、学校和社会三方面的影响，但社会对大学生社会化的作用逐渐增强，家庭的作用逐渐减弱，学校的作用最大。大学阶段既是学生心理问题与实际问题多发阶段，又是社会化过程中紧迫而困难的时期。大学期间形成的价值观对学生的一生至关重要，大学生要成为一个具有社会生产能力、行为合乎社会规范的合格的社会人，在大学阶段就要完成一定的社会化任务。

大学生从高校走向社会，是从消费者向生产者转变、从集体生活向独立生活转变的重要标志，是人的社会化过程的重要环节。对于即将步入社会的大学生而言，社会化程度如何将直接影响其就业以至未来的发展。大学生在校阶段的社会化目标指向适应社会、融入社会和改造社会，其基本任务内容包括：①强化身心健康。学生要增强体质，保持健康心理。②提升专业技能。学生要掌握所学专业知识，并且专博相济、专深博广。③遵守行为规范。学生要了解社会行为规范，明确生活进取目标。④明确角色定位。学生要了解适当的社会角色，通过各种活动创建社会资本。大学生社会化的根本目的在于培养高层次的专业人才，为适应社会的需要做准备，主要包括专业能力、职业意识、生活目标、行为规范、文化及道德等方面的高级社会化准备。

---

① 张晓丽，赵杨，杨林．社会学［M］．北京：航空工业出版社，2015：66.

② 李晓元．论德育在大学生社会化中的价值［D］．长春：东北师范大学，2006：2.

第三节　新工科人才能力素质及其社会化特征

一、新工科人才职业能力要素

全新一轮的工业革命浪潮席卷全球，引发了当前经济模式和产业结构的巨大变革，随之而来的是世界范围内人才培养导向的变化，即对于新工科人才的迫切需要。新工科建设的根本共识是以产业需求为导向，并基于以新技术、新业态、新产业、新模式为特点的新经济发展服务的宗旨，紧跟新工业革命的需求，设置和发展一批新型专业，培养一大批面向未来的新工科人才，为推动我国产业发展和国际竞争提供强有力的人才支撑。[①] 从人适应社会发展和人改造社会的主观能动性要求看，人才的培养始终要将个人的发展与社会的发展紧密结合，新工科教育在推动社会发展的同时也要推动人自身的全面发展。从人的社会化视角看，人的生活、生产等行为都要通过人的职业行动展现，结合人才自身发展看，新工科人才务必从职业知识、职业技能、职业价值观、职业素养、职业智能等方面建构自身能力模型，从而更智能化、生态化、可持续化地面对新工业革命带来的人才能力素养挑战。

（一）职业知识

进入知识经济时代，社会化的职业知识成为评价新工科人才质量的重要方面。新工业革命背景下新工科人才的职业知识结构较之前的功能更为复杂，呈现“网络化”特点。从平行板块而言，要以“大工科观”为知识统领，具备以工程知识、技术知识、数学知识、社会科学知识和自然科学知识为核心的内容；从纵向板块而言，既要从理论源头学起，掌握社会自然发展的规律性知识，又要与时俱进，因时而进，了解社会发展的动态规律；从环形板块来看，还要习得了解层面的一般性知识、理解层面的基础性知识或专业基础知识、掌握层面的专业性知识，而且越核心的专业性知识越要扎实掌握，从而形成既面向专业技术革新，又面向职业、社会科学发展的专业而多能的网络型知识结构。

（二）职业技能

职业技能是指从事某项具体工作所具备的知识和技能，具备完善的职业技能是就业的根本，也是顺利完成社会化的重要标志。在人力资源竞争愈发激烈的世界环境背景下，职

---

① 姜晓坤，朱泓，李志义．面向新工业革命的新工科人才素质结构及培养［J］．中国大学教学，2017（12）：13－17．

业技能就显得尤为重要。技能包含技术和能力两部分，是运用已有的实践经验，通过反复练习而形成的动作或行为方式。面向新工业革命的职业技能不应局限于技术层面，而应更注重个体“能”的塑造。新工科人才的社会化技能要求既要具备熟练且精练的新工科技术能力，还要具备在社会生存与发展的职业技能、劳动技能与生活技能，以适应社会的不断进步与变革。

（三）职业价值观

职业价值观是社会主义核心价值观在高校素质教育过程中的具体表现，是主观意识形态下指导人们认识职业实践选择的重要依据。在个体职业社会化进程中，强调职业价值观，对培养新时代创业型人才具有深远意义。新工科人才社会化职业价值观具有一般与特殊的内涵。它是以社会主义核心价值观为导向，基于个体需求和一定社会责任感等要素结成的较为稳定的价值取向，对个人职业过程中采取的行为方式的判断和选择具有重要的指导意义。社会成员的职业动机、意愿、目标、方式及过程都会受到职业价值观的影响。① 新工科人才社会化职业价值观要求个体有主动参与职业生活的较为强烈的动机与意愿，而且有为推动国家工程行业发展的明确目标，以及践行理想实现目标的完备能力素养，从而驱动个体向更高水平的社会化发展。

（四）职业素养

职业素养是社会工作对个人素质培养的内在要求，以及个人在职业过程中表现出来的综合品质，是职业发展成功的关键。职业素养由人们从事某种职业所具备的知识、素质和技能构成，包含专业知识、职业技能、职业习惯、职业道德、职业意识和职业态度等方面，各个方面有机融合形成个体完整的职业素养。据调查，世界500强企业的招聘考试，超过80%的试题是对员工职业素养的考察，只有15%～20%的试题是考察专业技术。这是因为职业素养决定了个体进入职场后的再造能力，即可塑性。拥有较强职业素养的人，往往可以更好地适应角色转换，实现能力提升。②

（五）职业智能

智能可以理解为智力和技能的综合，合理的职业智能结构是构成面向新工业革命的新工科人才能力素质的必要条件。在社会化的培养目标下，职业智能结构要素除了上述知识、技能与能力外，还应包括创新创业能力、自学与终身学习能力等。其中，创新创业能力是新工科人才职业智能结构的核心要素，也是当前许多国家在人力资源竞争中谋求优势

① 王占仁，孔洁珺. 中国高校创新创业价值观教育研究［J］. 国家教育行政学院学报，2019（10）：23－30.

② 李颖，韩仕军，宋采德. 职业素养［M］. 天津：天津科学技术出版社，2018：4.

的切入点；自学与终身学习能力是指个体主动自觉地从事和管理自己的学习活动的能力，具有能动性、独立性和有效性等特征，是新工科人才不可或缺的职业智能，有利于个体打破学科界限，真正在新工科背景下掌握体系化、系统化的知识和能力。①

二、新工科人才能力社会化特征

面向新工业革命的新工科人才能力素质相较于传统人才有了更高层次的升级，要求其不仅能满足国家战略和新兴产业发展的需要，成为具备全球视野、创新精神和实践能力的复合型人才，还要符合社会化特征，适应社会发展而充分实现知识结构、智能结构、品格结构等职业能力素质结构的升级迭代，从而改变我国缺乏工程领域核心自主创新技术的现实境况，进而提升我国新工科发展水平。

（一）知识结构网型化

知识结构是指个体经过专门学习培训后所拥有的知识体系的构成情况与结合方式。合理的知识结构是指既有精深的专门知识，又有广泛的知识面，具有事业发展实际需要的最合理、最优化的知识体系。建立合理的知识结构是当今时代人才发展的关键第一步，合理的知识结构是培养科学思维方式、提升实践能力的基础，是个体适应社会生活的必然要求，是担任现代社会职业岗位的必要条件，是人才成长的基础。新工科人才的知识结构呈现“蜘蛛网型”模型结构，这种结构是以专业知识为中心，其他作用较大的知识作为网络的“纽结”相互联结，形成一个适应性较强、能够在较大范围内驰骋的知识网。与单一知识结构不同的是，该知识结构既强调运用科学手段掌握学科发展与人类自然规律演变的纵深化专业知识，又强调广泛学习与个体社会化相关和相近的横向知识，如基础知识、工具知识、应用知识、前沿知识、社会规范知识、社会适应知识，以及面向新工科的工程哲学、工程伦理、工程方法论等纵横交错的复杂知识网络，从而形成纵向与横向交错的系统整体性“蜘蛛网型”知识网。在这一知识结构素质特征下，新工科学生不仅仅是具备专业素养的“职业人”，更是善于根据社会发展需要整合各类系统知识，胜任职业岗位，对接国家行业发展，担任现代社会角色的复合型人才。

（二）智能结构协调化

智能是个体知识、技能和能力等因素的综合体，反映了人的认知能力和实践能力。认知能力体现了个体在文化发展进程中对客观事物独创的执行力。从心理学科角度来看，认

---

① 姜晓坤．面向新工业革命的我国工程教育人才培养模式研究［D］．大连：大连理工大学，2018：69－75.

知能力包含观察、记忆、思维、想象等，属于“智”的范畴，可以简单理解为“智慧”，多由个体的遗传因素决定。实践能力包含技能和能力两个方面，多由后天培养而获得。技能是在获取某一项专门技术过程中通过反复练习而后天习得的，常见如听说读写技能、计算机技能、外语技能等可以直观表现人才素质的基本要素。而能力通常指获取、收集、处理信息的能力，如人际交往能力、社会活动能力、解决问题能力、创新能力、自学与终身学习能力、跨学科交叉融合能力等。技能和能力属于“能”的范畴。人类社会所取得的每一项重大成果，都是多种智能优势相结合的产物，因此面向新工科发展的人才素质智能需要的不仅仅是专业知识，还有社会化的技能与能力。在新工业革命背景下，新工科人才素质智能的培养既注重传统工科人才培养的能力导向要素，又体现对人本身“智”与“能”潜质的后天挖掘。① 在这一倾向下的人才素质以社会化为评价标准与目标，以专业定向化为路径，对焦个体专业智能与社会需求的高度匹配，展现了人才“智”与“能”结构的稳定与协调，从而满足未来新工业革命背景下的社会对工科人才的素质需要。实现智能的社会化是新工科人才在大学阶段的最基本任务，也是必备素养之一，是新社会成员走向社会的智能准备和发展基石。

（三）价值取向高层化

价值观是人们对社会客观存在认识的主观反映，是指社会成员个体对周围事物本质的认知、辨识和评价，是根据客观环境表现的众多因素来选择自己表达意愿目标的准则。价值取向是指一定主体基于自己的价值观，在面对或处理各种矛盾、冲突、关系时所持的基本价值立场、价值态度，以及所表现出来的基本价值取向。价值取向具有实践品格，它的突出作用是决定、支配主体的价值选择，因而对主体自身、主体间关系、其他主体均有重大影响。价值取向高层化是人类进步的有机介体，是个体进入社会后保持冷静思考和判断的前提。人的本质属性是社会性，人的任何价值都是社会性的价值，社会性是人生价值取向最核心的维度。新工科人才需要在当前全球化浪潮中，在国际文化价值观意识形态相互关联、碰撞、作用以致冲突不断显现的复杂形势背景下，始终以社会主义核心价值观为导向，形成社会化的价值共识，不断追求更高层次化的价值取向——在集体与社会奉献中实现人生价值、意义的提升。人才在适应社会发展的同时改造社会，也改造自身，这是价值取向社会化的根本指向。在社会主义共同价值目标驱动下自觉践行“自由、平等、公正、法治”的社会价值取向，这是现代社会发展的必然要求，亦是人的自由全面发展的必然选择。

面向现代化社会发展的新工科人才，必然体现出更高层次的价值取向，表现在：一是追求社会主义自由，依靠发展生产力、完善社会关系、建立健全法治社会体系实现高层次

① 姜晓坤，朱泓，李志义．面向新工业革命的新工科人才素质结构及培养［J］．中国大学教学，2017（12）：13－17.

的自由；二是追求社会主义平等，以实现共同富裕作为自我社会化发展的高层次目标；三是追求社会主义公正，“以促进社会公平正义、增进人民福祉为出发点和落脚点”[①]；四是追求社会主义法治，认同和践行社会主义法治观，遵循依法治国、法律至上的社会准则，自觉以法律规范作为自身的行为准则。[②]

（四）道德发展普遍化

道德是社会意识形态之一，是一种自律性的行为规范：一方面强调主体对不断提高自身道德修养、完善道德人格的内在要求；另一方面是主体在既定社会体系下形成价值判断与行为约束。道德的社会化是指将特定社会环境的道德准则和道德规范加以内化，形成符合要求的道德行为的过程，具体而言是“个体从‘自然人’学会过道德生活，与社会基本的道德价值系统取得共识，具有一定的道德判断和道德选择能力，并且在不断地超越不适应的、旧的道德价值体系，经历个人冲突后达到新的均衡状态”[③]。美国心理学家科尔伯格将道德发展划分为三水平六阶段，其中道德发展的最终目标是达到“后习俗水平”，进入“普遍的伦理原则的定向阶段”，即个体的道德建立在对普遍道德的信仰之上，如正义、公正、平等、自由等，而不再拘泥于法律。此时，决定道德的是个体内在的良心。只有极少数人才能够完全达到最后一个阶段。[④]

新工科人才素质的特征之一就是以道德发展的普遍化为目标，建构清晰的道德认知、认同的道德情感、坚定的道德意志以及知行合一的道德实践，形成以“人本回归”为价值取向的社会化自我道德体系，强调道德发展从生命本体出发，落脚于与“现实的人”接轨，从而发展成适合人的自由全面发展、彰显人的主体性的道德规范。[⑤] 其主要表现在以下三个方面：一是在道德认知层面，对于现存道德问题有正确的认识与判断；二是在道德心理层面，有良好的道德情感、价值取向和正确的道德态度；三是在道德实践层面，可以正确扮演道德角色来承担相应道德责任，实现个人层面知、情、意、行的协调统一。

（五）政治素养社会化

政治社会化是政治体系实行政治统治的基本方法之一，也是个体参与政治生活的基本内容之一。任何一个整体都是依靠政治素养社会化手段来调控和塑造自身社会成员，促使社会成员形成对当前政治提辖有利的、稳定的政治态度和信念。[⑥] 新工科人才的政治素养

---

① 中共中央关于全面深化改革若干重大问题的决定［EB/OL］. http://www.scio.gov.cn/zxbd/nd/2013/Document/1374228/1374228.htm.

② 彭俊桦. 大学生社会主义核心价值观践行研究［D］. 福州：福建师范大学，2014：102-105.

③ 鲁洁. 德育社会学［M］. 福州：福建教育出版社，1998：195.

④ 冯增俊. 当代西方学校道德教育［M］. 广州：广东教育出版社，1993.

⑤ 王伟忠. 当代大学生道德社会化问题研究［M］. 杭州：浙江大学出版社，2016：72-73.

⑥ 马振清. 当代政治社会化基本理论［M］. 北京：九州出版社，2016：46.

体现在有坚定的政治方向和政治信仰，坚持以马克思列宁主义、毛泽东思想、邓小平理论、“三个代表”重要思想、科学发展观、习近平新时代中国特色社会主义思想为指导思想，坚定社会主义方向，走中国特色社会主义道路，善于用辩证唯物主义和历史唯物主义世界观分析问题、认识世界，具备爱国爱民、积极进取、敢于拼搏的时代精神。从社会化视角出发，可以从个体内化和社会环境两个方面理解新工科人才的政治素养。个体内化角度下的政治社会化强调个体充分发挥主观能动性，在社会化过程中自主地进行理论内化；而在社会环境角度下，强调个体所处的外部广阔环境，如历史文化传统、时代发展背景、国内外时事动态等，都共同作用于个体社会化过程。政治素养的社会化既有利于社会教化与个人内化的统一，帮助个体形成稳定的政治人格，又有利于维持社会的政治文化稳定，保证政治权利的支配力和影响力，巩固当前政治体系的权威力与调控力。①

具体而言，新工科人才的政治素质可以从认知、情感、实践三个维度呈现社会化特征。在认知方面，新工科人才具备对党和政府工作、基本政治制度、国家重大会议等基本国情的认知，对改革开放、经济发展、共同富裕、政治民主与自由等政治现象和政治事件的认知；在情感方面，具备浓烈的爱国主义情感、坚定的社会主义情感以及凝聚个人理想信念的爱党情感；在社会实践方面，具备主动参与、与人沟通、合作和互动的主动公民特性，可以主动参与多样化的政治生活。

（六）自我人格健全化

在心理学中，人格是个体在行为上的内部倾向，表现为个体适应环境时在能力、情绪、需要、动机、兴趣、态度、价值观、气质、性格和体质等方面的整合，是具有动力一致性和连续性的自我，是个体在社会化过程中形成的给人以特色的身心组织。② 在社会学中，人格通常被理解为“社会人格”，是“人格社会化”的产物，指自然人在社会生活中逐步接受社会化的熏陶而转化为社会化的身心的方式及其过程。人与生俱来拥有社会属性，自然会在社会化过程中形成健全的社会人格，这是适应社会需要的关键所在。大学阶段是人身心成长、人格发展和完善的重要时期，高等院校普遍重视学生社会化人格的健全，注重培养学生形成适应环境、良性互动、可持续发展等人格特质，以更好地适应未来职业生涯的各个阶段。

新工科人才健全自我人格的社会化特征可概括为以下几个方面：第一，个体具有正确的自我意识与和谐的个性心理，能全面地认知自我、悦纳自我，形成积极的自我认知，“本我、自我、超我”三者内在协调统一，了解自身与社会环境的关系和具有责任感。第二，具有良好的社会适应能力与和谐的人际关系。“适应”是一种重要的心理品质，无论

① 马振清. 当代政治社会化基本理论［M］. 北京：九州出版社，2016：47－52.
② 黄希庭. 人格心理学［M］. 杭州：浙江教育出版社，2002：8.

是从生物学“适者生存”角度还是心理学身心健康发展角度，主动的社会适应能力是个体成功的必备要素。同时，人格的社会化也体现在与人相处时展现的尊重、信任、真诚、谦逊等正面品质。第三，具备健康向上的情绪调控能力，保持乐观稳定的生活态度。表现在对未来充满希望和信心，能在所从事的学习、工作中发挥积极效用，形成良好的自我效能感，以长期维持健康向上的人格特质。第四，能有效运用智慧与能力，实现正向良性的资源整合，构建可持续发展的良性循环体系。①

（七）理想信念系统化

理想信念是一种特殊的人类精神现象，主宰着人的心灵世界，对人的价值取向和行为选择起绝对制约作用。理想信念是个体人生观、世界观和价值观的集中体现，对于个人培育优秀品德和厚植家国情怀具有方向指引和动力支撑的重要作用。② 习近平总书记指出，理想信念是精神之“钙”。这意味着在当今世界，理想信念是人的精神支柱和力量源泉。广大青年既要树立远大理想、志存高远，又要脚踏实地、知行合一，承担起社会赋予的重任。

系统思维是指运用系统科学方法论的观点，对对象相互联系的各个方面及其结构和功能进行系统认识的一种思维方式。整体性原则是系统思维方式的核心，“系多为一统”，寻找事物的出发点时要用整体的眼光看待系统中的诸要素；动态体现系统思维的独特性，要从“事物是普遍运动的”这一原理中认识系统内的各要素和整个系统。③ 对于要求知识结构网型化、智能结构协调化的新工科人才，其理想信念应具备系统整体性、动态性和层次性，以满足未来社会对复合型高素质人才的理想信念需要。首先，新工科人才的理想信念应具备内容的整体性，即理论层面与实践层面的整体统一和人生不同阶段理想信念的整合；其次，新工科人才的理想信念应具备回应时代发展的动态性，既要夯实历史视角下的马克思恩格斯和列宁主义、毛泽东思想、邓小平理论、“三个代表”重要思想、科学发展观和习近平新时代中国特色社会主义思想的理想信念根基，又要与时俱进、不断进取，为建设中国特色社会主义的共同理想，实现中华民族伟大复兴的中国梦，继续增强信仰力量，团结凝聚在党的周围，携手圆梦中国。④

---

① 彭美贵. 现代化视角下大学生和谐人格建构研究［D］. 南京：南京理工大学，2013：35－44.

② 吴潜涛. 正确理解理想信念的科学含义［J］. 教学与研究，2011，59（4）：5－9.

③ 苗东升. 系统科学精要［M］. 北京：中国人民大学出版社，2016.

④ 李青青. 论习近平的理想信念观［D］. 济南：山东财经大学，2016：7－25.

第四节 社会化导向的新工科人才能力素质培养模式构建

人才培养模式是让培养对象沿着一定方向、按照一定标准、采取一定手段，完成人才培养过程的一整套具结构性、稳定性、可操作性的方式。社会化导向的人才培养模式，则是基于办学定位和办学理念的实践过程，是高校面向社会、服务社会的具体体现，同时也是教育主客体融入社会、适应社会、改造社会的综合表现。把社会化导向作为人才培养模式，一方面是以社会作为办学定位和办学特色的主要参照，把社会对人才的需求作为专业设置、教育教学方式、师资队伍建设、实习实训环境等改革发展的根本依据；另一方面是从人才成长发展需要的视角，从个体适应和改造社会的需要出发，对其进行针对性培养。社会化导向的人才培养模式，以高校、用人单位与在校学生三者为主体，以学生专业、职业与就业能力培养为根本，以社会化机制建设为纽带，包括社会化的专业设置、社会化的人才标准、社会化的教育资源、社会化的评价体系，形成“四位一体”的社会化机制与人才培养模式。

一、工科人才社会化培养机制建设

人才培养机制，是一种培养人才应遵循的规律，即人才培养的内部组织和运行变化规律，通过遵循相应规律和采用相关手段，实现特定目标。新工科建设既要考量社会发展对专业技术与人才教育的需要，又要结合学生素质能力生成过程规律以及人的发展需要，将两者有机耦合，进行资源整合，形成社会化机制。针对学生的专业、职业和就业能力培养相关要素，按社会的用人需求、标准和要求科学制订出与人才培养目标、专业课程设置和实践技能相关的方案，在大学生、高校和用人单位三个主体之间形成社会化评价体系（机制建设见图 2－2）。

从社会化的课程设置看，要突出工程教育的专业性。教育对象完成中小学基础教育后，进入高等院校进行学习深造，接受高等教育就是在基础教育后开启专业教育。专业教育是个体进入所从事行业或进入某个领域工作之前必不可少的阶段。高校科学地设置专业及其课程是一个十分关键的问题。高校的职能之一就是围绕经济社会发展的战略需要，服务地方经济社会发展的人才需求，在专业设置上把地方经济社会发展对人才的专业需要放在第一位。专业教育要避免高等教育结构、人才培养结构、人才培养目标与社会实际需求脱节，要为社会发展提供前瞻性智力支撑，以彰显高校服务社会的职能。

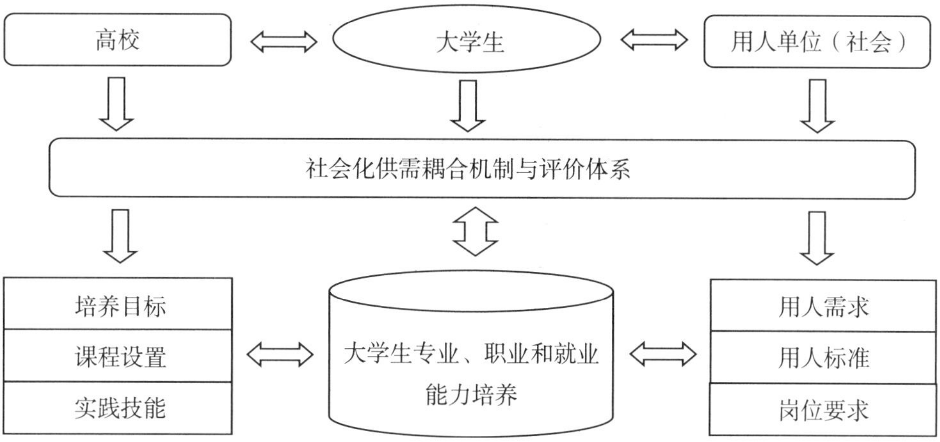

图2－2　社会化供需耦合与评价的人才培养机制

从社会化的人才标准看，要紧密结合社会发展需要。高校人才培养要以经济社会发展对人才的需要为导向，不仅在专业设置上社会化，还要科学确定人才培养目标，制定有针对性的人才培养方案，采取多元化的教育教学手段，培养的人才要为社会所需要、为社会所接受。高校的毕业生就业就是人的社会化的重要一环，其关键在于毕业生既要有学术研究的专业素养和能力，又必须具备实践操作技能。高校的人才培养标准，要与社会接轨，以社会、行业、企业等评价标准为依据，重点关注社会对毕业生的“素质、专业、能力、创新”等多元评价，以制定人才培养标准。其要求毕业生既拥有岗位所需的专业知识，又具有实际操作能力并满足行业、企业岗位的文化需要，能尽快融入社会。

从社会化的教育资源看，要强化校企深度合作。多数高校存在经费投入不足、实习实训基础薄弱、师资力量不足等实现问题，学校的发展以及对学生的教育培养受到各种教育资源匮乏问题的制约。解决这些问题最直接、最有效的方法就是充分挖掘社会资源，整合社会教育资源，推进校企的合作发展，探索资源转化的路径和制度，为人才培养专业布局、人才培养标准服务。

从社会化的评价体系看，要突出标准的社会性。用人单位对人才培养的实效性有直接的感受和话语权。高校人才培养质量如何，不能只看各种教学指标和各类活动数据，需要建立社会化人才培养的评价体系，要根据行业、企业等各类用人单位对毕业生表现的评价，综合考量高校在服务地方经济社会发展过程中的人才支持力度。社会化人才评价体系大致包括思想政治素质、专业知识、实践操作能力和应急处置能力、创新创业能力、团队协作能力等多个方面，每个方面均设立若干考察侧重点。社会化人才评价体系要呈现动态性特点，学校根据社会对毕业生培养质量的评价，对专业设置进行动态调整，对教育教学方式和环节进行适当改革和创新，对师资队伍进行重新配备和调整。

二、新工科人才社会化能力培养模式构建

在新工业革命的催动下，推进新工科建设，旨在为社会经济发展和产业转型升级提供重要条件和支撑。结合新工科人才的职业能力因素及其社会化特征，根据能力素质的冰山模型概念，新工科背景下的人才培养模式可从职业能力素质提升的角度切入，构建适应现代经济社会发展的社会化人才培养新模式（见图2－3）。

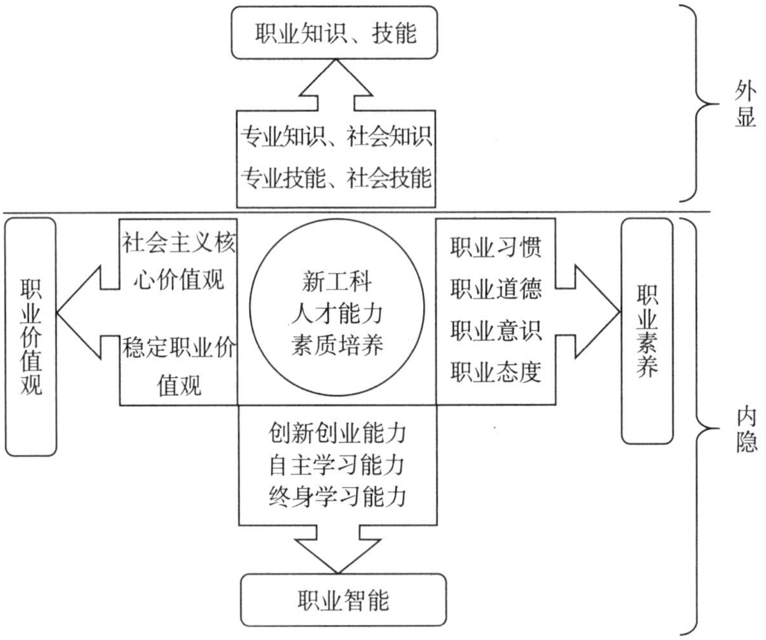

图2－3　新工科人才能力素质模型

（一）建立外显化课程体系，提升学生社会化知识与技能

知识与技能提升是人才培养最为基础的环节，也是外显化能力素质培养最为直接的环节。立足社会化职业能力提升的知识与技能需要以相关知识培养为基础，以技能实践为依托，建立基础性、特色性、融合性的课程体系。

1．设置合理的专业基础性课程体系

以“夯实基础、拓宽知识、强化能力、提高素质、发展个性、激发潜能、促进创新”作为课程体系建设原则，强调数理基础和人文素养的公共基础课程，强调专业基础理论的专业基础课程，强调专业核心技术的专业核心课程，对学生进行系统性、综合性、全面性

培养。[①]

2. 创建有利个体发展的特色性课程体系

针对新工科人才所需的“网络型”知识架构，在基础性课程体系的基础上搭建复合型人才的多元知识结构，通过打破常规学科界限，组建设计符合学生专业兴趣的专业特色课程，强调扩大知识面、提升课外专业能力的专业拓展课程以及强调个性化培养的自主教育课程等，以满足个体能力培养的要求。[②]

3. 创建知识学习与实践技能共促提升的融合性课程体系

实验教学能迅速提高和加深学生对理论学习的认知和理解，同时可以规范化、综合化提升学生的常规动手操作技能，使学生快速向应用型、技能型人才发展。[③] 要充分完善实验教学课程设置，为理论课程补充配套工程实训，开设创新实验室，鼓励学生在各类学科竞赛中培养工程时间素质，完善自身能力素质结构。

（二）推进全员化实践体系建设，培育学生树立正确的社会化价值观

价值观是人认定事物、辩定是非的一种思维或取向。正确的价值观是人才健康成长与发展的核心要素。对于新工科人才培养，一方面要引导学生培育和践行社会主义核心价值观，另一方面要帮助学生树立稳定的职业价值观。

1. 构建社会化全员育人格局

应充分把握价值观培育的整体性理论原则，立足整体，从学校、社会、家庭、个人、企业等方面探讨如何构成系统化全员育人格局，共同引导在校学生正确认知个人发展、职业发展和社会发展的必然关系。紧紧围绕社会主义核心价值观反映出的丰富内涵和实践要求，从育人主体的角度，将育人责任人纳入育人队伍，包括学生、教师、用人单位，构成“三位一体”的社会化价值观全员育人机制。通过用人单位及第三方对毕业生的社会表现进行评估，促进人才培养过程中正确职业价值观的养成。

2. 推进社会实践教育

应鼓励学生走出课堂，走向社会，在与他人的交往中，在生活实际、社会实践中，把道德养成和道德实践紧密结合起来，推动在校大学生知行合一，正确认知个人职业发展价值，践行社会主义核心价值观。注重实践教育，推进校外实践基地建设，强化教育实习实训，坚持课内学习和课外实践相结合，使学生深刻感知、生动体验社会主义核心价值观。

---

① 张洁寒，张瑜．基于新工科理念的电子信息工程专业人才培养模式探究与实践［J］．教育现代化，2019，6（18）：34－37，41．

② 张洁寒，张瑜．基于新工科理念的电子信息工程专业人才培养模式探究与实践［J］．教育现代化，2019，6（18）：34－37，41．

③ 欧先锋，张国云，何伟，等．新工科背景下电子信息工程专业人才培养研究［J］．成都工业学院学报，2019，22（1）：100－103．

学校应协同社会组织大力开展志愿服务、模范学习、爱心公益等主题实践活动，鼓励学生关爱他人、奉献社会、提升自我，自觉倡导引领良好道德风尚，使践行核心价值观成为学生的基本遵循。

3. 推进校园文化建设

校园文化对学生世界观、人生观、价值观的养成有着潜移默化的深远影响，学校应坚持以文化建设为抓手，多渠道、立体化、全方位展示社会主义核心价值观。通过举办校内培训和辅导讲座、开展主题党日团日活动、组织专题研讨学习，广泛进行核心价值观大讨论活动，引导学生主动学习、自觉实践、模范贯彻核心价值观。坚持以核心价值观引领校园风尚，不断创新活动载体，丰富活动内涵，打造一批体现“家国情怀、社会关爱、人格修养”的特色活动和文化品牌，充分发挥校园文化的感染熏陶作用。通过各类平台加大宣传力度，扎实推进核心价值观教育网络化，广泛传播正能量，营造培育和践行核心价值观的热烈氛围和浓厚环境。

（三）推进全程化就业指导，提升学生社会化职业素养

高校人才培养的目的是让学生顺利走向社会，走上工作岗位，成为一个合格的社会人。在学生从入学到毕业走向社会这一阶段里，学校将对学生进行阶段性、针对性社会能力素养培养，以及社会化的影响和健全人格的塑造。对学生的培养需要根据学生身心发展规律与职业生涯规划的阶段性特征，针对不同年级的学生，有侧重点地进行相应的社会化教育。

1. 把握新生大学教育适应期，推动学生对职业的初始探索

大学教育从学生入学开始就重视对学生职业意识和职业态度的建构，通过安排内容形式多样的入学教育活动和开设“大学生职业发展生涯规划”等课程，开展以认知为目的的职业教育，帮助学生更好地适应大学生活与认识职业。

2. 把握大学学习养成关键期，引导学生的职业生涯准备

大二、大三是优秀学习品质养成的关键期，也是职业生涯的准备期，是良好职业行为习惯形成的基础时期。这一阶段应注重加强育人主体间的互动，从职业发展的视角服务学生成长。广泛开展成长交流与互动，开设“大学生就业与创业指导”等课程，动员学生参与关于职业的实践，消除学生就业困惑，助力学生提升社会竞争力。

3. 把握学生毕业就业分化期，指导学生顺利就业并完成角色转换

大四是学业生涯的结束期，也是职业生涯的进入期。这一阶段应将关注点放在专业学习总结能力和职业能力提升等方面，注重推动学生向社会角色转变。该阶段教育应贴近行业发展、专业前沿、企业需求和学生发展实际，让学生更加深入了解企业运行和行业发展，领悟职业道德与职业素养要求。

（四）完善结构化能力体系，展现人才发展社会化智能优势

智能反映人的认识（包括观察、记忆、思维、想象）和实践能力。人才群体若由具有

不同智能优势的人合理组成，就能充分发挥各人的智能优势，扬长避短，互相补充。因此，每个人都应强化自己的社会化智能优势，以更好、更充分地发挥个人作用，体现个体价值。新工科背景下完善个人结构化能力，需要提升学生创新创业与实践、自主学习与终身学习、文化艺术、跨学科交叉融合、沟通协商和工程领导等能力。

1. 创新创业与实践能力

当今时代，创新创业与实践是学生在社会化过程中的必备素质，也是国家发展、繁荣和兴盛的不竭动力。要完善新工科人才“创意—创新—创业”教育体系，应广泛搭建创新创业与实践育人平台，配套完善创新创业课程建设，鼓励新工科人才参与各类创新创业活动，注重提升创新意识和培养创业精神。

2. 自主学习与终身学习能力

每个人都应具备自主学习与终身学习能力，这是决定人才竞争力的基本素质。学校要提供自主学习平台与创造条件，充分激发和调动学生自主学习的兴趣，重视培养学生自立、自为、自律的人格特征，为学生形成终身学习的人格品质奠定基础。

3. 文化艺术能力

文化作为一种精神力量，能够在人们认识世界、改造世界的过程中转化为物质力量，对社会发展产生深刻影响。文化对个人的影响，不仅表现在个体的成长历程中，也表现在民族和国家的历史中。大学要推进学生的社会化培养，文化传承与艺术感染对个体内隐的能力素质起到了重要的职能作用。因此，要充分发挥文化知识和艺术载体作为育人核心要素的建构和承载作用，将中华优秀传统文化、体现时代精神的民族文化融入个体能力素质提升，丰富校园文化，创造文化艺术育人价值。

4. 跨学科交叉融合能力

学科交融是高等教育的发展方向之一，也是新工科发展的重要体现，对于知识传承、人才培养以及科学进步都有重要意义。对于新工科人才的培养，要注重跨学科交叉融合能力的提升，在课程设置、课程内容、选课制度上促进交叉融合，同时，还要完善跨学科选课制度，推进学科交叉融合的品牌教学活动的开展，鼓励师生跨学科领域的科研实践，催生创新性科学研究，培养学生跨学科交叉融合能力。

5. 沟通协商和工程领导能力

沟通协商和工程领导能力有助于新工科人才的人格发展，是社会化职业发展的必备技能之一。学生可通过参加各类校内外实践活动提升人际交往能力，加深对领导能力的认知和感受。学校可将工程领导能力纳入正规课程体系，在实践环节中帮助学生快速建立角色转换的智能结构，使学生在毕业后可以充分适应职场生活，有能力解决各类复杂问题，更快、更好地融入社会的快速发展。

第三章

社会建设中的电子信息产业发展

第一节 中国电子信息产业的发展历程及现状

一、电子信息产业的概念与划分

产业是社会分工和生产力不断发展的产物，其随着社会分工的产生而产生，并随着社会分工的发展而发展。20 世纪中期，美国的波拉特（M. U. Porat）在马克卢普（F. Machlup）等人的研究基础上，以信息生产和使用中的转化过程为视角，将信息经济定义为国民经济中所有与信息从一个模式向另一个模式转换有关的经济活动领域。波拉特在《信息经济》一书中把“知识产业”扩充为“信息产业”，从而正式概括了信息产业的界限。① 经济合作与发展组织（OECD）提出信息产业的主要内容包括电子信息制造业、信息服务业、信息内容产业。

在我国，电子信息产业又称为信息产业、信息技术产业、信息和通信产业，是高技术产业。《电子信息产业统计工作管理办法》中将电子信息产业定义为：为了实现制作、加工、处理、传播或接收信息等功能或目的，利用电子技术和信息技术所从事的与电子信息产品相关的设备生产、硬件制造、系统集成、软件开发以及应用服务等过程的集合。

电子信息产业是在电子科学技术发展和应用的基础上发展起来的，依托信息技术的不断发展，呈现出越来越丰富的内涵，业已成为我国国民经济重要的支柱产业。电子信息技术从一开始仅应用于军事科研领域，到后来开始服务人们的生产生活，再到现在渗透各个领域，催生出众多企业，逐渐发展成一个大型的电子信息产业。电子信息产业也并非一成不变，而是发展的、动态的。在不同的时期，学者们对电子信息产业概念的界定是有差别的。至今为止，学术界并未对电子信息产业的内涵作出统一的规定，有的文章虽名为电子信息产业研究，但其实是对电子信息制造业的探讨，有的则是直接圈定几个较为热门的电子信息行业进而对其进行分析。②

对电子信息产业的分类，从不同视角有不同的划分。卢明华等认为，电子信息产业涉及制造业和服务业两大领域，包括微电子、光电子、电子元器件、软件、计算机、通信、

---

① PORAT M U. The information economy: definition and measurement [M]. Washington D. C.: Government Printing Office, 1977.

② 张蒙蒙. 创新驱动下我国电子信息产业的税收激励政策研究 [D]. 南昌：江西财经大学，2020：15－17.

网络、消费电子、信息服务等行业。[①]《中国电子信息产业统计年鉴》中将电子信息产业归纳为电子信息制造业和软件信息技术服务业两大类。《国民经济行业分类》中将电子信息产业分为电子信息设备制造业、电子信息传输服务及计算机服务业、电子信息设备销售与租赁业、软件业四类。从产品生产视角，电子信息产业具体细分为投资类产品、消费类产品和元器件产品三大类；而根据产业间的上下游关系和功能作用，可将电子信息产业分为基础产业、核心产业、信息应用基础产业、信息应用产业四类。依据工业和信息化部重新修订的《电子信息制造业统计调查制度》，电子信息制造业包含雷达设备行业、通信设备行业、广播电视设备行业、电子计算机行业、家电行业、电子测量仪器行业、电子工业专用设备行业、电子元件行业、电子器件行业、电子信息机电产品行业、电子信息专用材料行业、智能硬件设备行业 12 个行业。依据工业和信息化部最新发布的《软件和信息技术服务业统计调查制度》，软件和信息技术服务业包括软件产品行业、信息技术服务行业、信息安全行业、嵌入式系统软件行业 4 个行业。通过工业和信息化部官网查阅近几年关于电子信息制造业的运行情况报告可知，我国电子信息制造业从行业上分为：通信设备制造业、电子元件及电子专用材料制造业、电子器件制造业、计算机制造业；从产业集群上分为：外资企业整体游走型产业集群、外资企业关联型产业集群、外资企业嵌入型产业集群。

二、电子信息产业的发展历程[②]

通过查阅有关电子信息产业发展相关文献，借鉴周灿等学者对电子信息产业发展历程的阐述，现将我国电子信息产业发展历程分为四个阶段，分别为曲折起步阶段、引进创新阶段、集成创新阶段和自主创新阶段。

（一）封闭式的曲折起步阶段（1949—1978 年）

新中国成立之初，因严重缺乏相关经验及技术人员，国家仅有服务于军工的通信设备行业，电子信息产业最初以该行业起步。此前，旧中国的官僚买办资本电信企业主要是从国外进口原材料和元器件进行装配和维修。1949 年 7 月，中国人民革命军事委员会成立电信总局工业管理处；1950 年 5 月，成立电信工业局，隶属重工业部建制，由中央军委通信部代管，新中国电子信息产业由此诞生。这一阶段，我国不管是技术还是材料都严重依赖西方国家，但是西方国家对我国实施封锁，导致我国缺乏技术以及一些重要原材料和核心

---

① 卢明华，李国平. 全球电子信息产业价值链及对我国的启示［J］. 北京大学学报（哲学社会科学版），2004，41（4）：63－69.

② 本小节参见周灿. 中国电子信息产业集群创新网络演化研究：格局、路径、机理［D］. 上海：华东师范大学，2018：15，66－68.

器件，我国电子信息产业发展面临着艰难困境，加上产业基础薄弱，中国电子信息产业只能以满足军工、服务军事和政治为主要目标，集中力量开展骨干工厂建设以及电子科学研究和教育事业建设。此时，我国电子信息产业与世界市场脱轨，与世界先进电子信息技术处于隔绝状态，除了从苏联和东德援建的工程项目中吸收有限技术之外，几乎没有与其他国家尤其是电子信息产业强国对话的机会，与发达国家存在较大差距。经曲折探索，由政府主导的中国电子信息产业从无到有，在曲折中起步，初步建立起军事电子装备、生产资料类电子产品、消费类电子产品、整机与基础产品综合发展的电子信息产业体系。

（二）嵌入全球生产网络的引进创新阶段（1979—1999 年）

1978 年后，乘借改革开放东风，我国电子信息产业发展迎来巨大机遇。中国电子信息产业通过“三来一补”、引进外资等途径，将基础生产制造业务融入国际市场，嵌入全球生产网络，实现对海外先进企业技术诀窍和制造经验的学习和积累，初步呈现出技术引进基础上的国际化学习特征。改革开放初期，中国经济特区和沿海开放城市的电子信息企业利用区位以及劳动力、土地等生产要素成本的优势，采取来料、来样加工和来件装配的方式与国外企业产生贸易往来，1981—1990 年进出口贸易额由 0. 91 亿美元增至 89. 33 亿美元，以间接方式初步实现了与国际市场的接轨。20 世纪 90 年代，全球电子信息产业的第二次转移、邓小平南方谈话等为大量外资进入提供了机遇，同时，中国电子信息产业转变为“以市场换技术、加工制造为主”参与全球分工。在 OEM 代工和基础零部件配套过程中，中国电子信息企业以“干中学”的方式进行技术吸收和模仿创新，解决了外围、辅助技术问题，实现了生产工艺的改进，为中国电子信息企业的创新发展奠定了技术基础，并形成了良好的国际市场关系，为创新“走出去”营造了合作氛围。

（三）融入国际市场的集成创新阶段（2000—2008 年）

《国务院关于印发鼓励软件产业和集成电路产业发展若干政策的通知》（国发〔2000〕18 号）鼓励国内企业充分利用国际国内两种资源，努力开拓两个市场。2001 年，中国加入世界贸易组织（WTO），中国电子信息企业不再满足于停留在海外制造装配中心的位置，开始谋求实施制造导向的海外收购和整合。通过与外部合作者建立创新伙伴关系，或在海外建立生产制造基地等途径，中国电子信息企业逐步融入国际市场，进入技术集成型创新阶段。例如，联想通过收购 IBM 笔记本电脑业务，将海外前端技术与自身技术基础进行集成，进而实现技术赶超。2003 年，联想对企业战略进行调整，决定回归 PC 主业，并确定企业国际化发展方向。面临国际上戴尔、惠普等行业巨头以及国内众多中小品牌的双重竞争，联想通过收购 IBM 成为全球第三大 PC 企业，形成了产品、技术、运营等方面的协同创新效应。借助于 IBM 的品牌效应，联想获得了与国际 PC 技术巨头联合研发、深入学习的机会，逐步在协同创新过程中检验、修正、提升技术。此外，收购后联想拥有了位于中国北京、日本、美国北卡罗来纳州等地的多家研发中心以及位于中国深圳的 ThinkPad 工厂，成为万名前 IBM 员工的雇主。总体上，通过并购手段，联想获取了丰富的技术研发资源、技术研发基础设施、高端人才资源，促使联想创新能力快速提升。在此阶段，我国电子信息产业更多的是开始谋求自主制造，以逐步与国际市场接轨，进入集成创新阶段。以华为、小米等企业为核心的电子信息企业开始寻求在海外设立研发中心，我国逐步实现了以海外中国企业为主导的高端技术研发，进而开拓了我国企业在国际上的高端市场。

（四）"全球—地方"联结的自主创新阶段（2009 年至今）

为应对国际金融危机的影响，落实党中央、国务院保增长、扩内需、调结构的总体要求，确保电子信息产业稳定发展，加快结构调整，推动产业升级，国家于 2009 年出台了《电子信息产业调整和振兴规划》。该规划认为，信息技术是当今世界经济社会发展的重要驱动力，电子信息产业是国民经济的战略性、基础性和先导性支柱产业，对于促进社会就业、拉动经济增长、调整产业结构、转变发展方式和维护国家安全具有十分重要的作用。同时，随着国家对信息安全的日渐重视，政府和社会对电子信息产业的投资有所增加，中国电子信息产业立足于提高自主创新能力、增强在国际市场的竞争力和话语权，呈现出"全球—地方"联结的开放式自主创新模式。得益于内外因素的有机协同，中国电子信息企业快速成长，一批领军企业在金融危机后"走出去"，海外投资加速，并基于前期技术积累开始寻求在海外建立研发中心，以逐步实现以中国企业为主导的高端市场开拓和高端技术研发。在此阶段，白色家电产业的海尔、视频监控产业的海康威视、通信设备制造业的中兴通讯和华为等电子信息产业领军企业初步实现了创新技术和自主品牌的海外输出。另外，随着经济全球化程度的提高，发达国家的跨国公司逐渐改变以母国为技术研发中心、以海外为生产中心的传统布局，开始关注新兴经济体国家在人才、科技实力、科研基础设施等层面的快速崛起，积极促成与新兴经济体企业在科研机构设立以及新产品、新技术研发等方面的创新协作。

三、电子信息产业的发展现状①

张蒙蒙等结合创新驱动和税收方面的研究对近年来电子信息产业的发展现状进行了梳理，基本情况如下：

（一）电子信息产业的总体发展现状

近年来，面对错综复杂的国内外政治经济形势，我国电子信息产业始终以"稳中求

---

① 本部分参见张蒙蒙．创新驱动下我国电子信息产业的税收激励政策研究［D］．南昌：江西财经大学，2020：15－17.

进”的发展总基调，不断优化产品与市场结构，全面深化转型升级。电子信息产业在提高社会信息化发展水平和促进产业深度融合方面发挥着积极作用，在国民经济中的重要性也在持续提高。2015 年，我国规模以上电子信息企业数量便已超过 6 万家，销售收入总规模也超过 15 万亿元。相比电子信息制造业，软件和信息技术服务业收入增速更快且销售利润率更高，其实现主营业务收入超过 11 万亿元。

随着“互联网 +”“大众创业，万众创新”“制造业与互联网深度融合”“智能硬件”等发展战略的部署和产业政策的推出，电子信息产业的发展更上一个台阶。各地电子信息产业园区的兴起也让电子信息产业的发展越来越专业、越来越有活力。从区域分布来看，我国电子信息产业集中分布在经济较发达的东部沿海地区，2016 年东部地区的电子信息制造业主营业务收入占全国总收入的 76.1%，而中西部地区的主营业务收入仅占全国总收入的 23.9%，东部地区与中西部地区的经济发展水平、产业规模及技术差距不断扩大。2021 年，尽管面对世界百年未有之大变局和新冠感染疫情大流行交织影响的复杂环境，我国电子信息产业仍然实现了历史性跨越。2021 年，我国规模以上电子信息制造业实现营业收入 141 285 亿元，实现软件业务收入 94 994 亿元。2022 年，生产保持稳定增长，出口增率有所回落，营收增速小幅下降，投资保持快速增长。①

在目前的电子信息产业中，无论是在电子信息制造业还是在软件和信息技术服务业方面，都呈现出加速发展与变革创新的良好局面。在电子信息制造业方面，以家用电器、智能终端、消费电子等为代表的电子产品的爆发式发展，助推电子信息制造业进入了加速发展阶段，加上云计算、大数据、物联网、移动互联网、人工智能等新一代信息技术快速演进，硬件、软件、服务等核心技术体系加速重构，电子信息制造业正迎来新一轮变革。软件和信息技术服务业在产业升级和政策支持下呈现加速发展态势。随着经济转型、产业升级、“两化融合”“互联网 +”行动计划、大数据战略、建设网络强国等国家战略的深入推进，以及新一代信息技术的快速演进，传统产业的信息化需求不断得到激发，强劲的软件和信息技术服务需求应运而生；与此同时，伴随着人力资源成本的持续上涨和提升核心竞争力的压力，软件和信息技术服务的价值日益凸显，中国的软件和信息技术服务业将呈现加速发展态势。②

（二）电子信息制造业的发展现状

从产业规模来看，电子信息制造业仍处于较快增长期，对经济的贡献也在持续加大。在我国工业经济下行压力加大的形势下，其连续四年快于全部规模以上工业增速 4 个百分

① 2021 年电子信息制造业运行情况［EB/OL］. https://www.miit.gov.cn/jgsj/yxj/xxfb/art/2023/art_499c291a981542b5854af47f599d71b5.html.

② 2021 年软件和信息技术服务业统计公报［EB/OL］. https://www.miit.gov.cn/gxsj/tjfx/rjy/art/2022/art_7953d1abafe14f00a1b24e693ef73baa.html.

点以上。在出口方面，电子信息制造业出口金额已经达到 8 000 亿美元，其中计算机、电子器件和电子元件三个行业出口规模总和已经超过 4 700 亿美元，呈快速发展态势。电子信息制造业固定资产投资呈稳步增加状态，并且在投资方向上表现出聚焦产业技术升级的新特点，尤其是电子器件领域，12 英寸晶圆厂是目前较先进的集成电路产线。从工业和信息化部公布的《2021 年电子信息制造业运行情况》来看，我国电子信息制造业增加值和出口交货值实现两位数增长；实现利润高速增长；固定资产投资增速明显加快。

从产业整体结构来看，转型的步伐加快，产业链也在升级。整个产业从之前的多为低附加值环节的生产（如结构件、功能件），逐渐转向高附加值环节的生产（如显示面板、集成电路）。2021 年，全国规模以上电子信息制造业增加值比上年增长 15.7%。对于整体产业较为重要的技术，最近几年的改造不断往机器学习以及运用数字化手段对产品的所有生命周期进行管理的智能化方向发展，技术的改进使整个产业的生产效率和产品质量有大幅提升。而作为体现创新能力最重要衡量标准之一的新产品，其收入规模早在 2018 年便已突破 40 000 亿元，占所有产品收入的比重已经超过 40%。2021 年，规模以上电子信息制造业实现营业收入 141 285 亿元，两年平均增长 11.5%。具体来看，电子信息制造业的新产品呈现出两大方向：一是智能消费设备，如智能车载设备和服务机器人；二是技术升级产品，如显示面板分辨率升级以及集成电路工艺升级。电子信息制造业因为当前 5G、工业互联网以及智能化升级等新技术、新业态的出现，面临着重大的机遇。以 5G 为例，它在创造通信网络以及终端设备的升级需求的同时，还会与电力、医疗、汽车等行业融合发展，开辟新的应用和发展空间。但是，在看到机遇的同时，也不能忽视还有诸多挑战。首先，从国际大环境来看，众多发达国家十分重视该产业的升级发展，不断制定各项政策来引导并加大对人工智能、5G、量子科学的投入，无形中挤占了我国电子信息制造业的生存空间，施加了很大压力。同时，发展中国家也不甘落后，利用自身资源和人力优势吸引中低端电子信息制造企业，这在一定程度上造成我国部分电子信息制造企业外移，我国电子信息制造业因此受到了双面挤压。其次，从消费者的需求角度来看，占据消费大头的电子产品、彩电和计算机消费呈现疲软态势，有效需求不足，而且 5G 建设还处于初期，应用范围较小，无法为整机和电子元器件产业提供充足市场动力。最后，回归行业自身，存在着一些问题，例如，我国在高端设备以及一些核心材料等方面与国际领先水平相比，仍有不小的距离需要追赶。

（三）软件和信息技术服务业的发展现状

在信息技术不断创新以及扩大应用下，软件和信息技术服务业发展呈现良好态势。从 2022 年的总体数据来看，我国软件和信息技术服务业运行稳步向好，展现出三个方面的良好势头：一是软件业务收入跃上十万亿元台阶。2022 年，全国软件和信息技术服务业规模以上企业超3.5万家，累计完成软件业务收入108 126亿元，同比增长11.2%，增速较上年同期回落6.5个百分点。二是盈利能力保持稳定。2022年，软件业利润总额12 648亿元，同比增长5.7%，增速较上年同期回落1.9个百分点，主营业务利润率回落0.1个百分点至9.1%。三是软件业务出口保持增长。2022年，软件业务出口524.1亿美元，同比增长3.0%，增速较上年同期回落5.8个百分点。其中，软件外包服务出口同比增长9.2%。①

与此同时，当前比较重要的领域，如数据库和操作系统，突破性成果不断涌现，最显著的便是库内人工智能技术和主流数据库技术，并且通过拿到国际数据库标准制定权，成功在之前只有欧美发达国家的数据库领域占据了一席之地。从行业整体结构来看，逐渐向平台化和云化转型。早在2018年，来自平台和云服务的收入占整个软件业务的总收入便已接近20%。随之改变的还有商业模式，从支付一次费用便可终生使用转变为只能短期使用（随用随充费），同时，提供服务的目的也从“销售出去就好”转向“留住客户，建立长期友好关系”。整个软件和信息技术服务业逐渐建立起一种围绕大型平台企业发展的产业生态，创新人才以及应用软件和数据价值增值服务商不断聚集到平台企业，最终形成了创新、用户和供应链的协同发展。

不得不说，由于我国经济基础的渐进夯实以及新技术的不断出现，软件和信息技术服务业的确遇到了不错的机会。在可以预见的将来，随着5G应用规模越来越大，人工智能和区块链技术将会快速与传统产业融合，在政府各项政策的大力支持下，新的应用会不断产生，软件和信息技术服务业也会因此受益而获得更多动能，市场空间更加广阔。但是，危机与机会并存，整个国内经济因为世界经济的动荡不得不面临着下行的压力。这并非危言耸听，从2019年全国软件和信息技术服务业出口相比去年同期下降1.1%便可看出。但经两年发展，2021年的软件业务出口额为521亿美元，同比增长8.8%，两年复合增长率为3.0%。最后，回归行业自身，存在着一些显而易见的问题：一是核心关键技术缺乏，最基本的操作系统没有所有权只有使用权，工业基础和设计软件竞争力不足；二是缺乏在国际上占据一席之地的龙头企业，在国际市场上只分得了较小的“蛋糕”，近几年更是因为中美贸易摩擦不断，软件企业的国际化之路举步维艰；三是人才短缺问题突出，尤其是高端型和专业复合型人才。

---

① 2022年软件和信息技术服务业统计公报［EB/OL］. http://www.gov.cn/xinwen/2023-02/02/content_5739630.htm.

第二节　当前电子信息产业发展面临的困境与提升措施

电子信息产业是具有划时代意义和重要战略地位的高科技产业。电子信息产业因对国民经济发展和国民生活具有重要的支撑作用，一直保持着快速发展势头。但2020年对于电子信息产业来说是不平凡的一年，是发展较为艰难的一年。这一年受新冠感染疫情影响，传统的消费电子市场疲软，产业发展存在较多不确定性。在这不平凡且艰难的一年，电子信息产业增长速度有所减缓。在近年来中美贸易摩擦加剧的影响下，电子信息产业是受影响极大的行业。2018年，规模以上电子信息制造业增加值同比增长13.1%，快于全部规模以上工业增速6.9个百分点；规模以上电子信息制造业实现出口交货值同比增长9.8%，增速比2017年回落4.4个百分点。2019年，规模以上电子信息制造业增加值同比增长9.3%，增速比2018年回落3.8个百分点。2020年，规模以上电子信息制造业增加值同比增长7.7%，增速比2019年回落1.6个百分点。

一、电子信息产业发展面临的困境①

目前我国已经初步建立完整的电子信息产业链。电子信息产业已经成为中国国民经济的重点支柱产业，对拉动经济增长、促进社会就业作出了突出贡献。但随着中美贸易摩擦的逐步加剧，外部发展环境越发严峻，导致在产品设计、制造和批量生产等方面受到一定限制，现实存在许多制约我国由电子信息产业大国转变成强国的因素。这倒逼我国电子信息产业必须从国内寻找解决办法，把握住电子信息产业新一轮科技革命和产业变革的机遇，努力实现弯道超车，走"突破高端化、提升自主化"的发展道路。赵彤等从技术创新与转化、高端人才资源、投资规模与回报等方面对电子信息产业发展面临的困境作出了分析，基本情况如下：

（一）自主创新能力欠缺，核心技术受制于国外

由于我国电子信息产业起步较晚，自改革开放以来，我国主要依赖低成本优势参与国际分工，大多数企业缺乏先进技术的支持，没有核心的高精尖团队，导致我国电子信息产业的自主研发创新能力较弱，与发达国家产品的技术含量相比还有较大差距。在核心专

---

① 本部分参见赵彤．中国电子信息制造业全球价值链地位的测度与评估［D］．西安：陕西师范大学，2019.

利、标准等方面，当前我国电子信息产业常受制于人，处于价值链的低端，产品增加值较低，可获利润空间较小，因而在国际分工中处于劣势，竞争力有限。

电子信息产业是典型的技术密集型产业，是一个高度综合的高新技术产业。电子信息产业的技术领先需要整个产业链的关键核心技术集成作用，牵一发而动全身。因此，电子信息产业技术的研究周期长于一般产业技术，很大程度上取决于先发优势。一旦在某项技术上首先完成突破，其他机构或研究院所就很难在短时间内超越和弯道超车。

近年来，我国在人工智能领域的研究积累与发达国家差距不大，但还有很大一部分核心技术同世界高端技术相比存在差距。我国高端芯片的自主知识产权也相对较少，集成电路高端芯片产业对国外技术的依赖度较高。集成电路如同一个集体项目，这里面有很多小项目，包括 CPU、存储器、数字信号处理器、模数转换电路、数模转换电路、射频电路、电源等。这是一个综合概念，就如体育团体比赛，而不是单项比赛，需要在众多项目中都取得金牌，才能成为一个体育强队。

（二）专利技术转化率低，原创技术实用性不强

随着电子信息技术领域的不断拓展，政府扶持和鼓励中小企业创新的力度不断加大，电子信息产业近年来的专利申请数量也大幅增加，但这些专利中大部分都局限于外观设计、包装改造等方面，原创专利和技术改造所占比重少之又少。同时，我国在电子信息领域的科研成果转化率较低，产、学、研一体的技术创新体系大都还未建立，一些专利申请逐渐沦为形象工程，代工制造和加工贸易占比依旧过高，并未减轻对国外关键技术的依赖。截至 2017 年底，中国电子信息产业申请专利总量约为 340 万件，在全球专利申请的法律状态中，有效、失效和在申的占比分别为 38%、36% 和 26%，这说明专利的申请在一定程度上忽视了实用性。

与此同时，我国关于自主知识产权的规章制度不够健全。由于我国对专利知识产权的保护力度不够，缺乏完备的法律法规以及完善的知识产权保护体系，导致在全球价值链中处于劣势，难以从容应对国际贸易中知识产权方面的纠纷。在第七轮中美贸易谈判中涉及的技术转让、知识产权保护等议题，无疑给中国电子信息产业的研发与技术引进带来新的不确定性。为引导中国电子信息产业持续健康发展，急需规范国内相关政策制度，提高企业产权意识。

（三）人才资源薄弱，高端人才缺乏

电子信息产业是典型的技术密集型产业，同时也是人才密集型产业。近年来，国家非常重视电子信息产业的发展，接连出台多项产业支持措施，加大力度培养电子信息产业人才。但是，由于国内多数企业规模较小，研发环境不够完善，导致人才流失现象较为严重，相应的高层次复合型技术人才缺口很大，形成了“橄榄型”人才结构，造成技术创新

能力落后，国际竞争力不强。因此，重视人才，建立健全人才保障和激励政策，培育高精尖人才，是我国电子信息产业迈向崛起之路的关键一步。

人才是产业得以迅速发展的核心要素，而人才紧缺问题将长期伴随我国电子信息产业发展。自 2015 年教育部等六部委决定建设示范性微电子学院之后，截至 2019 年底，全国共有 28 所高校新建了微电子学院，有 55.08% 的本科及以上毕业生选择进入电子信息产业，为该产业输送了大量人才。

目前，电子信息产业的人才培养有三个特点：一是“难”。电子信息产业的技术门槛较高，在高校人才培养过程中，学生在开始一个较大的项目时往往需要学习各种各样的相关知识，这就导致部分学生在学习过程中产生畏难心理。二是“缺”。高校人才培养的主体中坚力量是教师。一支理论知识雄厚、产业实践经验丰富的教师队伍是对集成电路人才培养的保障。目前国内的集成电路高校教学端缺乏领军人才，同时也缺少良好的学生实践环境。由于芯片研发成本巨大，本科生更多是学习理论知识，缺乏运用理论知识的用武之地，更多是在电脑上做实验，缺乏项目经验。培养学生不只是一个学习问题，而要针对产业中存在的问题，开展项目创新，提高学生分析产业问题、解决产业问题的能力。三是“杂”。电子信息产业涉及多个学科，细分领域繁多。集成电路设计、制造、封装、测试各环节都需要一定的知识与实践积累，而通信、计算机、汽车电子、消费电子等领域也需要集成电路的支持。

企业是电子信息产业人才培养的另一阵地，就如同树苗的茁壮成长需要肥沃的土壤。若土壤贫瘠，再好的树苗也无法扎根生长。企业是人才培养的一个巨大平台，也是人才培养的基础。只有企业发展得好，才可以更好地吸纳并培养人才，帮助人才更好地进步，成为能够担当大任的领军人才，进而形成良性循环，推动产业发展。

随着电子信息产业的不断扩大，越来越多的高校选择开设电子学院，越来越多的高新企业也开始投资半导体产业，这也说明了集成电路人才培养的重要性与紧迫性。而电子信息产业的人才培养并非一蹴而就，应当积极推进产业与教学相融合，促进企业与高校等部门相互融合、相互协作，培养更多既有“量”又有“质”的电子信息产业新生代人才，推动电子信息产业高速可持续发展。

（四）投资风险高，回报周期长

电子信息产业是典型的资金密集型产业。近年来，随着中美贸易摩擦的加剧，中国政府加大对电子信息产业的投入，吸引了很多高新技术企业入驻该产业。但是，电子信息产业的特性决定了不是每个想要进入该产业的人都能分到一杯羹。

随着电子信息产业工艺技术的进步，投资规模变得越来越大，投资门槛也越来越高。电子信息产业技术更新换代的速度非常快，技术的复杂程度不断上升，芯片研发和批量生产的成本也是水涨船高。与此同时，受电子信息产业市场和电子信息产业技术研究方向的影响，电子信息产业的变数很大，投资风险极高。

相较于其他工业产品来说，电子消费产品的生命周期更短，产品的发展形势瞬息万变，带动电子信息产业技术迅速发展，企业投资时机、投资方向等方面把握稍有不慎，就会错过产品上市的黄金时期。如芯片虽然生产出来了，但是没有把握好市场的需求方向，导致净利润低于成本，达不到盈亏平衡。对独立的集成电路设计企业来说，这是一个巨大的打击。

技术研究周期长、经济回报周期长也是制约电子信息产业发展的因素。一些核心技术研发往往需要好几年，如果在研究初期未把握好方向，导致最后芯片效果弱于其他企业的同类芯片，就会大大降低企业的利润。与此同时，过长的回报周期会成为民间资本进驻的顾虑。目前集成电路设计企业在市场形成批量销售之前，在投产的前几年几乎都是处于亏损状态。这个亏损期视电子产品生命活力周期、公司营业状况略有不同，一般为3—5年。

（五）产业集群品牌影响力不足

品牌化发展是集群或企业发展到一定阶段的必然选择。集群品牌凝聚了产业集群内企业的共同属性、特质、文化、价值、利益等核心要素，是产业集群重要的无形资产。我国电子信息产业集群品牌建设一直没有得到足够的重视，集群品牌定位和设计、品牌运营和管理都与发达国家存在很大差距，缺乏具备国际影响力和美誉度的集群品牌。具体来说，目前国内电子信息产业集群的品牌化发展意识尚显不足，大多并未注册品牌，只是依靠市场对某一地区特定商品的信任，即使集群品牌被不正当利用，也未能利用法律武器来维权。有些产业集群虽然注册了品牌或商标，但没有制定品牌或商标的使用标准和违规使用惩处方法，长此以往会导致品牌滥用和品牌价值流失。地方政府、集群管委会等大多缺乏对集群品牌核心价值的科学谋划和具体安排，缺乏对集群品牌的维权意识和能力，一旦遇到“商标流氓”抢注集群品牌，将直接损害集群内相关企业的合法权益。

二、电子信息产业发展的提升措施①

改革开放以来，我国形成了珠三角、长三角、环渤海、中西部等电子信息产业集聚区，通过不同方式嵌入跨国公司主导的全球价值链分工体系，使我国一跃成为全球电子信息产业出口大国。但是，近年来全球经济下行趋势持续，发达国家实施工业升级和再工业化战略，贸易保护主义不断升温，同时，泰国、印度尼西亚、越南和印度等新兴经济体积极融入全球价值链分工体系，对外贸依存度高并集中在产业链中下游的我国电子信息产业

① 本部分参见刘兵．我国电子信息产业创新政策对产业创新绩效的影响研究［D］．兰州：兰州理工大学，2020.

集群形成“双向挤压”，单纯比拼传统生产要素的成本优势已难以持续。因此，转型升级、提升发展成为摆在我国电子信息产业集群面前的重要命题。公静等认为，电子信息产业集群转型发展“既要推动高端产业集群的创新发展，也要兼顾中低端产业集群的绿色发展”①。刘兵等在创新、产业链和品牌方面对电子信息产业发展提出了相关提升措施，具体如下：

（一）坚持制度创新和技术创新双轮驱动

制度创新是产业革命发生、发展的关键，是影响产业集群发展的核心要素。政府应当把制度供给作为工作重点，制定既符合科学发展规律又与集群自身状况相适应的产业集群制度。一方面，要转变政府职能。从注重管理转向完善治理，构建政府、市场、社会多元共治的完善的创新治理体系。加快完善技术创新成果利益分配机制，给予高校、科研院所和科研人员更多自主权和利益共享权，营造公平宽松的创新环境，激发科研人员的创新热情。另一方面，要加强技术攻关和成果转化。完善区域协同创新网络，鼓励电子信息企业积极开展技术创新，多举措推进产学研协同创新。加快培育若干标志性科技创新成果，并转化为具有高市场竞争力的产品和服务，抢占发展制高点，实质性提高集群创新水平和创新质量。

（二）加快向全球产业链高端攀升

产业链是指在经济的发展中，各个行业以不同的方式构成联系，这种关联对经济和技术上的发展交流有着重要作用，能让不同的部门或企业在产业链的交流中进行互补。产业链将企业的发展联系在了一起。地方电子产业集群必须要在一个开放的全球生产体系内，整合国际和本土资源，通过构筑区域网络体系来实现创新突破，从而达到产业升级的目的。因此，在逆全球化形势不断加剧的今天，我国电子信息产业集群发展更应积极融入全球产业链。从短期来看，应高水平、有选择地承接国际产业转移，逐步打造“发达国家—中国—其他发展中国家”的国际分工网络。从长远来看，应大力推进供给侧结构性改革，提高电子信息产品和服务的质量，稳步推进我国电子信息产业集群向“微笑曲线”两端爬升。

（三）实施大公司战略，带动产业链整体提升

我国电子信息产业集群内企业一般规模较小且分散，未形成规模优势与较大实力。因此，我们需要采取有效措施，打造完整的产业链分工体系。一方面，积极引导电子信息企业间的并购和联合，推动大企业做强，从而提升电子信息产业的集中度，促进产业规模的

---

① 公静，祁麟，王子帅，等．我国电子信息产业集群转型发展面临的挑战和对策［J］．新型工业化，2020，10（5）：165－167．

升级。另一方面，实施中小企业技术创新计划、小企业培育计划、中小企业成长计划和特色产业提升计划，积极引导中型企业做大以及具有发展潜力的小型企业走“专、精、特、新”发展道路，推动集群内各种规模企业之间的综合配套和交互影响，实现完善产业配套和大、中、小企业协同发展的双赢目标。此外，引导各产业集群在招商思路上向产业链招商、产品配套和协作企业招商转变，积极引进带动性强的大企业，发挥其辐射、示范、信息扩散和销售网络的龙头作用，逐步衍生并吸引更多相关企业集聚，通过企业之间的集聚效应降低综合成本，增强竞争优势，提高产业集群的凝聚力。

（四）积极实施电子信息产业品牌战略

长期以来，缺乏品牌已成为影响我国电子信息产业集群核心竞争力的重要因素。实施品牌战略，带动产业结构优化升级，促进产业集群不断发展壮大迫在眉睫。一方面，要借鉴硅谷、班加罗尔等国际知名电子信息产业集群品牌建设经验，坚持企业品牌建设与集群品牌建设相互促进、协同共进的策略，研究制定电子信息产业集群品牌建设顶层设计和分步建设方案，打造一批具有较高国际知名度的电子信息领域智慧产业集群、绿色产业集群、创新产业集群。另一方面，要探索建立全国性电子信息产业集群展示平台，支持开展集群品牌宣传推广，鼓励有条件的产业集群发展工业旅游和产业旅游，引导企业参与宣传集群品牌，共同扩大集群品牌和企业品牌的社会影响。

第三节　电子信息制造业产业链的演化与创新转型

在过去 20 多年中，我国电子信息制造业从无到有，从弱到强，经历了许多困难和挫折。伴随着我国电子信息制造业产业链布局的逐步完善，我国的科技自信将愈发强大。在国家政策及资金支持下，人工智能、量子信息、集成电路等前沿技术研发将快速推进，助力我国各行各业更有效率地发展，努力由“制造大国”向“制造强国”转型升级。近年来，随着网络技术使用范围的扩大、网络使用人数的增长，电子产品不断涌入人们的生活，各种网络商务活动层出不穷。如今，我国电子信息制造业已经成为社会经济的重要组成部分和企业生产的枢纽，已经具备完善的制造模式。

一、电子信息制造业产业链的基本内涵与模式

产业链是产业经济学中的一个概念，是各个产业部门之间基于一定技术经济关联，并依据特定逻辑关系和时空布局关系客观形成的链条式关联关系形态。它包含价值链、企业

链、供需链和空间链四个维度。这四个维度在相互对接的均衡过程中形成了产业链，这种对接机制是产业链形成的内在模式。作为一种客观规律，它像一只“无形之手”调控着产业链的形成。产业链有狭义和广义之分。狭义产业链是指从原材料到终端产品制造各生产部门的完整链条，主要面向具体生产制造环节。广义产业链则是在面向生产的狭义产业链基础上尽可能地向上下游拓展延伸。产业链向上游延伸一般是进入基础产业环节和技术研发环节，向下游拓展则进入市场拓展环节。产业链的实质就是不同产业的企业之间的关联，而这种产业关联的实质则是各产业中的企业之间的供给与需求的关系。

电子信息产业是以电子产品为主要商品的产业，多指研制和生产电子设备及各种电子元件、器件、仪器、仪表的工业。目前，由电子信息制造业所形成的一系列产业，已成为集信息采集与加工、电子产品生产、成品检测、信息存储、转换与传递、产品分配及应用等为一体的产业群。从产业链角度看，电子信息制造业上游主要有单晶硅、多晶硅、半导体分立器件、集成电路等行业，产品主要应用于手机、微型计算机设备、集成电路、笔记本电脑等行业，其产业有终端产品（如手机、电脑等）、电子中间产品（如汽车音响、空调等）、配件（如电脑主板、显卡等）和电子元器件（如集成电路、电阻、电感、电容等）。电子信息制造业是一个复杂的行业，它需要先进的科学技术，需要产前设计和产后销售的深度关联，还需要互补的产业来配合，对产品的生产有着极高的要求。电子信息制造业的产业链主要是指家居电器电子产品、电路集成产品、计算机通信媒体设备产品等。这些产业链不仅提高了人类的生活水平，还为经济的发展提供了强有力的技术支持。随着网络信息技术的不断发展，电子信息制造业开始得到广泛关注，电子产品逐渐成为人们日常生活中必不可少的信息工具。而作为社会分工现象，电子信息产业的存在是产业结构不断演进的最终结果。

当代电子信息制造业产业链主要包括横向外延式发展模式、纵向内涵式发展模式以及复合属性发展模式（见表 3－1）。①

表 3－1　电子信息制造业产业链模式

发展模式	特点	实例
横向外延式发展模式	在现有生产过程基础上实现产业延伸	实行多元发展战略的企业，例如海尔集团
纵向内涵式发展模式	在发展的同时实现下游工业的合体化延伸	OEM 厂商，例如华为
复合属性发展模式	规模较大且配套较为齐全的电子信息制造业加工基地	珠三角电子信息制造产业区、长三角电子信息制造产业区等

① 李陆一. 当代电子信息制造业产业链演化与创新研究［J］. 信息记录材料，2021，22（10）：50－51.

我国电子信息制造业横向外延式发展模式产业链主要由三个环节构成：芯片与元器件厂商、组件厂商、整机厂商。其中，芯片与元器件厂商是该产业链的核心环节，具有高技术含量、高附加值等特点。组件厂商、整机厂商的低附加值环节发展较好，但研发与设计实力薄弱，成为产业链发展的“瓶颈”。

我国电子信息制造业纵向内涵式发展模式产业链主要由五个环节构成：研发设计厂商、材料零部件供应商、信息设备制造商、项目营销商、消费者。该产业链的各环节发展不均衡，信息设备制造商环节存在产能过剩的现象，产业利润率较低。与此同时，产业链中各个环节的协同能力还有待优化。

复合属性发展模式就是将横向外延式发展模式和纵向内涵式发展模式融合在一起，其实质是企业/产业进行产业链和价值链的双重升级，建构更加全面的发展网络模式。为了充分发挥复合属性发展模式的应用价值，要在强化核心技术自主研发能力的基础上，增加产品的市场性附加价值属性，从而促进综合产业升级进步。

二、电子信息制造业产业链的演化

（一）产业空间格局演化

以区域几何重心为参照，1978—2015 年，我国电子信息产业主营业务收入、利润总额、从业人员的重心位置均位于几何重心的东部，表明我国东部地区电子信息产业集聚程度高、集聚效应明显、吸纳就业能力强。从演化轨迹来看，我国电子信息产业重心转移具有阶段性特征。1978—1999 年，产业重心以南移为主，受改革开放政策以及 20 世纪 90 年代全球电子信息产业第二次转移浪潮等因素的综合影响，珠三角、长三角发展成为我国重要的电子信息产业集群区域。2000 年以来，产业重心呈现西移、北移态势，由于东部沿海地区要素成本上升，中西部地区通过承接东部地区电子信息产业转移，逐渐成为新的电子信息产业增长中心。

而综合来看，我国电子信息产业南移是产业重心转移的主导方向，转移方向由以东南/东北向为主到以西南/西北向为主，体现了我国电子信息产业空间格局演化的阶段性。改革开放后，深圳、东莞等地通过“三来一补”“大进大出”的生产贸易方式，快速成长为我国电子信息产业外向度最高的集聚区。20 世纪 80 年代初，伴随科技体制改革，北京海淀区的知名高校和科研院所衍生出一批高科技企业，形成“中关村电子一条街”，北京电子信息产业集群得以诞生，并带动天津、河北、山东等环渤海区域电子信息产业的发展。21 世纪初期，长三角地区通过承接日、韩以及中国台湾等地的产业转移，并依托区域创新资源、金融服务等优势，形成以集成电路、计算机、通信设备等为主导的电子信息产业集聚区。金融危机后，我国电子信息产业向内陆转移，中西部地区的中心城市基于三线建设时期的产业基础，逐渐形成以军工电子、光电子、通信设备等为主导的新兴电子信息产业中心。①

（二）产业技术创新演化

1. 我国电子信息产业技术创新需求强劲

我国是全球最大的电子产品制造基地，在产业规模上已成为电子信息产业大国，但我国电子信息产业较欧美国家起步晚、起点低，存在“大而不强”的问题，相较国外一些发达国家电子信息产业的研究水平还有一定差距。我国独立企业还没有掌握一些电子信息产业中的关键性技术，仍然需要从国外引进。

2020 年 10 月，党的十九届五中全会审议通过了《中共中央关于制定国民经济和社会发展第十四个五年规划和二〇三五年远景目标的建议》。该建议将坚持创新提升到我国现代化建设全局中的核心地位，把科技自立自强作为国家发展的战略支撑。国家对科技的重视上升到新的高度，也进一步明确了未来的发展方向与规划。“十四五”规划以及 2035 年远景目标有望基于我国 5G 技术优势，进一步加快工业互联网、大数据中心等新基建建设，促进电子信息产业进一步融合，预计人工智能、量子信息、集成电路等领域将成为重要的发展方向。

为实现 2035 年迈入创新型国家前列的远景目标，我国电子信息产业的升级是必然趋势，产业附加值将大幅提升。国内制造业将凭借国家更大力度的研发投入、更趋重视的知识产权、更为鼓励的创新发展、不断壮大的科学家及工程师队伍，逐步向零部件生产、产品设计研发等更高附加值方向升级。我国已投入高研发费用、拥有核心知识产权、具备创新和不断进化能力的龙头企业将肩负出海大任，并有望在布满荆棘的科技升级路上不断壮大。

2. 我国电子信息产业在政策扶持下快速发展

在政策及资本支持下，2020 年我国电子信息产业收入规模已达世界第一。据工业和信息化部数据，我国电子信息制造业营收由 2000 年的 0. 95 万亿元上升到 2020 年的约 12. 3 万亿元，过去 20 年翻了将近 13 倍。2021 年，电子信息制造业规模以上企业实现营业收入超过 14. 1 万亿元。我国电子信息产业得到了长足、快速的发展和进步，在全球产业链分工中占据重要地位。

我国电子信息制造业正朝着强创新、高效率、促转型的高质量发展方向转变。工业和信息化部根据产业规模、效益、研发、环境等全方位评估，以 2014 年 100 分为基准，统计出每年我国电子信息制造业综合指数：自 2014 年以来，我国电子信息制造业综合指数

---

① 周灿. 中国电子信息产业集群创新网络演化研究：格局、路径、机理［D］. 上海：华东师范大学，2018.

稳健增长，2019 年总得分为 123. 06 分，平均上升幅度为 4. 99 分。考虑到我国电子信息制造业韧性较强，且在新冠感染疫情后较早复工复产，2021 年综合发展指数实现正增长，全国规模以上电子信息制造业增加值比上年增长 15. 7%。

2022 年，规模以上电子信息制造行业生产保持稳定增长，其中增加值同比增长 7. 6%，出口交货值同比增长 1. 8%，实现营业收入 15. 4 万亿元，同比增长 5. 5%，固定资产投资同比增长 18. 8%。

随着以家用电器、智能终端、消费电子等为代表的电子产品的爆发式发展，助推电子信息制造行业进入了加速发展阶段，加之云计算、大数据、物联网、移动互联网、人工智能等新一代信息技术快速演进，硬件、软件、服务等核心技术体系加速重构，电子信息制造行业正迎来新一轮变革。

随着电子信息制造行业竞争的不断加剧，大型企业间并购整合与资本运作日趋频繁，国内外优秀的电子信息制造企业越来越重视对行业市场的分析研究，特别是对当前市场环境和客户需求趋势变化的深入研究，以期提前占领市场，取得先发优势。正因如此，一大批优秀品牌迅速崛起，逐渐成为行业中的翘楚。中研普华利用多种独创的信息处理技术，对电子信息制造行业市场海量的数据进行采集、整理、加工、分析、传递，为客户提供一揽子信息解决方案和咨询服务，最大限度地降低客户投资风险与经营成本，把握投资机遇，提高企业竞争力。①

3. 产业升级：锻长板、补短板，推动高质量发展

随着 5G 技术的推广，移动宽带的增强、海量机器类通信提升、超高可靠低时延以及边缘计算能力提升也逐渐落地。人工智能、大数据等新兴技术得益于 5G 的技术便利，可以全方位提升算法、算力和获取及处理数据的能力，带动消费电子、汽车电子等制造领域智能化发展。国家通过“锻长板、补短板”提升电子信息产业整体的盈利能力，以科技创新推动电子信息产业的转型升级，目前已具备领先优势的“长板”领域将向高附加值的制造环节转移，卡脖子的“短板”领域将快速发展，增强产业链自主可控能力。过去 20 年，我国在电子元器件、PCB、半导体显示及照明方面取得了长足的进步，制造、封测等附加值较低的环节基本达到了全球领先水平，后续将向技术含量高、附加值高的环节及产品方向发展。但在集成电路领域，我国自给率仍然较低，设计、生产所依赖的工业软件、基础材料、生产设备等严重依赖欧洲和美、日、韩等国，晶圆代工在先进制程方面所受制约较大，这是我国电子高端制造之路亟待解决并需持续给予关注的重要方向。

① 中研普华产业研究院. 2022—2026 年中国电子信息制造行业竞争格局及发展趋势预测报告［R］.

三、电子信息制造业产业链的创新转型措施[1]

我国“十四五”规划把科技自立自强作为国家发展的战略支撑，强化国家战略科技力量，制定科技强国行动纲要，瞄准人工智能、电子信息、集成电路等前沿领域，要求提升企业技术创新能力，推动产业链上中下游、大中小企业融通创新，激发人才创新活力，完善科技创新体制机制。同时，该规划还强调加强产业链自主可控能力：一方面，锻造产业链供应链“长板”，打造新兴产业链，推动传统产业高端化、智能化、绿色化，发展服务型制造业；另一方面，补齐产业链供应链“短板”，实施产业基础再造工程，加大重要产品和关键核心技术攻关力度，发展先进适用技术，推动产业链供应链多元化。[2] 近年来，中国发展战略已经从出口导向逐步转变为“双循环”格局。罗小欧等认为，电子信息制造业应当推进技术进步与产业转型，积极融入“双循环”新发展格局，从产品与市场、研发创新、价值链延伸与整合等方面推动电子信息制造业产业链的创新转型。

（一）推进产品升级，扩大市场需求

党的十九届五中全会作出“加快构建以国内大循环为主体、国内国际双循环相互促进的新发展格局”的重大部署，这是以习近平同志为核心的党中央根据我国发展阶段、环境、条件变化作出的战略决策，是事关全局的系统性深层次变革。“双循环”发展新格局的重点是减少对海外市场的依赖，将贸易重心转移至国内市场，建立国内大循环，并以高水准、高质量的姿态参与国际市场。扩大内需是建立“双循环”发展新格局的重中之重。高质量发展要求企业不断提升产品的性价比，依靠更先进的技术和更人性化的产品服务，从内外两部分提升产品的使用便捷性和服务周到性。同时，企业可以通过深化纵向一体化程度，尤其是后向一体化，增强议价能力，从而降低成本；与供给方和经销商建立战略联盟，形成稳定的合作伙伴关系，提高自身应对风险的能力。我国在大数据、云计算等数字技术领域具有一定优势，各企业也应充分利用这一技术优势进行产品类型、消费者偏好、物流链选择等详细数据分析，充分了解不同消费群体对产品的需求，提供有针对性的定制式服务，进一步满足市场需求。

（二）增加资金支持，鼓励研发创新

一是要增强对创新创造人才的培养投入。电子信息产业的发展依赖科技创新，而科技

---

① 本部分参见罗小欧，郭一馨．双循环新发展格局下我国电子信息制造业的转型升级［J］．上海商业，2021（7）：95－97．

② 傅楚雄，王恺．电子行业深度报告：前瞻两会风向，关注科技创新与产业升级［R］．中国银河证券研究院，2021：2－5．

的进步与人力资本密切相关，只有充分激发高层次人才的创新潜能，才能加快电子信息制造业的创新步伐，从而增强产业的国际竞争力。我国电子信息产业虽然劳动力总量很大，但是高技术劳动力资源占总劳动力的比例很小，底层操作人员比例过大，缺乏高层次复合型专业技术人才。要想在非劳动力密集型产业中发挥好劳动力优势，一方面需要保证从业人员的数量，另一方面需要合理改善从业人员的素质水平。电子信息制造业应强化基础研究和加大研发投入，充分吸纳社会高层次技术人才，构建以企业为主导的技术创新团队。与此同时，要通过深化教育体制改革，完善教育体系建设，针对不同层次人才实施不同水平教育，从而提高劳动生产效率，实现产学研科学结合；政府应建立人才培养与支持体系，创造人才集聚条件，多项措施并进，加大人才引进力度，为电子信息产业价值链输入高端专业人才。企业应当建立完善的人才培训体系和有效的激励约束机制，适时对劳动力进行培训，提高专业技能和管理能力，注重劳动力资本的可持续发展。

二是要为研发与创新以及成果转化提供政策支持。政府部门要为高新技术产业提供一定的税收补贴和政策福利，并引导银行降低贷款审核标准与缩短审核周期，对贷款额度和贷款利率适当放宽，鼓励企业研发创新。确保在芯片、材料等关键基础技术领域研究投入的持续性和稳定性。建立上下游产业链协同研发机制，不断加速科研成果转化，鼓励企业与高校、科研机构建立合作对接关系，推动产学研有效结合，实现科研与市场无缝对接。企业应拓宽眼界，加强与国内外企业的协作交流，建立合作研发机制，在吸收先进科学技术的基础上突破核心技术瓶颈，掌握产业创新技术发展的主动权，从而提升企业的核心竞争力。企业还应抓住5G的发展机遇，加大对工业互联网、人工智能、区块链、柔性电子等新技术、新产品、新平台的研发投入。

（三）提高信息透明度，促进价值链延伸与整合

国家应建立专有电子信息产品售卖平台，对电子信息产品建立严格的审核与监管机制。平台主要负责确保产品性能与描述相符、产品质量符合国家规定，严抓产品售后服务，大力宣传国内优质的电子产品，并鼓励市场良性竞争。厂商应以质优价廉的产品吸引消费者，提升顾客的认可度，建立稳定的顾客群体，从而形成良性的市场循环，打造产品的质量优势和品牌优势。企业也应在发展本产业的基础上开发上下游产业，进行价值链的延伸与整合，通过深化价值链提高附加值，不断探索产品发展新路径，做好产业供给侧调控。特别是要跟踪“芯片荒”和电子原材料涨价问题，避免由此给企业带来严峻生存压力。自2020年开始的“芯片荒”延续至今，对行业发展造成了巨大影响，需做好应对“芯片荒”和电子原材料价格波动的准备，紧密跟踪市场价格，保持对全球电子原材料和芯片的市场敏感度，鼓励行业协会加强产业链上下游对接功能，最大限度保障关键产品的市场供给。

第四节 电子信息产业人才需求市场分析与培养改革

进入21世纪以来，电子信息产业的技术升级换代速度明显高于很多产业，对专业人才的需求日益提高，这对电子信息类专业人才的培养质量提出了新的要求。高校在人才培养过程中，若只注重对电子信息类学生的理论知识教学，就偏离了新工科的建设思路，难以培养出具备从事电子信息行业所需工程应用能力的人才。若偏重于实践能力的培养，则容易导致学生专业领域知识基础不扎实，难以解决行业的关键技术问题。因此，在新工科背景下，在遵循产业发展基本规律的基础上，如何合理地修订电子信息产业人才培养方案，有效提升服务区域经济发展的专业人才质量，是目前亟待研究和探讨的课题。

一、电子信息产业人才的分类与特点

（一）电子信息产业人才的分类

按工作内容划分，电子信息产业人才一般分为电子信息管理人才、电子信息技术研发人才、电子信息技术操作人才和电子信息营销人才四大类。电子信息管理人才是指在电子信息产业中担任各类管理工作的人才，由中高层管理人员组成；电子信息技术研发人才主要指从事电子信息产业各类研发工作的人才；电子信息技术操作人才是指从事较为基层的技术工作的人才，他们具备一定的知识结构，有自己的技术“诀窍”，可以在基层岗位上作出自己的贡献，是电子信息产业的基础人才；电子信息营销人才是指从事电子信息产业出售、租赁或以其他方式向第三方提供产品或服务的人员。

按人才层次划分，电子信息产业人才可分为高端人才和一般人才。电子信息管理人才和电子信息技术研发人才共同组成电子信息产业高端人才，是电子信息产业中创新人才的主要组成部分。其中，在技术和管理创新方面作出重大贡献，甚至可以决定某一行业兴衰的顶尖高端人才被称为电子信息产业领军人才。电子信息技术操作人才和电子信息营销人才共同组成电子信息产业一般人才。

（二）电子信息产业人才的特点

电子信息产业人才普遍具有以年轻人才为主、综合素质较高、知识结构较完善、高流动性等特点。

1. 以年轻人才为主

从年龄构成来看，电子信息产业人才以年轻人才为主。一方面，年轻人才本身知识结构较新，更能适应电子信息产业技术更新快、需要不断学习的特点；另一方面，许多电子信息产业，如软件业，工作时间较长，工作强度较大，年轻人才相对来说更能承受这种高强度、长时间的工作方式，用人单位也更倾向于招收年轻人才。因此，在电子信息产业中年轻人才的比例较高。

2. 综合素质较高

电子信息产业存在一定的就业门槛，对从业人员的技术能力、创新能力、学习能力等多方面的综合素质要求较高，因此，电子信息产业人才一般受过较好的基础教育，并有一定层次的教育教学经历，具有较高的素质水平。

3. 知识结构较完善

通过学历对求职者进行筛选是员工选拔中成本较低、效率较高的筛选方法，电子信息产业大部分从业人员的学历都在大专以上，受过系统、完善的高校教育，并在工作中保持不断学习的习惯，因此知识结构较完善。

4. 高流动性

以年轻人才为主、综合素质较高、知识结构较完善的特点决定了电子信息产业人才的高流动性。现有研究表明，年龄与个人的流动倾向存在较高的相关性，即年龄越小，流动性越高；另外，综合素质和知识水平较高，决定了电子信息产业人才竞争力较强，更能在流动中进入更理想的企业或岗位，获得更满意的薪资待遇。因此，电子信息产业人才更倾向于在流动中体现自己的价值。

二、电子信息产业人才队伍存在的问题

我国电子信息产业人才的培养虽然在数量和专业覆盖上与产业发展需求有一定的契合度，但依然存在结构上的不适应，主要表现在以下三个方面：

（一）高端复合型、创新型人才数量较少

电子信息产业高端人才，尤其是研发人才，是支撑电子信息制造业健康发展的重要基础。缺少研发高科技产品的人才，就很难提高企业的技术水平；没有高端的人才和技术支持，企业就只能从事低端的产品生产。这既不利于电子信息产业的顺利转型升级，也无法为电子信息产业发展提供有力支撑。

随着我国电子信息产业从“跟跑”向“并跑”再向“领跑”转变，自主创新成为产业发展的核心与关键。目前，我国在电子信息技术领域自主创新和国际标准制定方面的人力资源基础还很薄弱。据调研，企业中博士及以上学历比例只有0.35%，硕士比例只有8.21%，与国际成熟的电子信息企业动辄50%以上的高端人才比例结构还有较大差距。此

外，企业从事高端研发、系统分析、系统设计、架构设计和跨界的桥梁系统工程师、项目经理等岗位的员工比例也还较低。而高等院校电子信息类专业侧重于工程应用型人才培养，符合企业需要的研究生及以上学历毕业生供给数量也有限，客观形成了高端复合型、创新型人才对产业自主创新发展支持不足的情况。①

（二）新技术领域和跨界应用型人才相对缺乏

如今电子信息领域新技术、新应用层出不穷，高性能集成电路、云计算、物联网、大数据、人工智能、虚拟现实等新技术领域和智能制造、“互联网 +” 等跨界领域急需大量人才支持。而我国目前各层次院校相关专业的在校生数量还很少，相应的教学内容体系也未与技术和产业发展完全契合，多种原因造成了新技术领域和跨界应用型人才相对缺乏的局面，制约了产业的发展。

（三）适应“互联网 +”时代的技术技能人才储备不足

“互联网 +”时代需要大批掌握信息技术应用技能、具备“互联网 +”思维理念、能熟练运用互联网从事各领域业务的技术技能人才。但目前各类院校的人才培养，一方面将电子信息相关专业技能与其他业务技能分开，没有培养学生“ +”方面的合力；另一方面对学生“互联网 +”素质的训练不足，没有让学生树立适应“互联网 +”发展新形态的理念。这就造成电子信息类专业学生培养数量虽大，但适应“互联网 +”时代新业态的技术技能人才储备依然不足。

三、高校电子信息产业人才培养存在的问题②

近年来，我国高等院校中电子信息类专业升级的比例非常高，发展速度明显加快，但截至 2020 年底，该类专业工程认证通过数量与开设数量相比，比例明显偏低。何秉高等认为，当前大多数院校电子信息类专业的人才培养存在培养方案趋同化明显、培养方式落后、专业课程体系及内容设置不合理、产教融合度不高等实际问题。

（一）人才培养方案趋同化明显

各高校电子信息类专业的人才培养方案差异度很小，多数院校以“双一流高校”的培养方案为蓝本，难以突出自身专业特色和优势。多数省属高校未认真调研省域内电子信息

① 电子信息类人才培养模式分析［EB/OL］. https://www.gwyoo.com/lunwen/jylw/rcpylw/201901/688707.html.

② 本部分参见何秉高，史丽娟，庄乾章，等. 以产业需求为导向的电子信息类人才培养模式研究［J］. 轻工科技，2021，37（10）：167－168.

产业发展的趋势和重点，在制订培养方案过程中，与产业需求脱节，专业特点不突出、同质化严重，导致难以形成特色和优势。

（二）应用型专业人才培养方式落后

部分高校在理论教学过程中，多采用传统的“以教为主”模式，对学生的理解接受能力不重视，导致学生对专业知识理解不足，认知程度较低。多数高校未能以学生为中心，重构专业知识体系，升级旧模式，将理论教学、实践环节与创新创业训练连为一体。

（三）专业课程体系及内容设置不合理

移动互联网及智能制造的发展，常使电子信息产业人才培养跟不上企业对专业人才的需求，部分高校未能及时改革常规课程体系及内容，对专业课程及对应的实践环节进行深入调整。例如，很多企业，特别是中小型科技公司，需要大量懂得嵌入式系统应用开发、FPGA 设计应用以及机器视觉应用的专业人才，而很多高校人才培养方案更新和培养手段却跟不上企业需求。部分高校即使新开设了相关选修课，也常常忽略了前后课程的衔接性，无法实现专业课程群的融合，难以提高学生对专业知识体系的理解程度。

（四）产教融合度不高，校企合作培养不紧密

对于电子信息产业人才培养来说，高校的教学需紧密结合产业需求，只有深入融合才能培养出产业适用的人才。但目前部分高校人才培养中的实习实训项目与生产实际不接轨，实习时间短，内容不够深入，学生没有达到应付自如、融会贯通的程度。部分高校的电子信息类专业虽然实施了企业导师制，并与企业合作建立了校外实习实践基地，但是实施效果不佳，多流于形式。由于企业难以参与人才培养方案制订，使得学生在合作企业实习实践过程中，适应技术岗位的时间过长，工程实践能力明显薄弱，无形中增加了企业的负担，导致企业在合作的过程中积极性不高。

四、生产组织和生产技术的变化对人才需求结构的要求①

《国家信息化发展战略纲要》提出，要通过发展核心技术、做强信息产业，夯实基础设施、强化普遍服务，开发信息资源、释放数字红利等一系列措施，大力增强信息化发展能力。这实际上明确了我国电子信息产业发展的未来方向，对产业生产组织和生产技术的变化，特别是对人才需求结构有明显影响。

---

① 本部分参见王健，贾清水，肖博爱. 新型工业化背景下电子信息产业人才需求与培养模式思考[J]. 工业和信息化教育，2018（8）：10 - 16.

（一）宏观（产业）层面

电子信息产业应在核心技术研发、集成电路等方面培养、储备具有世界先进水平的科学家、网络科技领军人才、卓越工程师、高水平创新团队和信息化管理人才。

在产品制造和技术服务层次，培养既具备基础的电子信息产业相关专业技术技能，又具备跨专业领域和创新能力的人才。在应用层次，培养全民的信息技术素养，培育数以亿计、全民普及化的信息技术应用人才。

人工智能领域要加快研究人工智能带来的就业结构、就业方式转变及新型职业和工作岗位的技能需求，建立适应智能经济和智能社会需求的终身学习和就业培训体系，支持高等院校、职业学校和社会培训机构等开展人工智能技能培训，大幅提升就业人员专业技能，满足我国人工智能发展带来的高技能、高质量就业岗位需求。通过开展形式多样的人工智能科普活动，全面提高全社会对人工智能的整体认知和应用水平。

（二）微观（企业）层面

从人员结构来看，在调研涉及的 2 个大型企业、7 个中型企业和 6 个小型企业的在职员工中，经营管理人员（含营销、财务）数量最多，其次是技能人员，然后是工程技术人员（含研发、工艺）。这反映出市场运营是电子信息企业人力资源配置的重点，设计研发人员比例接近技能人员比例，但相对于以往的生产型企业来说，研发人员比例已大大提升。由此可见，企业正日渐重视自主产权的研发。

经营管理人员（含营销、财务）中，人员层次结构呈金字塔状。工程技术人员（含研发、工艺）中，人员层次结构呈橄榄球状。绝大多数企业的人员需求与调研当年年度结果接近，经营管理人员（含营销、财务）需求比例与当前在职员工情况基本持平。不同的是，对工程技术人员（含研发、工艺）的需求比例有所上升，对技能人员的需求比例进一步降低。

从调研中发现，在电子信息产业的各类企业中，随着生产组织和生产技术的变化，人员需求从单纯注重专业能力转向注重专业能力和综合素质同步发展。在专业能力方面，要求人员能够综合运用知识、精通业务流程，熟悉营销、管理等知识，具有自主学习、更新技术知识的能力，具备“互联网 +”时代所需的复合型专业技能；在综合素质方面，要求人员具有道德感，身心健康，具备分析与解决问题的能力、有效沟通及团队合作能力、安全和环保意识，以及满足业务需求的相应外语能力、科学思维能力、创新和创业能力。

五、产业发展对电子信息产业人才的要求①

马坤等通过查阅文献、调研访谈（含行业精英、有关教学领导、教师和毕业生）、问卷分析、追踪调查等方式，整理了基于社会需求的电子信息类专业的人才培养新要求，主要体现在创新意识和创新能力、商业生态观、学习能力、领导力方面。

（一）创新意识和创新能力

我国已进入“大众创业，万众创新”的新时期，创新意识是决定未来成功与否的重要因素之一。在信息量急速膨胀、知识更新速率不断刷新的情况下，未来大学生步入社会后从事的职业将更具不确定性。在创新意识和创新能力的指引下，大学生应有能力在毕业之后，利用手头掌握的资源，根据所从事的职业不断完善自身的知识和能力结构，更好地达到完善自我和适应社会的目的。

（二）大格局的商业生态观

对于电子信息类专业的学生来说，既要将所学专业知识构成完备的知识体系，又要将相关专业或领域的知识串联起来，将视野从本专业上升到整个行业和社会层面，才能领悟系统思考的重要性。未来的竞争不只是芯片、通信协议的优劣，更关键的是芯片、通信协议所处的生态系统是否健全、灵活和高度协同。大学生在求学期间就应有意识地培养自己的系统观，以商业生态视角体察问题，提升对行业的整体感悟。

（三）可迁移的学习能力

在海量知识和信息爆炸的情境下，对知识的选择、整合、变换和实操比掌握知识本身更加重要，学生对知识的学习也更有选择性和技巧性。学习的过程并不是被动接受知识的过程，而是学习者在已有的知识基础上主动建构知识体系的过程，即我们常说的举一反三、触类旁通。如果掌握了知识迁移能力，学习效果将事半功倍。

（四）勇于担当的领导力

领导力的本质是影响力，大学生展现领导力是其利用自身影响力和资源，带动自我与群体最终实现目标的过程。从《国家中长期教育改革和发展规划纲要（2010—2020年）》中可以看出，我国把大学生领导素养的培养列为大学人才素质培养的重点。在高校目前的

---

① 本部分参见马坤，郑晓齐．与时俱进：“互联网+”时代高校电子信息专业人才培养研究［J］．教育教学论坛，2018（15）：190-194．

人才培养中，领导力培养常被认为是难以量化体现的，故容易被忽略。加强电子信息类专业学生的领导力培养，是全面提升该专业学生综合素质的重要途径。

六、对高校电子信息产业人才培养改革的建议①

回归高校对电子信息产业人才的培养，针对相关问题，应制定以产业需求为导向的人才培养对策。

（一）校企合作制订专业人才培养方案

为了真正达到产教融合的目的，高校应加强校企合作，让专业工程师与专业教师共同探讨研究人才培养的具体诉求，结合企业当前技术发展需求，制订基于专业特色的人才培养方案。

在理论教学体系构建方面，应围绕电子信息类专业宽口径人才培养的特点，加大专业通识课的比重，加强专业必修课基础知识教育，夯实理论基础；在设置专业选修课模块时，以突出专业特色为基础，紧密结合企业需求，灵活设置专业课程群。同时，注重前后课程的衔接性，保持课程内容的先进性，以提高产教融合的理论教学体系的适应性。

在专业课程模块设置方面，应突出专业特色，紧密联系区域行业发展趋势，动态更新专业前沿领域知识，聚焦电子信息产业当前应用的智能硬件模块（如 FPGA、STM32、AVR 等）以及工程系统软件（如 OpenCV、Matrox、Python 等），将其导入专业课程讲授与实践环节，从而让学生掌握的专业知识内容与行业的人才发展需求紧密贴合，以提高学生的就业实践能力。

在专业实验课程安排方面，应结合产业需求与专业特色，积极整合现有实验设备资源，针对专业课程群阶段性更新的特点，动态调整专业实验课程，增加综合设计性实验的比例；采用虚拟现实技术、增强现实技术、云技术等先进的实验教学方式，在解决实验设备及场地不足问题的同时，提高实验操作的安全性、有效性和开放性，丰富专业实验的种类，使学生能够随时重复实验操作，提升“理实结合”的培养效果。通过引入项目制实践教学模式，以学科竞赛、“大创”项目、企业项目、技术攻关等形式，进一步提高实践课程的实时融合度，使学生明确专业知识领域，提高工程应用能力。

（二）加强“双师型”专业教师队伍建设

专业授课教师只有自身做到理论与实践紧密结合，才能真正提升教学效果。作为电子

---

① 本部分参见何秉高，史丽娟，庄乾章，等. 以产业需求为导向的电子信息类人才培养模式研究[J]. 轻工科技，2021，37（10）：167－168.

信息类专业教师，要充分了解专业特点及相关行业的发展趋势，实时掌握学科方向的前沿技术，并融合到专业课程讲授的内容中。专业教师要积极参加教育部门以及电子信息产业举办的论证、讲座和新技术应用的师资培训活动，并轮流到校级合作企业中进行实践锻炼，在提升自身工程实践能力的同时，充分了解企业的真实需求，实时调整专业课程内容，以提高学生的就业竞争力。

高校要注重引进具有企业背景的专业教师，丰富教师的企业实践经历，形成理论与实践能力突出的“双师型”教师结构；加强校内专业教师与企业导师、企业工程师的交流互动；将企业工程师“引进来”，使专业教学与企业需求高度融合，不断提升人才培养的适用性、针对性和有效性。

（三）以产教融合为契机，进行校企深度合作

对产业人才的培养要注重产教融合，推进产学研深度合作。校企合作制订专业人才培养方案，是进行校企深度合作的前提，需要双方在互利共赢的原则基础上细化合作方案，真正做到深度合作。在合作协议框架下，一方面，高校要利用技术储备优势，为合作企业的关键技术攻关提供全方位协助；另一方面，合作企业要促进高校师生技术成果的有效转化，双方共同进行产品研发，真正实现互惠互利。在校企合作实践基地中，要以项目制为引导，组织学生积极参与企业的技术研发生产环节，规范化训练学生的工程应用能力，提高学生的岗位适应能力。同时，完善企业导师聘任制度，使企业导师真正参与实习实践与创新创业教育环节，加大企业导师考核评价的比重，加强学生就业意识与能力的培养。

第四章

新工科背景下的电子信息类专业学科发展

第一节　电子信息类专业的演进历史与发展现状

随着社会的高速发展，人们对生活科技化、智能化的要求越来越高，电子信息产业进入蓬勃发展时期。电子信息技术广泛渗透到国防、工业控制、交通、家用电子、农业、电子商务、通信等各个领域。人们的日常生活对电子信息相关专业知识的应用也越来越普遍。电子信息技术在国民经济增长和人民生活质量的提高等方面起着至关重要的作用，是国家建设与社会发展绕不开的基础和必要条件。显然，电子信息产业已成为新兴科技产业，被誉为朝阳产业。各个国家对电子信息类专业人才的需求量也越来越大，对所需人才的质量要求也越来越高。

基于产业发展的需求，国内外高校通过整合更多力量设立电子信息类专业，根据社会需要开设有关专业课程，努力培养更多优秀人才。我国电子信息类专业是伴随着电子、通信、信息和光电子等技术发展需求而逐步建立的，它们是以数学、物理和信息论为基础，以电子、光子、信息及相关元器件、电子系统、信息网络为研究对象，致力推动信息产业发展和传统产业转型升级的主干专业。[①] 我国在 1994 年拥有电子信息类专业的学校只有几十所，至 2016 年已有 791 所高校开设了电子信息类专业，共有 2 315 个专业点。2010 年左右，电子信息类专业在大学中的开课数呈指数型增长，几乎所有重点大学都开设了电子信息类专业。[②] 电子信息类专业在发展过程中逐步融合了电子工程、信息工程、应用电子技术、广播电视工程、电磁场与微波技术、无线电技术与信息系统、电子信息工程、电子与信息技术、公共安全与图像技术等 10 多个方面，经不断调整后形成了新的宽口径专业。

电子信息类专业的历史可以追溯到最早期的磁学和电学的研究。公元前 2637 年，我国祖先黄帝就利用磁研制出罗盘针；据司马迁记载，公元前 9 世纪，航海家就使用指南针导航。1600 年，英国物理学家吉尔伯特验证了磁力现象并建立了重要的理论体系，也被世人称为“磁学之父”。大约在 1650 年，德国科学家库里克研制出第一台产生静电的装置。1752 年，美国科学家富兰克林经研究阐明了电荷性质，为后人发现电荷守恒定律奠定了基础。1785 年，法国人库仑发明了扭秤并提出了静电学中著名的库仑定律。1800 年，意大利物理学家福特发明了第一种化学电源（铜锌电池），引起了电磁学的时代革命。1820 年，丹麦物理学家奥斯特发现了电流的磁效应。1825 年，法国科学家安培通过测量电流的磁效应提出了著名的安培定律。1827 年，德国物理学家欧姆提出欧姆定律，解释了电阻上

---

① 教育部高等学校电子信息类专业教学指导委员会．普通高校电子信息类专业与课程体系导引：2013—2017 年［M］．北京：清华大学出版社，2017.

② 张肃文．我国电子信息工程类课程的发展历史［J］．电气电子教学学报，2010，32（1）：6－9.

电压与电流的定量关系。1831 年，英国物理学家法拉第发现了电磁感应定律，研制出第一台发电机。大约在 1848 年，德国科学家基尔霍夫提出了电流定律和电压定律，解决了电器设计中电路方面的难题。1887—1888 年，德国物理学家赫兹证实了电磁波的存在。其中，1838 年（美国）摩尔斯电报机的诞生和 1876 年（美国）贝尔电话的发明是电子信息学科发展的重要里程碑。1879 年前后，美国科学家爱迪生发明了留声机、电灯、电影摄影机等，为人类作出了重大贡献。1895 年，意大利科学家马可尼和俄国科学家波波夫分别发明了无线电发射和接收，从此开始了无线电通信的时代。1897 年后，英国科学家弗莱明在爱迪生发明的热二极管的基础上发明了实用的真空二极管；1907 年，美国科学家德福雷斯特发明了真空三极管。1925 年，美国物理学家伯烈特与杜武合作，第一次成功使用雷达；英国科学家贝尔德和美国工程师诺基几乎同时发明了电视机。1946 年，美国数学家诺依曼设计出第一台电子计算机。19 世纪末到 20 世纪初，西方国家的大学陆续设置了电气工程系，电子信息工程、通信工程等是其中的重要方向。

我国电子信息工程的高等教育也有百年历史。1908 年，清朝邮传部侍郎唐文治督官办学，担任高等实业学堂（上海交通大学前身）的监督，首创电机专科，这是我国电子信息教育的开端。1917 年，在电机工程专业内设立“无线电门”；1921 年，设立“有线通信与无线通信门”。1921 年，国民政府交通部将其属下的上海工业专门学校（上海交通大学前身）、唐山工业专门学校（西南交通大学前身）、西北铁路管理学校和北京邮电学校（北京交通大学前身）四所学校合并为交通大学，设置了电机工程科（系）。1923 年，东南大学组建电机工程系，下设“电机制造门”“荷电铁道门”“无线电门”，该系的无线电组后来发展成为无线电系。1927 年，浙江大学将电机科改为电机系，后来逐步分为电力和电信两个组。1932 年，清华大学成立电机系，下设电讯组；1934 年，筹建无线电研究所。1933 年，北洋大学设立了电机工程学系，下设电力、电讯两个组，电讯组为天津大学电子信息工程学院前身。1931 年，中央红军总部无线电队在江西宁都开办第一期无线电训练班，这是西安电子科技大学等学校创设军事电子信息类高校的开端。

新中国成立以前，电子信息类高等教育基本上是参照欧美国家的专业教育体系，在电气工程专业中设电信专门化方向。1952 年，我国高校经院系调整后的教育体系基本上是模仿当时的苏联模式，按行业细分设置专业。教育部直属高校多数设置了无线电技术、无线电电子物理学等专业；工业部委所属高校则设置了电报电话通讯、无线电通讯与广播、雷达、铁道通信、电力通信、井下通信、军事通信等与技术或设备直接对应的专业。

1978 年以后，全国各高校在恢复专业设置的同时也新增了许多专业。1980 年，在教育部主管部门颁布的专业目录中有 80 个电子信息类专业，包括通信工程专业；1984 年，调整为 28 个专业。1998 年，教育部颁布的专业目录把原来的电子工程、应用电子技术、信息工程、电磁场与微波技术、广播电视工程、电子信息工程、无线电技术与信息系统、电子与信息技术、摄影测量与遥感（部分）、公共安全图像技术 10 个电子信息类专业归并为电子信息工程专业；微电子技术调整为电子科学与技术专业的一个专业方向；原计算机通信和信息与通信工程专业归并为通信工程专业；电子科学与技术专业合并了原来的微电子技术、光电子技术、电子材料与元器件、物理电子技术、物理电子与光电子技术 5 个专业；将原光学仪器和光电技术相关专业分别调整为：电气信息类的电子科学与技术专业、仪器仪表类的测控技术与仪器专业、物理学类的光信息科学与技术专业。2012 年，原光信息科学与技术、光电信息工程、光电子技术科学、信息显示与光电技术、光电子材料与器件专业归并为光电信息科学与工程专业。

目前我国电子信息类专业仍然处于高速发展阶段，在整体势头向上的同时也显现出一系列需要重视的问题：

一是人才培养方式滞后于当今社会发展。随着电子信息产业逐步扩大升级，目前我国对电子信息类专业的从业人员需求量很大，高校学生毕业后的就业岗位选择非常多，就业形势较好。但许多高校对电子信息产业人才的培养还跟不上社会的现实需求，人才培养模式与体系还不适应当今社会发展与需求。很多高校还以理论授课为主，实践教学比例不高。部分高校即使开设了实践课程，也是最基本的实验实训，甚至还停留在十几年前的基础实验实训水平，与目前电子信息产业所使用的技术脱节，导致毕业生进入社会，投身工作岗位时还无法适应现实需要。也就是说，虽然每年有大批电子信息类专业的毕业生进入该行业，但在具体工作中还很难做到独当一面，与社会所需的电子信息技术人才还有一定差距。

二是培养目标定位缺乏导向性，办学模式趋同。目前国家重大工程建设、企业技术创新需要多样的人才，这就需要高校制订多样的电子信息类专业人才培养方案。然而，目前各高校的人才培养方案“同构性”特征明显，多数高校通过学习国内高水平的研究型高校来确立自己的课程体系，并未有效结合自己的发展特色和优势资源来构建课程体系。许多地方高校不以地方经济发展和人才需求为导向，一味向某些高水平的研究型大学看齐，在办学理念、办学模式、培养目标和课程体系等方面区分度不大，没有自己的办学特色，缺乏多样性和竞争力。

三是知识体系缺乏完备性，课程内容不尽合理。目前多数高校课程体系的构建仿效研究型大学，偏重于理论知识，在人才培养方案制订时没有很好地将科学理念、技术教育和工程实践融为一体，面向应用的实践环节不足，不利于学生实践能力的培养，例如，模拟电子电路、计算机网络等专业课程未能紧贴电子信息新技术发展。有相当一部分高校即使安排了结合新技术的专业选修课，但在构建课程体系时与其他课程之间也难以做到循序渐进地衔接，缺乏开放性和动态灵活性。

四是高校与企业之间未能建立良性互动机制，产学结合力度不够。企业需求和教学活动有效结合是培养电子信息类专业人才十分有效的途径。纵观目前国内的多数高校，在教学活动过程中缺乏有经验的企业工程师参与，在专业建设和监督评价环节上也缺乏企业的积极参与，而企业接收学生到企业实习、实训的积极性也不高，造成学生的工程实践能力薄弱，到工作岗位上需要较长的过渡期，企业培养人才的成本也因此增加。多数高校只重视校内的师资结构、教学条件和课程建设与改革等相关方面的实践，很少做到把企业需求和教学活动进行有效结合，也就难以为企业和社会培养高质量的电子信息技术人才。

第二节　电子信息类专业的内涵与主干学科

一、电子信息类基本专业

专业是指主要研究某种学业或从事某种事业，也指高等学校和中等专业学校根据社会专业分工需要设立的学业门类。专业是根据社会职业分工、学科分类、科学技术和文化发展状况以及经济建设与社会发展需要划分的。一个专业要完成培养人才的任务，必须根据社会对人才的需求，依托与其相关的学科来组织课程体系，再实施教学过程，获得教学效果。

2020 年 2 月 21 日，教育部发布《普通高等学校本科专业目录（2020 年版）》[①]，电子信息类专业（代码 0807）归属于工学（08）学科门类，涵盖 20 个专业，其中基本专业 6 个、特设专业 14 个（见表 4－1）。

表 4－1　电子信息类专业列表

序号	学科门类	专业类别	专业代码	专业名称	授予学位	修业年限
1	工学	电子信息类	080701	电子信息工程	理学、工学	四年
2	工学	电子信息类	080702	电子科学与技术	理学、工学	四年
3	工学	电子信息类	080703	通信工程	工学	四年
4	工学	电子信息类	080704	微电子科学与工程	理学、工学	四年
5	工学	电子信息类	080705	光电信息科学与工程	理学、工学	四年
6	工学	电子信息类	080706	信息工程	工学	四年
7	工学	电子信息类	080707T	广播电视工程	工学	四年
8	工学	电子信息类	080708T	水声工程	工学	四年

① 教育部关于公布2020年度普通高等学校本科专业备案和审批结果的通知［EB/OL］. http://www.moe.gov.cn/srcsite/A08/moe_1034/s4930/202103/t20210301_516076.html?qrcodePlugin=1.

（续上表）

序号	学科门类	专业类别	专业代码	专业名称	授予学位	修业年限
9	工学	电子信息类	080709T	电子封装技术	工学	四年
10	工学	电子信息类	080710T	集成电路设计与集成系统	工学	四年
11	工学	电子信息类	080711T	医学信息工程	工学	四年
12	工学	电子信息类	080712T	电磁场与无线技术	工学	四年
13	工学	电子信息类	080713T	电波传播与天线	工学	四年
14	工学	电子信息类	080714T	电子信息科学与技术	理学、工学	四年
15	工学	电子信息类	080715T	电信工程及管理	工学	四年
16	工学	电子信息类	080716T	应用电子技术教育	工学	四年
17	工学	电子信息类	080717T	人工智能	工学	四年
18	工学	电子信息类	080718T	海洋信息工程	工学	四年
19	工学	电子信息类	080719T	柔性电子学	工学	四年
20	工学	电子信息类	080720T	智能测控工程	工学	四年

注：特设专业在专业代码后加“T”表示。

电子信息是一门应用计算机等现代化技术进行电子信息控制和信息处理的学科，其主要研究方向包括研究信息的获取与处理，电子设备与信息系统的设计、开发、应用和集成。[①] 电子信息类专业是集电子技术、信息和通信技术于一体的专业，其中 6 个基本专业的内涵相互关联，方向各有侧重。

（一）电子信息工程专业

电子信息工程是信息技术领域的主干专业，主要研究信息获取、信息传输、信息处理与信息应用等方面的理论、技术和工程实现问题，包括：信息的感知与获取、信息的表达与度量、信息的存储与传输、信息的识别与分离、信息的人机界面等；利用先进的电子技术和信息技术，研究、设计、集成、开发和应用电子设备与信息系统。

电子信息工程专业的方向有：信号与信息处理、多媒体信息处理、雷达系统、导航系统、电子测量等。

（二）电子科学与技术专业

电了科学与技术专业涵盖的学科较为广泛。该专业以数学和近代物理为基础，主要研

① 刘中华．浅析电子信息工程专业、电子科学与技术专业的发展现状［J］．现代物业（上旬刊），2015，14（6）：122－123.

究电磁波、荷电粒子及中性粒子的产生、运动、变换及其与不同媒质相互作用的现象、效应、机理和规律；在此基础上，以电子、光电子等各种材料及其元器件，以及集成电路、集成电子系统和光电子系统为对象，研究、开发相应的设计和制造技术。

电子科学与技术专业的方向有：微电子技术、光电子技术、电子材料与元器件、物理电子技术、电磁场与微波技术等。

（三）通信工程专业

通信工程专业主要研究信号的产生，信息的传输、交换和处理，以及在计算机通信、数字通信、光纤通信、数字程控交换等方面的理论和工程应用问题；在信息处理技术、信息压缩技术、移动通信技术、卫星通信技术、光纤通信技术、多媒体网络通信技术、微波技术、电磁兼容技术、集成电路设计技术等领域不断探索新技术，设计、开发更快、更可靠的通信系统和各种信息通信工具。该专业主要学习和研究通信理论、通信系统与技术、网络理论与技术等。

通信工程专业的方向有：通信网络与交换、无线通信、多媒体通信与信息处理、光通信、计算机通信等。

（四）微电子科学与工程专业

微电子科学与工程是在物理学、电子学、材料科学、计算机科学、集成电路设计制造学等多个学科和超净、超纯、超精细加工技术基础上发展起来的一门新兴学科。该专业主要研究半导体器件物理、功能电子材料、固体电子器件，超大规模集成电路的设计与制造技术、微机械电子系统以及计算机辅助设计制造技术等。

微电子科学与工程专业的方向有：微电子学、微电子制造工程、微电子材料与器件、微电子科学与工程等。

（五）光电信息科学与工程专业

光电信息科学与工程是由光学、光电子、微电子等学科结合而成的多学科综合专业，主要研究作为信息载体的光的产生（光源）、传输、成像、传感及探测，以及光电信息的转换、存储、处理与显示等，涉及的技术领域包括光学、光电仪器、光子学技术、信息光学技术、光学技术及工程等。

光电信息科学与工程专业的方向有：光电工程、光信息科学与技术、光电子技术、信息显示与光电技术、光电子材料与器件等。

（六）信息工程专业

信息工程专业基于超大规模集成电路技术和现代计算机技术，主要研究信息获取、信息传输、信息处理的理论、技术和工程问题，开发信息系统和控制系统的应用技术；综合运用数学、物理、电路理论、信号理论、电子技术、计算机科学和技术等方面的知识，培养能在信息工程领域从事科学研究、工程设计、技术开发、设备制造、管理维护等工作的复合型工程科技人才。

信息工程专业的方向有：信息通信工程、信息科学技术、信息物理工程等。

二、电子信息类专业归属学科

“学科”一词译自“discipline”，其本身具有多重含义。国外一些著名辞书，如萨美尔的《英语词典》（第一卷）、《世界辞书》、《牛津大词典》（第一卷）等，都对“discipline”进行了多种注解，一般都包括科学门类或某一研究领域、一定单位的教学内容、规范惩罚等含义。从本源来说，学科既指知识的分类和学习的科目，又指对人进行的培育，尤其侧重于带有强力性质的规范和塑造。

美国学者伯顿·克拉克在《高等教育新论》一书中提及学科的两种含义：一是作为知识的“学科”，二是围绕这些“学科”建立起来的组织。一般我们从三个角度来阐述和理解学科：从创造知识和科学研究的角度来看，学科是一种学术的分类，指一定科学领域或一门科学的分支，是相对独立的知识体系；从传递知识和教学的角度来看，学科就是教学的科目；对大学里承担教学科研任务的人员来说，学科就是学术的组织，即从事科学研究的机构。

学科门类是对具有一定关联学科的归类，其设置应符合学科发展和人才培养的需要，并兼顾教育统计分类的惯例。在我国，对学科实行分层管理，采取规定性与自主性相结合、相对稳定与动态调整相结合的管理机制。国务院学位委员会、教育部分别于 2009 年、2010 年印发了《学位授予和人才培养学科目录设置与管理办法》《授予博士、硕士学位和培养研究生的二级学科自主设置实施细则》，其中提及：一级学科是具有共同理论基础或研究领域相对一致的学科集合，原则上按学科属性进行设置；二级学科是组成一级学科的基本单元。学科目录适用于学士、硕士、博士的学位授予与人才培养，并用于学科建设和教育统计分类等工作。学科目录分为学科门类、一级学科（本科教育中称为“专业类”）、二级学科（本科专业目录中为“专业”）三个层级。根据《学位授予和人才培养学科目录（2020 年）》，我国科研院校（学位授予单位）的本科教育和硕、博研究生教育划分为哲学、经济学、法学、教育学、文学、历史学、理学、工学、农学、医学、军事学、管理学、艺术学共计 13 个学科门类。2021 年新增第 14 个学科门类——“交叉学科”（门类代码为“14”）以及“集成电路科学与工程”一级学科（学科代码为“1401”）、“国家安全学”一级学科（学科代码为“1402”）。目前，我国普通高等学校教育划分为 14 个学科门类，包括 113 个一级学科。

学科门类和一级学科是国家进行学位授权审核与学科管理、学位授予单位开展学位授予与人才培养工作的基本依据，二级学科（专业）是学位授予单位实施人才培养的参考依据。通常而言，“一级学科”“二级学科”是针对博士、硕士研究生培养而设置的学科专业目录。本科专业设置按“学科门类”“专业类”“专业”三个层次来设置，其中，“专业类”对应《学位授予和人才培养学科目录（2020 年）》的“一级学科”，“专业”对应《学位授予和人才培养学科目录（2020 年）》的“二级学科”。就电子信息类专业而言，其主要归属工学学科门类下的“信息与通信工程”“电子科学与技术”“光学工程”，以及新增的“交叉学科”门类下的“集成电路科学与工程”。

（一）信息与通信工程

信息与通信工程是一级学科，涵盖通信与信息系统、信号与信息处理两个二级学科。其研究对象包括信息的获取、存储、传输、处理和应用，以及信息与通信设备系统的研究、分析、设计、开发、维护、测试、集成和应用。一方面，学科以信息传输和交换研究为主体，研究信息与通信各类网络及系统的组成原理、体系架构、功能关联、应用协议、性能评估等内容；另一方面，学科以信号与信息处理研究为核心，研究各类信息系统中的信息获取、变换、传输、应用等环节的信号与信息处理，包括信号与信息处理各种形式的算法与体制、物理实现、性能评估、系统应用等内容。

（二）电子科学与技术

电子科学与技术是一级学科，涵盖物理电子学、微电子学与固体电子学、电路与系统、电磁场与微波技术 4 个二级学科。学科重点以电子运动规律、电磁场与波、电磁材料与器件、光电材料与器件、半导体与集成电路、电路与电子线路及其系统研究为对象，研究荷电粒子和非荷电粒子的产生、运动、变换及其在不同媒质中相互作用的现象、效应、机理和规律；在此基础上，发现、发明和发展各种电子材料、电磁材料、光电磁元器件、电子线路、集成电路，乃至集成电子系统和光电子系统，并开发相应的设计和制造技术。

（三）光学工程

光学工程是一级学科，不分设二级学科。其涵盖光学与光子学技术及工程的各个方面。该学科以光作为信息与能量的传递载体，利用光与物质的相互作用，实现对客观事物与现象的认识与探索。其主要研究光的产生（如激光、LED 等光源）、光的特性（如量子光学技术、光的各种形态、光学非线性）、光的传输（如光通信、光集成、光互联）、光的存储、光的成像与传感（如智慧城市感知、生物光子学、影像技术与人工视觉）、光的探测与处理（如光信息处理、光传感器、光加工）、光电再现与显示等。

（四）集成电路科学与工程

2020年12月30日，国务院学位委员会、教育部印发《国务院学位委员会 教育部关于设置“交叉学科”门类、“集成电路科学与工程”和“国家安全学”一级学科的通知》，将交叉学科设为我国第14个学科门类，将集成电路科学与工程、国家安全学设为该门类下的一级学科。学科交叉融合是当前科学技术发展的重要特征，是新学科产生的重要源泉，是经济社会发展的内在需求，因而是培养创新型人才的有效路径。

集成电路科学与工程学科在研究对象上具有特殊性，在理论、方法上涉及较多现有一级学科，显示出多学科综合与交叉的突出特点。它既是在物理、化学、数学、材料等基础学科上发展起来的以应用为主的学科，更是以电子科学与技术、光学工程、机械工程、自动化等应用学科为支撑的战略性新兴学科。

集成电路科学与工程学科的建设内容紧扣集成电路产业链各环节的主要任务，致力于解决集成电路设计、集成电路制造和工艺技术，以及集成电路封测各个环节的核心科学与工程技术问题。它是以集成电路为研究对象，研究半导体材料、器件，芯片设计和制造工艺，封装、测试和系统应用等技术。

第三节 新工业革命背景下的电子信息工程领域科技发展趋势

一、电子信息技术创新发展趋势[①]

当前，全球新一轮科技革命和产业变革方兴未艾，科技创新加速推进并深度融合。电子信息技术作为全球创新驱动发展的先导性力量，也必须取得自身的群体性突破，才能带动整个高新技术的群体性突破和催生颠覆性变革。总体来说，电子信息技术逐渐成为引领创新的重要动力和支撑，是国家实施创新驱动发展战略的关键环节。随着以数字化、网络化、智能化为特征的信息化浪潮蓬勃兴起，电子信息技术将在科技创新的高度、深度、广度上进入一个全新的时代，推动各行各业向跨领域、协调集成、交叉融合的方向发展。《中国工程科技2035发展战略·信息与电子领域报告》从五个方面归纳了面向2035年的信息与电子工程科技发展态势。

---

① 本部分参见“中国工程科技2035发展战略研究”项目组. 中国工程科技2035发展战略·信息与电子领域报告［R］. 北京：科学出版社，2019.

（一）技术与控制技术朝高性能、高精准、网络化方向发展

目前，类脑计算已经实现了小规模系统演示；光子技术方面研制出了具有零折射率的片上材料，允许光线被人为操纵而不失能量；量子计算出现了波色采样等计算模型和 Shor 等算法，实现了 10 个左右小规模比特纠缠态制备与操控，预计 2025 年量子计算有望达到当今世界最快的超级计算机水平。计算技术正朝超高性能、超低能耗、超高通量方向发展。从长远来看，计算机系统及软件的基本理论、体系架构可能发生根本性变化。运用非传统材料和工艺制造超高性能、超低功耗、超高通量、超大存储的计算和存储芯片成为趋势。以量子计算、光子计算、生物计算、类脑计算为代表的新型计算可能引发大规模计算能力和仿真能力的飞跃。大规模并行体系结构、高能效处理器、新型存储器件及存储技术体系结构、高速低能耗互联网络、大规模并行算法和编程模型等技术难点逐步突破，有望翻越百亿亿次计算的访问墙、通信墙和能耗墙，降低功耗水平、提升并行计算扩展能力。

（二）网络与通信朝广域覆盖、超高宽带、智能泛在方向发展

网络与通信向千亿级“人—网—物”三元互联方向发展。未来 20 年，网络与通信技术的发展方向是三元万物互联，连接整个世界，连接数量从百亿级发展到千亿级，从“人—网”二元互联发展到“人—网—物”三元和多元互联，从地面的平面互联发展到空间的三维互联以及外太空和星际互联，需要具备超乎想象的感知、传输、处理和存储能力，网络数据总量将从 TB 和 PB 级快速发展到 EB、ZB、YB 和 BB 级。到 2035 年，大数据、智能化、移动互联网和云计算彼此相互促进，网络数据总量将大幅度提高，成为网络互联的重要技术载体和推动力。网络与通信领域急需原理性重大突破，以支撑网络与通信计算再次实现飞跃。

（三）信息获取与感知朝高精度、集成化、多用途方向发展

空间成像技术进一步升级，信息资源获取更加高精度，遥感获取技术正朝高空间分辨率、高光谱分辨率、高时间分辨率方向深入发展。未来 20 年，遥感技术将从紫外谱段逐渐向 X 射线和 γ 射线扩展，从单一的电磁波扩展到声波、引力波、地震波等多种波的综合，感知分辨率将会大大提高。环境探测卫星将实现多种类型传感器综合探测，协调可见光、红外、雷达、散射计、辐射计等多类传感器，可对陆地、海洋、大气、冰层和生物等组成部分及其相互作用进行探测，进行全球、区域、局部等多尺度、立体式的综合测量与研究，获取多维度的地球环境数据。

雷达和水声探测技术在军事和民用领域不断发展，要求探测系统能力更强、功能更多样、处理更智能，要更加轻巧，从而与平台和其他系统高度融合；体系建设、反隐身探测、抗电磁干扰等方面存在的问题有待解决。集成化、智能化、低功耗、轻薄小、多用途

等是未来传感器技术发展的趋势。对太空、空中、水下等环境及目标的探测要求雷达、水声等探测感知技术更智能、更精准、更稳定。到 2035 年，空、天、地、海等空间的专用传感器将以日、时、分、秒甚至毫秒计，不断产生具有多维动态特性的时空数据。在网络与通信、云计算技术的支持下，传感器将完全融入物联网，形成“互联网 + 空间信息系统”。对时空遥感大数据的处理、分析、融合和挖掘，可以大大提高空间认知能力。获取与感知将从“单纯面向行业部门的专业技术”向“服务经济建设、国防建设和大众民生应用需求”科学发展。

（四）全球应用体系朝高智能、个性化、直观化方向发展

当前，智能技术已经在强大的计算能力、海量数据，以及深度神经网络等方面呈现出前所未有的进步。机器学习的成熟、信息处理算法的进步和计算机硬件科技的发展推动着人工智能的变革。人机交互进一步朝着以人为中心、交互方式更加直观的方向发展，人、企业和事务之间的透明度将更大程度地提高。

大数据驱动人工智能朝高智能、高适应方向发展。人工智能技术已迅速从基于逻辑推理、概率统计的传统范式转变为大数据驱动的新范式，进入了新一轮发展高潮。人机交互逐步趋向自然化、多样化，便携式可穿戴设备技术的进步促使人机交互发生根本性变革，逐步趋向无缝对接。未来 20 年，让系统能看、能听、能说、能感觉是人机交互的发展方向。系统和人的交互变得轻松自如，人与机的壁障最终会被打破，在人工智能、云计算、移动设备、便携式可穿戴设备技术的推动下，人机交互技术发展将出现交互方式自然化、交互内容实物化、交互形式多样化等特点。

（五）共性基础技术朝深层次、多元化方向发展，应用广度、深度不断拓展

目前，信息与电子领域共性基础技术取得了重大突破。微电子领域涌现出诸多新材料、新器件，逐步进入后摩尔时代的深层次演变期。大规模、大容量、高速率集成技术正引领光电子发展。光学工程与信息科学、能源科学、空间科学、材料科学等诸多领域交叉渗透，呈现多元化、多极化发展态势。高精密计量测试紧密围绕行业应用，促进电子信息产业的高质量提升。

集成电路开启超摩尔探索，以大规模集成技术引领光电子发展。未来 20 年，石墨烯、Ⅲ－Ⅴ族/锗硅等化合物半导体等非硅基新材料将为集成电路整体技术体系带来全面变革，为未来技术持续升级构建无限可能。在光电子方面，以超宽带光纤通信网、天地一体化网络和泛在物联网等国家战略与任务的发展需求为动力，大容量、高速率信息传输技术得到快速发展。光电传感及光纤传感应用广泛，呈现出多学科、多领域深度交叉融合的发展态势，并广泛应用于信息、生物、海洋、地震、环境、医疗等多个领域。微波光子技术在未来的 5G 移动通信、超宽带无线接入网、多波束光控相控阵雷达以及电子战系统中有着广阔的应用前景。

光学工程呈现多元、多极发展态势，激光应用广度、深度不断拓展。固体激光技术朝着提升峰值功率、压窄脉冲宽度、延伸激光波长和提高能力密度方向发展。光学系统和仪器在空间、时间、光谱等尺度向两极拓展，空间激光通信技术成为构建天地一体化网络的重要手段，光学观测成为人类探索空间的重要仪器。

计量系统向综合性、网络化、智能化发展，促进了电子信息产业的质量提升。新一代信息通信技术的快速发展对测试技术和仪器提出了新挑战，5G 通信的低时延和高可靠性、大规模天线技术等对测试技术、测试成本提出了更高要求，仪表的测量宽带、测试实时性指标显著提高，测量频率向毫米波、太赫兹扩展。高性能的工业大尺寸测量设备已经成为大型机械制造体系中不可或缺的重要组成部分。

未来，自动测试将呈现出高效率、高精度、通用化、小型化、平台化、网络化、智能化的发展态势。从单一特性分析到智能生产综合监测、以网络为中心的分布式测试维修业务协同、特殊测试场景的无人化高效测试、复杂电子设备全寿命周期的大数据分析，都将成为新一代自动测试技术的重要发展方向。

二、电子信息工程科技发展技术挑战①

在当前全球政治经济和社会发展格局下，电子信息技术作为关系国计民生的战略性、基础性、先导性行业应走在前列，助力我国打造数字经济和信息治理“升级版”。电子信息类专业的建设与人才培养更要抓住时代的脉搏，以数字基建为契机，聚焦关键性、全局性、战略性问题和挑战，加强协同融合和统筹发展，推动我国电子信息技术朝着更卓越、更高水平的方向发展。2022 年 2 月，中国工程院信息与电子工程学部、中国信息与电子工程科技发展战略研究中心发布《中国电子信息工程科技发展十三大挑战（2022）》。

（一）信息领域

以数字化、网络化、智能化为特征的信息化浪潮方兴未艾，信息技术发展一日千里、欣欣向荣，全面融入人类社会生产、生活，与各行业不断交叉融合，正深刻改变着世界的经济格局、文化格局、安全格局和竞争格局。在双循环战略下，如何快速有效地组织国内外优势科技力量，构建新型体制机制，攻克一系列关键核心技术，补短板，锻长板，建立与新时代大国竞争力和经济社会可持续发展相适应的信息体系，确保国家在信息领域自主可控、安全可靠，是该领域当前面临的重要挑战。

---

① 本部分参见刘晶．中国工程院发布“电子信息工程科技发展十三大挑战（2022）”［N］．中国电子报，2022－02－18．

（二）微电子和光电子

先进芯片工艺日益趋近物理极限，涉及从设计到制造产业链的关键环节，如设备、材料、EDA、IP 核等基本被国际大企业垄断。国内企业创新能力提升面临重大挑战。新器件、新结构、新材料、新工艺、新封装等技术协同创新推进产业化，是应对微电子领域挑战的重要技术途径。研制超高速、高性能、低功耗、多功能、高密度光电子器件是信息光电子领域面临的重要挑战，发展光子集成、光电集成、光电融合等技术是应对信息光电子领域挑战的重要技术途径。

（三）光学工程

光学工程是融合光学、精密机械、电子学、材料、计算机等技术解决多种工程应用问题的交叉学科，重点研究光信息的获取、传输、处理、存储、显示以及激光技术应用，正朝着紫外、可见光、红外等多频段，强度、光谱、偏振、相位等多维度，探测、成像、测距、通信等多功能，微纳、超快、超分辨、X 射线及太赫兹光学等多种新技术方向发展。如何实现光学工程高质量的信息化、网络化、自动化、芯片化、数字化、智能化，提高复杂环境下的动态感知和处理能力，是该领域当前面临的重要挑战。

（四）测量计量与仪器

新一代国家测量体系建设已经启动，国家仪器产业体系建设已开始布局，重要场景下的关键核心测量技术亟待突破，整体测量能力亟待提升，特别是以支撑超精密光刻机、高端航空发动机和高端工业母机等为代表的高精尖装备中研发制造中的超精密测量与仪器技术亟待率先突破，制造质量调控能力亟待提升；支撑数字化制造、数字化医疗、智慧城市建设等领域发展的数字化测量、网络化测量、精密仪器和传感器等共性核心技术突破是该领域当前面临的重要挑战。

（五）网络与通信

随着 5G 移动信息网络的加速构建，5G 网络与各行业应用的垂直整合面临较大挑战。6G 研发加速布局。互联网作为支撑未来 10 年全球信息传输基础设施的主导体系架构，面临万物互联、万事互联时代 toB、toM、toX、高速核心器件等多样化需求带来的前所未有的挑战。在网络流量爆发式增长、陆海空天全覆盖和“双碳”背景下，网络需满足巨容量、大连接、广覆盖、高可靠、绿色节能、低成本等需求，弹性智能网络架构、服务质量、用户体验、网络安全性和可靠性等是该领域当前面临的重要挑战。

（六）网络安全

新形势下的网络安全在于风险削减与赋能增值双轮驱动。在网络系统的缺陷管控与纵深防御中，如何应对海量存量威胁及其有效防护不足、网络安全边界被削弱，如何构建威胁画像、威胁情报运营机制及安全知识体系；在运行任务的威胁管控与时机防御中，如何应对动态环境下“未知的未知”攻击，如何构建威胁感知的时机防御形态，如何打造计算和防护融合的新模式，形成运行和防御并行双结构；如何实施风险管理与量化评估手段，以提供网络安全保障；如何破解数据安全和隐私保护与数据流动和开发利用相悖等难题，都是该领域当前面临的重要挑战。

（七）水声工程

以实时化信息获取传输与大数据处理为手段，掌握与复杂多变海洋环境规律耦合的水下目标声学信息，实现海洋水下信息自主掌控，是该领域当前面临的重要挑战。

（八）电磁场与电磁环境效应

随着5G、物联网、无人系统、人工智能等技术的快速发展，重大基础设施和先进智能化装备或系统的建设与应用，电磁环境适应性和电磁安全性成为各类智能装备系统可靠安全运行的重要制约因素。促进电磁场与电磁环境效应学科建设，开展电磁场基础问题研究，加强电磁环境主动感知、智能电磁防护、电磁防护仿生、高性能电磁综合仿真计算等自主原创性技术攻关，提升智能化装备电磁防护能力，是该领域当前面临的重要挑战。

（九）控制

针对物理信息因果关系不清的复杂工业动态系统建模、控制与优化机理不清的数学建模、开放环境下输入/输出相关信息处于开放环境且变化不确定、感知信息难以获取和控制以及决策目标多尺度、多冲突等控制理论与技术问题，开展工业动态系统人工智能研究，并将工业互联网、工业自动化与信息化技术和制造业深度融合，研发出基于新一代信息技术的智能化管控系统和智能化工业软件，是该领域当前面临的重要挑战。

（十）认知

脑认知与人工智能加速融合，多尺度动态脑观测及针对记忆、情绪、视觉等认知功能的机理揭示，以及易泛化、鲁棒性、低功耗的脑启发人工智能理论与模型的建立，是当前的技术难点；边缘计算设备、可穿戴设备、高速设备等高速低功耗场景的应用需求迫切，打破冯·诺依曼计算架构，研制感存算一体、大带宽的新型智能计算器件与系统，是突破当前算力与能效核心瓶颈的重要挑战。

（十一）计算机系统与软件

当前存在智能计算理论基础不坚实、人网物协同计算范式不成熟、内生安全计算机理不清晰等新型应用带来的对计算理论、机理和方法的挑战，后摩尔时代单位体积和能耗下算力提升困难、单一计算架构难以有效应对计算环境对全场景及不确定性支撑的挑战，以及新型泛在计算基础软件理论与技术的挑战。为此，需开展多元计算架构形态研究，深耕量子、类脑、光子等前沿技术，将计算、存储、网络深度融合，在微体系结构，微纳结构，新材料、新工艺、新器件等方面持续创新，研发软件定义、软硬协同、场景驱动、应用感知、智能赋能的基础软件，这些都是该领域当前面临的重要挑战。

（十二）计算机应用

新时代、新态势、新征程背景下，计算机应用正迈向新的阶段、催生新的理念、推出新的格局。随着万物互联与智能技术融合程度的不断加深，满足工业、农业、能源、金融、商务、交通、政务、教育、医疗、健康、养老等复杂场景应用需求，成为计算机应用技术发展的内在驱动力。通过对复杂场景异构信息系统之间进行功能调用或者交换共享数据，实现系统间数据、信息、知识的互联互通，实现现实世界与虚拟世界的新型虚实相融，将越来越重要。技术发展如何与经济社会复杂场景应用相融合，是该领域当前面临的重要挑战。

（十三）应对重大突发事件

如何建立国家、省、市三级重大突发事件（如新冠感染疫情、特大暴雨灾害等）信息化决策体系，集思广益，突破局限性，延伸到经济社会发展各领域；如何整合相关部门的数据资源和科技力量，包括医疗卫生、公安、交通、建设、环保、教育、能源、民政、国企数据等，建立重大突发事件大数据综合平台，形成预警能力和快速反应能力，把灾害损失降到最小，是应对重大突发事件、提升国家综合治理能力的重要挑战。

第四节　电子信息类专业教育发展的形势与问题

现代大学承担着人才培养、科学研究、社会服务和文化传承四大职能，学科是大中专院校有效完成这些职能的载体，其是通过专业来完成人才培养的职能。专业是高等和中等专业教育培养学生的各个专门领域，是高等学校和中等专业学校根据社会分工需要而划分的学业门类。

一、新工科背景下电子信息类专业教育的形势背景

随着中国电子信息行业的高速发展，需要越来越多的专业人才以跟上行业发展的需求，电子信息类专业也成为当前热门专业之一。根据信息产业部的分析，“十四五”期间是我国电子信息产业发展的关键时期，预计电子信息产业仍将以高于经济增长两倍左右的速度快速发展，前景十分广阔。在新工科背景下，电子信息类专业人才的就业前景广阔，人才需求呈现出供不应求的局面，国内迫切需要大批具有自主设计能力的专业型、应用型人才来推动这一产业的发展。软件方面，一是对嵌入式编程工程师的需求，很多大型企业自动化生产器械以及常用电器都离不开嵌入式编程，要求掌握单片机编程、CPLD 硬件编程等技术；二是由于“互联网 +”的飞速发展，软件编程人才在行业的需求愈发旺盛，一般体现在 C + + 、JAVA、数据库等技术的应用。硬件方面，主要的需求是掌握较高端硬件设计和开发技术的人才，例如电子系统设计、嵌入式系统设计等。此外，电子信息类专业与智能装备、智能工厂等智能制造行业紧密相关，正在引领生活方式和生产方式的变革，产业的转型升级与新业态的产生，产业发展模式的改变，对人才的知识储备提出新的挑战，需要兼顾扎实的专业技术和复合型知识背景，产业分工进一步科学细化，形成新的生产方式、产业形态、商业模式，这大大增加了行业对具有多学科交叉性、多样性、专业性、创造力人才的需求。

然而，相较于传统专业行业，电子信息产业自身存在的诸多特征，决定了其人才培养与教育任重而道远。一是电子信息产业变化快、更新周期短，作为自主创新型产业，其需要承担未来预测和方向把握错误的巨大风险。二是自主创新型的电子信息产业属于技术密集、资金密集型，不仅需要进行漫长的前瞻性科研积累，还需要巨大的前期市场培育投入。三是中国产业转型升级面临各方面的竞争挑战，一方面是国际上的激烈竞争，另一方面是国内原有产业体系调整与重构带来的挑战。

2017 年，教育部启动了新工科建设实践探索，“复旦共识”“天大行动”“北京指南”等在我国高等教育界掀起了新工科建设的改革热潮。在此背景下，为了培养更能适应新一轮科技革命与产业变革，服务于“中国制造 2025”等一系列国家战略的新型电子信息人才，很多高校积极响应，纷纷对电子信息类专业教学模式进行探索和改革，努力提升电子信息类专业的教学质量和人才培养质量。

“新工科”中的“新”表明了新的取向，意味着新理念、新要求、新途径；而“工科”是本质，代表了以工程学为主的一类学科。新工科的内涵是：以立德树人为引领，以应对变化、塑造未来为建设理念，以继承与创新、交叉与融合、协调与共享为主要途径，培养未来多元化、创新型卓越工程人才。实际上，面对新工科这一新理念，高校改革既要把握好“新”这个取向，又不能偏离“工科”这一范畴。

与此同时，我国面向所有高校全面开展工程教育专业认证工作。工程教育专业认证是专业认证机构针对高等教育机构开设的工程类专业教育实施的专门性认证，由专门职业或行业协会（联合会）、专业学会会同该领域的教育专家和相关行业、企业专家一起进行，旨在为相关工程技术人才进入工业界从业提供预备教育质量保证。2022 年，我国工学门类学科有 246 个本科专业，有工科类在校学生约 700 万人，数量居世界首位。工程教育在国家工业化进程中，对门类齐全、独立完整的工业体系的形成与发展，发挥了不可替代的作用。我国于 2016 年签订了《华盛顿协议》，标志着我国高等教育培养的人才质量达到国际人才培养质量的标准，进一步体现了研究人才培养模式的重要性。《华盛顿协议》的工程教育专业认证有三大核心理念：以学生为中心、基于产出（OBE）、持续改进重构课程教育体系。工程教育专业认证的核心理念表明：教学机构需要对学生的能力、水平有清晰的规划，并且构造合理的教学体系来确保学生满足预期的能力和水平要求。因此，在新工科思想的引领创新下，把控工程教育专业认证的内涵，与时俱进地更新人才培养模式，是当前教育面临的新任务、新挑战。

二、电子信息类专业的就业前景与职业发展情况分析

社会经济的迅速发展和高校招生规模的逐年扩大，给大学毕业生的就业带来了严峻挑战。2022 届高校毕业生规模为 1 076 万人，同比增加 167 万人，规模和增量均创历史新高。2023 届高校毕业生规模为 1 158 万人，再创历史新高。当前我国经济发展面临需求收缩、供给冲击、预期转弱三重压力，这些压力会对就业产生影响。国际政治经济局势动荡，经济全球化受到巨大冲击，世界经济下行压力逐步加大。从宏观层面看，高校毕业生的就业总体形势表现严峻。

随着各行各业信息化进程的深入，电子信息类专业的社会需求仍然较大。近几年电子信息类专业毕业生在市场供求关系上普遍还是保持稳定状况，社会需求量相对乐观。然而，电子信息类专业毕业生的就业问题主要表现在就业的结构性矛盾。虽然电子信息类专业毕业生在全国各地都有着比较广阔的就业市场，但主要集中在北京、上海、广东、浙江、江苏、大连等地区。对于广东、浙江这些电子、IT 类行业很发达的地区，虽然提供的就业岗位很多，但大部分公司都要求应聘者具有出色的专业技能，很看重应聘者的工作经验，就业竞争非常激烈。这对于参与竞争的应届毕业生有很大的挑战，需要具备过硬的基本功和技能才有可能被聘用。

从近年的毕业生就业调查中可以明显看到，电子信息类专业毕业生的就业前景向好，就业市场较为广阔。具体需求主要包括以下方面：①硬件方面，市场对比较高端的硬件开发技术需求量大，主要包括嵌入式系统、DSP 和 FPGA 等技术，用人单位往往要求应聘者技术熟练、经验丰富。②软件方面，电子商务、软件外包、互动媒体和数据库开发等行业需求量非

常大，JAVA/J2EE，.NET 和 VC + + 等软件技术仍占主导地位，其中熟悉Windows、Linux 应用平台和内核开发是学生就业的一个优势。③网络与通信行业快速发展，对电子信息类专业人才的需求也呈逐年上升趋势。由于通信行业的要求比较高，移动互联网高新技术产业相关的技术人员还比较少，应届毕业生如果具有扎实的理论基础并熟练掌握该门技术，就有较大机会受聘于比较大型的通信技术公司。④未来的发展重点是电子信息产品制造业、软件产业和集成电路等产业；新兴通信业务如数据通信、多媒体、互联网、电话信息服务及手机短信等业务也将迅速扩展。⑤在信息技术支持人才需求中，排除技术故障、设备和顾客服务、硬件和软件安装及其配置更新和系统操作、监视与维修四类人才最为短缺。

电子信息类专业毕业生自身的问题表现在以下方面：①大部分高校电子信息类专业学生普遍存在自主学习能力不足的问题。②大部分学生实践创新能力薄弱。一方面是由于学生缺乏实践创新意识，对参与实践创新活动缺乏热情；另一方面是由于专业师资培养方向、课程体系和实践体系建设的步伐滞后于社会对学生工程实践和创新能力的需求。③学生就业认知及准备不充分。大部分学生认为电子信息类专业就业前景好，一毕业就能找到好工作，因此在校期间缺乏提升个人综合素质的意识，社会实践不足，未能将所学知识与社会需求紧密结合，未能提前了解行业、企业的发展形势以及相关技术的发展情况。

三、新工科电子信息人才培养存在的问题

传统的电子信息人才培养侧重理论知识学习，应用型人才是传统培养模式的主流。而随着科学技术的不断发展，社会需求与行业标准已发生日新月异的变化，更需要创新型复合人才，此类人才对于促进电子信息的技术进步和电子信息市场的飞速发展具有积极意义。这对新工科电子信息人才培养模式提出了新的要求。[①]

（一）人才培养与社会需求存在差距

人才培养是与社会需求紧密联系的，其最终目的是满足市场需求，符合经济发展规律，顺应新时代科技进步的潮流。目前电子信息类相关企业对于单一的专业人才需求不再迫切，创新型复合人才则成为产业发展的第一动力。从 2G 网络到 5G 网络的发展用了不到 10 年时间，随着电子信息以及通信行业的迅速发展，技术迭代更新快的特点特别明显，企业对电子信息领域的科技人才提出了更高的要求和标准。由于技术知识不断更新，学生的知识储备与社会需求未能完全匹配，从而间接影响应届毕业生的求职周期和增加社会就职新人再培训的时间成本。电子信息行业用人单位需要的人才不仅要有扎实的基础知识，

---

① 张月霞. 新工科电子信息类人才培养模式研究［J］. 中国多媒体与网络教学学报（上旬刊），2020（11）：149－152.

具备懂管理、敢创新、善实践等能力，还要具备较强的适应能力、较广的国际视野。本科高校电子信息类专业培养的是应用型工程技术人才，但部分高校对人才培养的目标定位缺乏导向性，知识体系也不是很完备，人才培养方案仍是沿袭传统思维方式，普遍注重学习基础知识、掌握常用方法，缺少专业能力、创新意识和批判性思维的培养，造成培养出来的学生缺乏解决复杂工程问题的能力，没有达到企业的用人标准，大部分学生的专业能力和实践能力与社会用人需求的匹配度不高。这反映出我们的人才培养体系在学生能力培养上与行业需求有一定差距。

（二）教育教学单一化，实践教学环节安排不足

一方面，在现有教育体系中，各学科知识界限变得模糊，单一学科的人才培养方式无法满足新的产业需求。传统电子信息类专业培养出来的学生存在经济、法律、社会等方面的知识储备不足、知识面狭隘，缺乏创新能力，以及将理论知识转变为实践能力的周期较长等弊端。有的学校在设置电子信息类专业时，未对电子信息类主干学科下的不同专业进行针对性安排，导致不同主干学科专业的毕业生具有极大的相似性，没有真正体现出不同专业的人才特色。与此同时，各大高校使用的专业教材质量不一，很多教材的内容局限于理论灌输，实践类教材、动手操作类教材少之又少。教材内容和教师授课知识未能跟上前沿研究成果，在软硬件方面也未及时更新，无法有效促进学生对专业知识与新概念的融合理解，人才培养未跟上社会对电子信息类专业的现实需求。①

另一方面，高校电子信息类专业的实践教学力度不足。对于电子信息类专业的建设与发展来说，实践教学具有不可替代的作用。② 但目前很多高校实践教学的内容过于单一，主要的实践内容是验证型实验，操作程序固定，操作步骤比较简单，容易完成，缺少激发学生创新思维的难度。当前较少企业可以接收一定数量学生协同高校开展校企合作实践，一般高校都是分散组织学生或者由学生自己寻找企业开展专业实习实践，因此体系化的实践教学很难落实到位，对学生的实习实践很难统一要求和达成既定教学目标。有的学校没有建立校外实习基地，导致学生参与社会实践的机会较少，这在一定程度上影响了学生实践能力的提高。工科电子信息人才培养缺乏实际工程实践机会，会导致学生毕业后缺乏核心竞争力，不能满足当今技术变革迅速的市场需求和经济快速发展的需要。

（三）师资力量不足

近年来国内外都非常重视电子信息工程的发展，电子信息人才处于供不应求的状态。一般情况下，社会各行业对电子信息人才的薪酬待遇普遍比高校教师的薪酬待遇好一些，

---

① 马艳娥，张甜．电子信息工程专业的建设与改革［J］．高教学刊，2017（7）：148－149.

② 魏纯，李明，魏婉华．电子信息类专业高级应用型人才培养定位及其体系建设［J］．才智，2018（4）：88－89.

造成电子信息人才更多流向社会。因此，高校电子信息类专业的师资流动性大，导致师资力量不足。这也导致了师资力量成为制约高校电子信息类专业人才培养的主要因素之一。[①] 纵观国内高校电子信息类专业，普遍缺乏专业水平高、教学经验丰富、综合能力强的专业师资队伍。要想打造一支优秀的电子信息类专业教师团队并非一朝一夕可以实现，大多数高校还没有建立一个完善的专业教师培训体系，普遍问题是教师资源不足、专业培训力度不到位，由此可见，电子信息类专业人才培养之路还任重道远。

与此同时，随着中国教育飞速发展，各大院校新生扩招，人才培养质量也在逐年提升。不管是学科交叉还是校企联合培养，都需要教师与学生之间互动交流，通过整合教学资源引导学生获取知识。但是，由于师资力量不足，师生比很难达到教育部的要求。此外，在如今的互联网时代，学生学习的途径更多，接触、理解新技术、新知识的方式更多，使得教师的教学工作量更大，教学能力受到更大挑战，师生间缺乏及时、有效的交流。教师在教学课时、科研项目、工作评估等方面受到的压力也严重影响其在课堂教学、实践教育等过程中与学生的有效互动。教师的教学工作慢慢转变为“填鸭式”教授，导致学生被动理解课本知识，无法发散思维汲取新的理念，从而降低了学生获取知识的效率和学习热情，不利于创新思维人才培养。

---

① 肖钒，贺阳．电子信息工程专业的现状及发展前景分析［J］．通讯世界，2016（17）：234.

第五章

工程教育视角下的电子信息人才专业能力培养与改革实践

进入21世纪，信息科学和技术的发展依然是经济持续增长的主导力量之一，发展信息产业是推进新型工业化的关键，世界各国都将信息技术列为国家竞争力的核心技术之一。信息技术的发展与竞争，归根结底是人才的发展与竞争。因此，高标准、高质量培养电子信息类专业人才，对国家建设和社会发展尤为重要，其在国家发展战略中的地位也举足轻重。

第一节　专业与专业能力

一、关于专业

专业是指主要研究某种学业或从事某种事业，也指高等学校和中等专业学校根据社会专业分工需要设立的学业门类。我国高等学校和中等专业学校根据国家建设需要和学校性质设置了多种专业。各专业都有独立的教学计划，以实现专业的培养目标和要求。教育部根据高等教育发展情况发布《普通高等学校本科专业目录》，适时制定与修订有关普通高等学校本科专业的目录。其明确规定了专业划分、名称及所属门类，是设置和调整专业、实施人才培养、安排招生、授予学位、指导就业，进行教育统计和人才需求预测等工作的重要依据。

电子信息类专业归属于工科学科门类，包括6个基础专业和14个特设专业。电子信息类专业是伴随着电子、通信、信息和光电子技术的发展而建立的，以数学、物理和信息论为基础，以电子、光子、信息及与之相关的元器件、电子系统、信息网络为研究对象，基础理论完备，专业内涵丰富，应用领域广泛，发展极为迅速，是推动信息产业发展和提升传统产业的主干专业。电子信息技术是电子信息产业的重要发展领域，需要大量人才，电子信息类专业承担着电子信息产业人才培养的重任。

二、关于专业能力

专业能力又称专业技能素质，是指胜任某项专业技术工作所具备的专业知识和专业素质，以及工作后管理职业的能力。专业能力有三个含义：一是胜任特定职业所必备的能力，表示为资格；二是进入职场后表现出的专业素质；三是在职业生涯开始后管理职业的能力。

专业能力可反映专业化水平，它与专业知识、专业思维、专业方法、专业精神是相辅相成、相互促进的有机整体。其中，专业知识是专业化水平的基础，是培养专业思维、运用专业方法、提高专业能力的前提。专业思维和专业方法是专业化水平的关键，决定了专业知识的运用效果和专业能力的发挥效果。专业能力是专业化水平的核心，是专业知识、专业思维和专业方法的集中体现。专业精神是专业化水平的灵魂，也是专业化水平持续提升的原动力。

高校对专业人才的培养核心是提升学生专业技能素质，以良好的教育教学秩序和科学的教育教学环节，组织学生在教育者的指导下，通过学习和训练，促进学生日渐形成专业学科相关职业的操作技巧和思维活动能力。高校通过构建专业知识体系、设置专业课程体系、强化学生专业技能实践等形式，培养学生的专业能力和素质。

三、专业人才培养质量评价

考察高校的专业人才培养质量有两种评价尺度：一种是学校内部的评价尺度；另一种是学校外部的评价尺度，即社会的评价尺度。学校内部评价，是指学校对人才培养质量的评价，主要是以高等教育的内部质量特征作为评价依据，即评价学校培养出来的学生在整体上是否达到学校规定的专业培养目标，学校人才培养质量与培养目标是否相符。在高校内部，一般都会强化教育教学的运行管理、监督考核和质量评估等环节，形成校内的闭环运行模式。同时，对高校人才培养自我评价而言，提高人才培养质量也是着力提高人才培养对社会的适应程度，提高人才培养效果与培养目标的符合程度。学校外部评价，是指社会对高校人才培养质量的评价，主要是以高等教育的外显质量特征即高校毕业生的质量作为评价依据，而对高校内部的教育教学活动不太关注。社会对毕业生质量的整体评价，主要是评价毕业生群体能否很好地适应国家、社会、市场的需求。其中，工程教育认证考量高校专业建设的社会化指标就是针对专业人才培养的质量问题，如培养目标是否向社会公开、毕业 5 年的学生在社会上（工作岗位）表现情况如何等。

四、电子信息人才专业能力要求

下文主要从教育部发布的《普通高等学校本科专业类教学质量国家标准》和我国对高校工程教育认证的视角阐述电子信息类专业人才的业务能力培养问题。

（一）《普通高等学校本科专业类教学质量国家标准》关于电子信息人才培养的基本要求

教育部于 2018 年首次颁布了《普通高等学校本科专业类教学质量国家标准》，涵盖普通高校本科专业目录中全部 92 个本科专业类、587 个专业，涉及全国高校 5.6 万多个专业点。这是我国发布的第一个高等教育教学质量国家标准。其中，电子信息类教学质量国家标准提出的电子信息类专业培养目标是：培养适应社会经济发展需要，具有道德文化素养、社会责任感、创新精神和创业意识，掌握必备的数学、自然科学基础知识和相应专业知识，具备良好的学习能力、实践能力、专业能力和一定的创新创业能力，身心健康，可从事电子信息及相关领域中系统、设备、器件的研究、设计、开发、制造、应用、维护、管理等工作的高素质专门人才。

各高校应根据电子信息类专业培养目标和自身办学定位，结合各自专业基础和学科特色，在对区域和行业特点以及学生未来发展需求进行充分调研与分析的基础上，适应社会和经济发展对多样化人才培养的需要，制定相应的专业培养目标。专业培养目标作为对全体毕业生的要求，应能反映毕业生主要的就业领域、竞争优势及毕业后事业发展的预期，并以此指导培养过程。各高校须通过有效的途径保证培养目标面向教育者、受教育者和社会公开，教师和学生要将培养目标作为教学活动的具体追求。

《普通高等学校本科专业类教学质量国家标准》提出，各高校应建立定期评价制度，检验和评价培养目标的达成度并定期（一般是4年）对培养目标进行修订，确保培养目标的科学性和有效性。评价与修订过程应有电子信息行业或企业专家参与（授予理学学士学位的专业应有来自科研院所的专家参与）。该标准对电子信息类专业人才培养在业务能力即专业知识能力方面明确提出了9条要求：

（1）具有在电子信息领域从事科学研究、工程开发与设计所需的数学、自然科学和工程基础知识。

（2）掌握电子信息类专业相关的基本理论与技术，具有基本的计算机理论、应用与开发能力；具有系统的与电子信息类专业相关的工程实践或科研训练经历，了解生产工艺、设备与制造系统，了解电子信息类专业的发展现状和趋势。

（3）能够熟练使用常用电子仪器仪表，初步具备设计与实施电子信息领域工程实验的能力，并能够对实验结果进行分析；具有分析、提出方案并解决电子信息领域理论或工程实际问题的基本能力，可参与相关系统的设计、运行与维护。

（4）具有创新精神和创业意识，掌握基本的创新创业方法；授予工学学士学位的专业，应初步具备电子信息领域中综合类实践、实验独立设计、分析和调试能力以及进行产品开发与设计、技术改造与创新、工程设计与分析和解决实际工程问题的能力；授予理学学士学位的专业，应初步掌握电子信息领域科学研究的基本方法和手段，具备发现、提出、分析和解决电子信息领域及相关学科问题的初步能力；在设计或研究过程中能够综合考虑经济、环境、法律、安全、健康、伦理等制约因素。

（5）掌握文献检索、资料查询及运用现代信息技术获取相关信息的基本方法，具备科技论文写作基本能力。

（6）了解与电子信息类专业相关行业的生产、设计、研究、开发，环境保护和可持续发展等方面的技术标准、方针、政策、法律、法规及经济管理知识，能正确认识电子信息技术对客观世界和社会的影响，具有良好的质量、安全、效益、环保、职业健康和服务意识。

（7）具有一定的组织管理能力、表达能力和人际交往能力以及良好的团队协作精神。

（8）掌握1门外语，能阅读本专业外语资料，具有一定的国际视野和跨文化交流与合作的能力。

（9）养成良好的学习习惯，对终身学习有正确认识，具有不断学习和适应发展的能力。

（二）我国工程教育认证关于电子信息人才培养的基本要求

我国面向各高校工程类专业广泛开展工程教育认证，从机制视角实现工程教育国际互认，从人才培养视角保证教育质量。2016年6月，我国正式成为《华盛顿协议》成员国，这意味着我国正式融入了国际工程认证体系。

工程教育认证的核心是确保工程类专业毕业生达到国际互认的质量标准，具备从事工程技术类工作的专业能力。工程教育认证考察的重点是学生是否得到应有的教育，学生通过学习所掌握的知识、培养的能力和具有的职业素质是否达到工程教育认证的要求。高校通过课程设置和实际教学环节实施构建学生的专业知识体系，在课程设置和教学环节设计中坚持“目标导向”理念，遵循反向设计的原则，先根据学生的期望和社会需求确定培养目标，再根据培养目标确定毕业要求，以毕业要求为导向确定课程体系，并以支撑毕业要求与培养目标的达成为导向进行教学环节和资源的配置，最后组织行业专家和教学专家对培养方案进行诊断，力求通过培养使学生的专业知识体系符合工程教育认证的标准。

工程教育认证考核专业建设的培养目标是根据社会对人才的需求和能力要求，考虑毕业5年左右本专业毕业生能够达到的职业成就，提出专业培养目标为培养嵌入式系统设计和信号与信息处理方面的高级应用人才。毕业要求则是除了常规的思想道德要求外，从岗位能力出发，要求毕业生具备足够的专业知识，以及解决工程实际问题的能力、分析工程问题和提出开发/设计方案的能力、使用现代工程工具和技术工具的能力、良好的协作和沟通能力，并培养基本的职业规范和工程规范，有一定的报告撰写水平。

《工程教育认证通用标准解读及使用指南（2022版）》对电子信息类专业学生的毕业要求具体明确为12条：

（1）工程知识：能够将数学、自然科学、工程基础和专业知识用于解决复杂工程问题。

（2）问题分析：能够应用数学、自然科学和工程科学的基本原理，识别、表达并通过文献研究分析复杂工程问题，以获得有效结论。

（3）设计解决方案：能够设计针对复杂工程问题的解决方案，设计满足特定需求的系统、单元（部件）或工艺流程，并能够在设计环节中体现创新意识，考虑社会、健康、安全、法律、文化以及环境等因素。

（4）研究：能够基于科学原理并采用科学方法对复杂工程问题进行研究，包括设计实验、分析与解释数据，并通过信息综合得到合理有效的结论。

（5）使用现代工具：能够针对复杂工程问题，开发、选择与使用恰当的技术、资源、现代工程工具和信息技术工具，包括对复杂工程问题的预测与模拟，并能够理解其局限性。

（6）工程与社会：能够基于工程相关背景知识进行合理分析，评价专业工程实践和复杂工程问题解决方案对社会、健康、安全、法律以及文化的影响，并理解应承担的责任。

（7）环境和可持续发展：能够理解和评价针对复杂工程问题的工程实践对环境、社会可持续发展的影响。

（8）职业规范：具有人文社会科学素养、社会责任感，能够在工程实践中理解并遵守工程职业道德和规范，履行责任。

（9）个人和团队：能够在多学科背景下的团队中承担个体、团队成员以及负责人的角色。

（10）沟通：能够就复杂工程问题与业界同行及社会公众进行有效沟通和交流，包括撰写报告和设计文稿、陈述发言、清晰表达或回应指令，并具备一定的国际视野，能够在跨文化背景下进行沟通和交流。

（11）项目管理：理解并掌握工程管理原理与经济决策方法，并能在多学科环境中应用。

（12）终身学习：具有自主学习和终身学习的意识，拥有不断学习和适应发展的能力。

工程教育认证在电子信息类专业补充标准中特别提出：电子信息类专业课程设置还必须包括物理机制，电子线路，信号/信息的获取、分析、存储和传输等核心知识领域，能够支撑在电子工程（包括电子、光子、信息等）中相应的信号/信息处理、材料、元器件、电路、系统和网络等分析与设计能力的培养。

第二节　电子信息类专业知识与课程体系

一、电子信息类专业知识体系

知识体系又称知识结构，是指一个人经过专门学习培训后所拥有的知识体系的构成情况与结合方式。合理的知识结构是人才成长的基础，也是担任现代社会职业岗位的必要条件。所谓合理的知识结构，就是既有精深的专门知识，又有广博的知识面，具有事业发展实际需要的最合理、最优化的知识体系。高校人才培养应帮助学生建立合理的知识结构，培养科学的思维方式，提高自己的实用技能，以适应将来在社会上所从事职业岗位的要求。

现代社会的职业岗位，所需要的是知识结构合理，能根据当今社会发展和职业的具体要求，将自己所学到的各类知识科学地整合起来，以适应社会要求的人才。教育部颁布的《普通高等学校本科专业类教学质量国家标准》对电子信息类专业人才培养提出了知识体系构建的建议，其总体主要包括通识类知识、学科基础知识和专业知识。

（一）通识类知识

要认识通识类知识，先要认识通识教育。我们可以从三个层面来理解通识教育：一是从通识教育的性质来看，通识教育是高等教育的组成部分，是“非专业、非职业性的教育”，是对所有大学生的教育。它是一种大学理念，即整个大学的办学思想。通识教育与自由教育同义，通识教育的实质就是对自由与人文传统的继承。二是从通识教育的目的来看，通识教育是在培养健全的个人和自由社会中健全的公民。通识教育作为大学理念，应是造就具备远大眼光、通融识见、博雅精神和优美情感人才的高层次的文明教育和完备的人性教育，旨在给学生传达关于好公民的态度和理解等。它强调的是关注人的生活的、道德的、情感的和理智的和谐发展的教育。三是从通识教育的内容来看，通识教育是一种使学生熟悉主要知识领域内事实和思想的教育类型，是涉及范围宽广全面的、关于人的生活的各个领域的知识和技能的教育。

需要说明的一点是，对于专业知识体系中提及的通识类知识融合了通识教育和专业的通用知识，即进行进一步专业学习的基础知识和支持专业应用及发展的知识。不少通用知识会在中学阶段获得，如勾股定理。大学本科前两年以获取通用知识为主，如理工科专业学习的高等数学。通用知识是教科书级别的知识，是早期专业知识经过历史沉淀和规范化形成的知识，往往以标准的概念和原理呈现。

《普通高等学校本科专业类教学质量国家标准》对电子信息类专业人才培养在通识类知识方面的要求是：除国家规定的教学内容外，人文社会科学、外语、计算机文化基础、体育、艺术等内容由各高校根据办学定位和人才培养目标确定，其中人文社会科学类知识包括经济、环境、法律、伦理等基本内容。数学和自然科学类知识包括高等数学、工程数学、大学物理等基本内容，各高校可根据自身人才培养定位提高数学、物理（含实验）的教学要求，以加强学生的数学、物理基础。各高校应结合本校人才培养目标定位和专业实际情况开设融合专业发展与社会科学内容的创新类通识课程。

（二）学科基础知识

学科基础知识是指所学专业在专业领域的基础理论知识。电子信息类专业的学科和专业类基础理论知识涵盖电路与电子技术、计算机系统与应用、信号与系统、电磁场与波等知识领域的核心内容。教学内容可参照教育部相关课程教学指导委员会制定的基本要求。在讲授基础知识和专业知识时，应讲授相关的专业发展历史和现状。

各专业除上述共同的学科与专业类基础知识，还应包括专业基础知识。

（1）电子信息工程、通信工程、信息工程专业应包括通信原理、数字信号处理、通信电路与系统、信息理论基础、信息网络、工程图学中至少4个知识领域的核心内容。

（2）电子科学与技术专业应包括理论物理基础、固体物理、半导体物理、器件物理、集成电路、微波工程、物理光学、光导波、激光原理、光电子学、工程图学中至少4个知识领域的核心内容。

（3）微电子科学与工程专业应包括理论物理集成、固体物理、半导体物理、微电子器件、微电子工艺、集成电路、工程图学中至少4个知识领域的核心内容。

（4）光电信息科学与工程专业应包括物理光学、应用光学、光电学、光电检测、激光原理、信息光学、通信原理、工程图学中至少4个知识领域的核心内容。

特设专业可选择以上相近专业的专业类基础知识中至少3个知识领域的核心内容，并补充体现专业特色的专业类基础知识的核心内容，核心知识领域总数不少于4个。

（三）专业知识

不同专业的课程须涵盖相应的知识领域，各专业可根据学校情况进行悬缺或适当补充。

（1）电子信息工程专业：语音信号处理、数字图像处理、多媒体技术、数字信号处理专用器件、数字通信、通信网技术、现代交换技术、卫星通信、移动通信、天线技术、无线通信、雷达技术、电子测量技术、导航定位等。

（2）电子科学与技术专业：光通信技术、光电子器件、天线与电波传播、集成电路原理与设计、激光技术、红外技术、光纤技术、微电子器件、微电子机械系统、集成电路工艺、固态电子元器件、传感技术、电子材料、现代材料分析技术等。

（3）通信工程专业：数字通信、通信网络理论基础、现代交换技术、多媒体通信、无线通信、宽带接入与互联网通信、天线与电波传播、光通信与光网络、移动互联网与终端、射频技术、卫星通信、移动通信等。

（4）微电子科学与工程专业：集成电路原理与设计、电子设计自动化、半导体材料、电力电子器件、光电器件、微波器件与电路、微电子机械系统、片上系统、射频集成电路、专用集成电路等。

（5）光电信息科学与工程专业：光电子器件、光电仪器、非线性光学、光通信、集成光学、量子光学、光电成像技术、图像处理、光电显示技术、光电传感技术、光存储技术、微光机电系统、现代光学测量技术、光谱分析与测试技术、生物医学光电子技术、遥感技术、光电制导与跟踪、光电目标测量与识别技术、光学制造、薄膜技术等。

（6）信息工程专业：数字通信、射频工程基础、信息安全、VLSI设计、数字图像处理、雷达技术、语音信号处理、电视原理与数字视频、电子测量原理、统计信号处理、卫星通信、移动通信、天线技术、信息可视化技术、无线互联网、光纤通信与数字传输、移动流媒体技术、IPTV 技术等。

二、电子信息类专业课程体系

（一）我国工程教育认证对电子信息类专业课程体系的构建要求

《工程教育认证通用标准解读及使用指南（2022 版）》指出，课程是实现毕业要求的基本单元，课程能否有效支持相应毕业要求的达成是衡量课程体系是否满足认证标准要求的主要判断依据。课程的核心内涵是专业课程体系应围绕立德树人根本任务，将思政课程与课程思政有机结合，实现全员全程全方位育人，课程设置能够支持毕业要求的达成。所谓“支持”包括两层含义：其一，整个课程体系能够支撑全部毕业要求，即在课程矩阵中，每项毕业要求指标点都有合适的课程支撑，并且对支撑关系能够进行合理的解释。其二，每门课程能够实现其在课程体系中的作用，即课程大纲中明确建立了课程目标与相关毕业要求指标点的对应关系；课程内容与教学方式能够有效实现课程目标；课程考核的方式、内容和评分标准能够针对课程目标设计，考核结果能够证明课程目标的达成情况。合理的课程体系设计应以毕业要求为依据，确定课程体系结构，设计课程内容、教学方法和考核方式。要求企业或行业专家参与课程体系设计过程的目的是保证课程内容及时更新，与行业实际发展相适应。

课程体系必须包括数学与自然科学类课程、工程基础类课程，以及专业基础类课程、专业类课程，相关要求如下：

（1）与本专业毕业要求相适应的数学与自然科学类课程（至少占总学分的 15%）。本项标准是针对数学与自然科学类等基础课程设置提出的要求，内涵包括三个方面：一是该类课程学分比例应不低于 15%；二是课程设置应该符合专业补充标准要求；三是课程的教学内容和效果应该能够支撑相应毕业要求的达成。

（2）符合本专业毕业要求的工程基础类课程、专业基础类课程与专业类课程（至少占总学分的 30%）。工程基础类课程和专业基础类课程能体现数学与自然科学在本专业应用能力的培养，专业类课程能体现系统设计和实现能力的培养。本项标准的内涵包括三个方面：一是该类课程学分比例不低于 30%；二是课程设置应该符合专业补充标准要求；三是课程的教学内容和效果应能支撑其在课程矩阵中的作用，工程基础类和专业基础类课程的教学内容应能体现运用数学、自然科学和工程科学原理分析、研究专业复杂工程问题的能力培养，专业类课程应能体现系统设计和有效实现复杂工程问题解决方案的能力培养。

（3）工程实践与毕业设计（论文）（至少占总学分的 20%）。设置完善的实践教学体系，并与企业合作，开展实习、实训，培养学生的实践能力和创新能力。毕业设计（论文）选题要结合本专业的工程实际问题，培养学生的工程意识、协作精神以及综合应用所学知识解决实际问题的能力。对毕业设计（论文）的指导和考核应有企业或行业专家参与。本项标准是对实践教学环节提出的要求。专业应建立完善的实践教学体系，包括全体学生参与的综合实验项目、实习、实训、课程设计等工程实践和毕业设计（论文）等教学环节，有质量控制标准和管理规范。实践教学环节学分比例不低于 20%，实践训练内容符合专业补充标准要求。实习、实训过程实施状况和实际效果应能支撑其在课程矩阵中的作用，能体现对学生的实践能力和创新能力培养。毕业设计（论文）选题应结合本专业的工程实际问题，能体现对学生工程意识、协作精神以及综合应用所学知识解决实际问题的能力培养；有企业或行业专家参与毕业设计（论文）的指导和考核。

（4）人文社会科学类通识教育课程（至少占总学分的 15%）。本项标准是针对通识教育课程设置提出的要求，内涵包括三个方面：一是该类课程学分比例不低于 15%；二是课程设置应该符合专业补充标准要求；三是课程教学内容和效果应能支撑其在课程体系能力矩阵中的作用，能帮助学生树立正确的价值观，使学生在从事工程设计时能够考虑经济、环境、法律、伦理等各种制约因素。

（二）《普通高等学校本科专业类教学质量国家标准》对电子信息类专业课程体系的构建建议

《普通高等学校本科专业类教学质量国家标准》对电子信息类专业的教育教学提出了课程体系构建的建议。

1. 课程体系构建原则

课程设置应支持培养目标的达成，课程体系应支持各项毕业要求的有效达成。

（1）通识教育类学分占总学分的 40% 左右。主要包括：①思想政治教育和人文社会科学课程学分，约占总学分的 15%；②数学和自然科学课程学分，约占总学分的 15%；③经济管理课程学分；④外语课程学分；⑤计算机信息技术课程学分；⑥创新创业课程学分；⑦体育课程学分。各高校可以根据实际情况适当调整学分。

思想政治教育有利于培养学生树立社会主义核心价值观，人文社会教育能够使学生在从事工程设计时考虑经济、环境、法律、伦理等各种制约因素。数学和自然科学教育能够使学生掌握理论和实验方法，为学生将相应基本概念运用于工程问题的表述和恰当数学模型的选择并进行分析推理奠定基础。

（2）专业教育类学分占总学分的 50% 左右，其中学科基础及专业类课程约占总学分的 30%。

（3）综合教育类学分占总学分的 10% 左右。主要包括：①心理与健康教育；②学术、科技与创业活动；③文体活动；④跨专业选修课；⑤社会实践及自选活动等。

总学分中，实践与实训教学学分（含课程实验折合学分）所占比例不低于 25%。各高校可根据具体专业的特点来确定，专业类实践环节应能体现电子信息领域进行产品开发和设计、技术改造与创新创业、工程设计和分析、解决实际工程问题的能力培养。

2. 电子信息类专业核心课程体系示例①

核心课程体系是实现专业人才培养目标的关键。各高校应根据人才培养目标，将上述核心知识领域的内容组合成核心课程，将这些核心课程根据学科的内在逻辑顺序和学生知识、素质能力形成的规律进行编排，并适当增加本校研究或应用特色内容，形成专业核心课程体系。核心课程的名称、学分、学时和教学要求以及课程顺序等由各高校自主确定。

（1）电子信息工程专业。

示例一

高级语言程序设计（C 语言）（48）、电路分析基础（64）、模拟电子技术（64）、数字电子技术（48）、信号与系统（64）、电磁场与电磁波（48）、高频电子线路（48）、通信原理（64）、数字信号处理（48）、信息论基础（32）、微机原理与接口技术（64）、算法与数据结构（48）。

示例二

高级语言程序设计（C 语言）（48）、电路分析基础（48）、模拟电子技术（64）、数字电子技术（48）、信号与系统（56）、工程电磁场（48）、高频电子线路（48）、通信原理（48）、数字信号处理（48）、微机原理（48）、数据结构（40）。

示例三

高级语言程序设计（C 语言）（48）、电路分析基础（48）、模拟电子技术（64）、数字电子技术（48）、信号与系统（48）、工程电磁场（48）、通信电路基础（48）、通信技术（48）、数字信号处理技术（48）、微机原理（48）、数据结构（40）。

（2）电子科学与技术专业。

示例一

模拟电路基础课组（96）、数字电路基础课组（96）、计算机基础课组（96）、信号与系统（64）、量子与统计（64）、固体物理基础（48）、电动力学（48）、激光原理（48）、物理光学（48）、固态电子与光电子（48）。

示例二

电路分析基础（64）、信号与系统（64）、模拟电子技术（64）、数字电子技术（48）、电磁场与电磁波（48）、量子力学（48）、固体物理（48）、半导体物理（48）、物理光学与应用光学（80）、电子材料（48）、固态电子器件（80）、光电子技术（48）、激光原理与技术（48）、电介质物理（48）、电子元器件（48）。

示例三

电路分析基础（48）、信号与系统（64）、模拟电子技术（64）、数字电子技术（64）、量子物理（64）、电磁场理论（32）、激光原理（48）、固体电子导论（64）、物理光学

① 括号内数字为建议学时数，个别标注为周数。

（48）、光电子学（48）、半导体器件物理（48）。

（3）通信工程专业。

示例一

电路分析基础（32）、模拟电子技术（48）、通信电子电路（32）、数字电子技术（48）、C++高级语言程序设计（48）、数据结构（48）、微处理器与接口技术（64）、信号与系统（64）、随机信号分析（32）、数字信号处理（64）、通信原理（64）、电磁场与电磁波（48）、通信网理论基础（32）、现代通信技术（64）。

示例二

电路分析基础（72）、模拟电子技术（72）、高频电子线路（64）、数字电子技术（64）、计算机软件技术基础（64）、计算机通信与网络（32）、微型计算机原理及接口技术（72）、信号与系统（72）、数字信号处理（56）、通信原理（72）、电磁场与电微波（64）、通信网（32）、通信概论（32）、移动通信（32）、光纤通信（32）、通信系统集成电路设计（32）。

示例三

电路分析基础（64）、模拟电子技术（64）、通信电子电路（48）、数字电子技术（64）、高级语言程序设计（56）、面向对象程序设计及C++（32）、数据结构（40）、微处理器与接口技术（64）、信号与系统（64）、数字信号处理（56）、通信原理（80）、电磁场与传输理论（64）、通信网基础（56）、无线通信原理（32）、光纤通信与数字传输（56）。

（4）微电子科学与工程专业。

示例一

电路分析基础（48）、信号与系统（48）、半导体物理（64）、模拟电子技术（48）、数字电子技术（48）、数字集成电路设计（48）、集成电路工艺原理（48）、半导体器件物理（48）、数字集成电路原理（64）、电子系统设计（64）、集成电路计算机辅助设计（48）。

示例二

电路分析基础（48）、电磁场理论（48）、模拟电子技术（64）、数字电子技术（64）、信号与系统（64）、固体物理学（64）、半导体物理学（64）、集成电路原理与设计（64）、半导体器件物理（64）、微电子制造原理（48）。

示例三

电路分析基础（48）、模拟电子技术（48）、数字电子技术（48）、固体物理（48）、半导体物理（48）、半导体器件物理（64）、半导体工艺（48）、集成电路原理与设计（32）、集成电路CAD（32）、集成电路工艺设计（32）、半导体光电材料（32）、半导体光电器件原理（32）、半导体光电器件工艺（32）。

（5）光电信息科学与工程专业。

示例一

电路分析基础（48）、电磁场理论（48）、模拟电子技术（64）、数字电子技术（64）、信号与系统（64）、工程光学及实验（136）、光电检测技术及系统（48）、光纤技术（48）、光电图像处理（48）、光电信息综合实验（4 周）、光电信息物理基础（48）、通信原理（48）、激光原理（32）、信息光学（32）、光学系统 CAD（48）、光电传感器应用技术（32）、量子光学基础（32）。

示例二

电路分析基础（48）、电磁场理论（48）、模拟电子技术（64）、数字电子技术（64）、信号与系统（64）、工程光学及光学基础实验（184）、激光技术及应用（48）、光学测量（48）、光电信息导论（英文授课，40）、光电检测技术（48）、光电系统设计（3 周）、傅里叶光学（48）、光学零件工艺学（4 周）、实用图像处理方法及软件（48）、视频技术基础（48）、微机接口技术（32）、微机接口技术实验（32）、误差理论与数据处理（48）、薄膜光学（32）、光度与色度学（48）、光纤技术与应用（48）、像质评价技术（32）、光学 CAD 课程设计（3 周）、传感器原理（48）、光纤通信理论基础（48）、信息物理基础（48）、现代成像技术（32）。

示例三

电路分析基础（48）、电磁场理论（48）、模拟电子技术（64）、数字电子技术（64）、信号与系统（64）、仪器零件设计（56）、互换性与测量技术基础（48）、误差理论与仪器精度（40）、仪器制造工艺学（32）、工程光学及实验（144）、光电检测技术（56）、数字图像处理（48）、光学测量（48）、激光原理及应用（40）、仪器光学概论（48）、光学设计及 CAD（48）、光学仪器总体设计概论（48）、光学零件加工（48）、薄膜光学与技术（32）、微纳制造技术（32）、光通信技术基础（32）、光电子技术及器件（32）、光学信息处理技术（32）、干涉测试技术（32）、傅里叶光学（32）。

（6）信息工程专业。

示例一

电路分析基础（64）、模拟电子技术（64）、数字电子技术（64）、信号与系统（64）、程序设计思想与方法（48）、C + +程序设计（48）、数据结构（64）、计算机结构与逻辑设计（64）、微机系统与接口（64）、嵌入式系统原理与实验（86）、电磁场与波（64）、数字系统仿真 VHDL 设计（48）、通信原理（64）、数字信号处理（64）、通信电子电路（64）、微波与天线（64）、近代信息论（48）、雷达原理（48）、平面显示技术（32）、无线通信原理与移动网络（64）、操作系统（64）、数字图像处理（48）。

示例二

C 语言程序设计（32）、电路分析基础（64）、信号与系统（64）、模拟电子技术

（64）、数字电子技术（48）、微机原理与系统设计（64）、通信电子线路（48）、电磁场与电磁波（48）、随机信号分析（48）、数字信号处理（48）、通信原理（64）、通信网络基础（48）、信息论与编码理论（64）、信号测量与估值（48）、离散数学（48）、数据结构与算法分析（48）、数据压缩与信源编码（48）、无线通信（32）、传感技术（32）。

示例三

高级语言程序设计（C语言）（48）、电路分析基础（64）、信号与系统（64）、模拟电子技术（64）、数字电子技术（64）、高频电子线路（48）、通信原理（48）、传感器与检测技术基础（48）、现代通信网（48）、数字信号处理器原理（48）、无线传感器网络（32）、嵌入式系统原理与应用（32）。

（7）特设专业。

3. 主要实践性教学环节

能满足教学需要的完备的实践教学体系主要包括实验课程、课程设计、实习、毕业设计（论文）及科技创新、社会实践等多种形式的实验实践活动。

（1）实验课程：在电路类、信号类、计算机基础和应用类、电磁场类学科基础课程和专业课程中必须包括一定数量的实验。

（2）课程设计：至少完成2个有一定规模的系统设计与开发项目。

（3）实习：须进行必要的工程技术训练（其中电子工艺实习必修、金工实习或其他实习可选）、专业相关的制作实习、生产实践等。

（4）毕业设计（论文）：须制定与毕业设计（论文）要求相适应的标准和检查保障机制，对选题、内容、学生指导、答辩等提出明确要求，保证课题的工作量和难度，并给予学生有效指导。在决定选题时应复核本专业培养目标要求，结合本专业的工程实际问题，有明确的应用背景，以培养学生的工程意识、协作精神以及综合应用所学知识解决实际问题的能力。

三、案例：北京大学电子信息工程专业[①]

北京大学电子信息工程专业于2018年获教育部批准正式成立，旨在为电子信息科学类学生提供多元化、个性化的培养方案，以适应未来智能化、信息化社会的新一代高层次人才需求。该专业于2022年修订的专业培养方案概况如下：

（一）培养目标

本专业的培养目标为：毕业生具有“引领未来、守正创新”的精神，具有国际视野和

① 本部分参见北京大学信息科学技术学院官网. https://eecs.pku.edu.cn/info/1083/5225.htm.

爱国敬业精神，具有“基础厚实、理工交叉、乐于探究、勇于创新”的特点，在电子信息、光电子技术、信号处理、计算机工程、通信系统、智能制造、金融信息、智能物联网和人工智能等行业从事电子信息工程领域相关的信息获取、传输和处理方面的前沿研究、应用开发和创新管理工作，拥有电子信息前沿研究和应用开发的系统思维能力和引领创新意识，为成为未来电子信息领域的复合型领军人才打下牢固基础。本专业本科毕业生可在科研机构、高等院校、企事业单位从事电子信息领域的研究、教学、开发、管理工作，也可继续攻读信息与通信工程、电子科学技术、计算机科学与工程、智能科学技术和其他相关学科的研究生学位。

通过通识与专业相结合的教育，使学生具备坚实的数理、电路、信息与通信工程基础，系统地掌握电子和信息技术所必需的基础理论、基本技能与方法，受到良好的科学思维、实验和初步科学研究的训练，具有探索、发现、分析和解决问题的能力，以及知识自我更新和不断创新的能力，为引领未来电子信息科学和工程的发展奠定基础。在个人素质方面，提升学生人文和科学素养，培养学生确立正确的人生观和价值观，发展独立思考、阅读、写作、表达等方面的能力，开拓国际化视野。

（二）培养要求

本专业毕业生的培养要求具体包括以下方面：

（1）专业基础：掌握电子信息工程领域所需要的数学、物理、计算机和电子系统等自然科学和工程等专业基础知识，具有较强的文献阅读、写作和外语交流能力，能够综合应用上述能力解决实际的应用科学研究或实际工程开发问题。

（2）问题研究：能够基于科学原理，采用科学方法，运用系统思维和创新思维，针对实际工程科学应用和未来产业发展，提出新问题、新方法和新系统，体现创新能力。

（3）问题分析：能够应用数学、物理、通信、计算机的基本原理，分析未知问题的可能解决方案，结合文献研究、原理探索和独立思考，给出创新性解决方案。

（4）解决问题：能够结合专业培养所获得的综合设计和实践能力，对解决方案的原理进行理论评估、实际测试和原理验证，并有能力开发出解决方案的原型系统，在实际环境中开展验证和演示。

（5）社会责任：能够在应用科学研究和实际工程开发中，自觉关注科学、技术和工程对人类社会可持续发展的影响，包括对环境、健康、安全、法律以及文化的影响，自觉遵守职业道德和规范，并履行应承担的责任。

（6）团队合作：具有较强的组织能力、沟通能力、表达能力和人际交往能力，能够在团队协作中发挥积极作用，具有承担项目管理和对团队负责的主动精神和能力。

（7）终身学习：具有自主学习和终身学习的意识和能力，具有较强的面向未知问题的适应能力和主动探索精神。

（三）毕业要求及授予学位类型

本专业学生在学期间须修满培养方案规定的148学分方能毕业。达到学位要求者授予理学学士学位。具体毕业要求如下（见表5-1）：

表5-1 毕业要求

公共基础课程：51学分	公共必修课：39学分
	通识教育课：12学分
专业必修课程：59学分	专业基础课：23学分
	专业核心课：30学分
	毕业论文（设计）：6学分
选修课程：38学分	专业选修课：20学分
	自主选修课：18学分

（四）课程设置

1. 公共基础课程：45~51学分

（1）公共必修课：33~39学分（见表5-2、表5-3）。

表5-2 公共必修课

课程名称	学分	周学时	实践总学时	选课学期
大学英语	2~8			按大学英语教研室要求选课
思想政治	19			按马克思主义学院要求选课
劳动教育			32	按学校要求选课
计算概论A	3	4	32	一上
程序设计与算法	3	4		一下
军事理论	2	2		一上
体育系列	4			全年，按体育教研室要求选课

表5-3 可替代课程

课程名称	学分	周学时	实践总学时	替代课程
计算概论A（实验班）	3	4	32	计算概论A
数据结构与算法B	3	4	32	程序设计与算法

（2）通识教育课：12 学分。

通识教育课程有 4 个系列（①人类文明及其传统；②现代社会及其问题；③艺术与人文；④数学、自然与技术），每个系列均包含通识教育核心课和通选课两部分课程，修读总学分为 12 学分。具体要求如下：①至少修读 1 门通识教育核心课，且在 4 个课程系列中每个系列至少修读 2 学分；②原则上不允许以专业课代替通识教育课学分；③本院系开设的通识教育课不计入学生毕业所需的通识教育课学分；④建议合理分配修读时间，每学期修读 1 门课程最佳。

2. 专业必修课程： 59 学分

（1）专业基础课：23 学分（见表 5 –4、表 5 –5）。

表 5 –4　专业基础课

课程名称	学分	周学时	实践总学时	选课学期
高等数学 A（Ⅰ）	5	6	32	一上
力学 B	3	5	32	一上
线性代数 B	4	5	16	一上
高等数学 A（Ⅱ）	5	6	32	一下
电磁学 B	3	4	16	一下
信息科学技术概论	1	2	0	一上
微电子与电路基础	2	3	16	一下

表 5 –5　可替代课程

课程名称	学分	周学时	实践总学时	替代课程
数学分析（Ⅰ）	5	6	32	高等数学 A（Ⅰ）
数学分析（Ⅱ）	5	6	32	高等数学 A（Ⅱ）
高等代数（Ⅰ）	5	6	32	线性代数 B
线性代数 A（Ⅰ）	4	5	32	线性代数 B
力学 A	4	6	32	力学 B
信息科学中的物理学（上）	3	4	16	力学 B
电磁学 A	4	5	16	电磁学 B
信息科学中的物理学（下）	3	4	16	电磁学 B

注：同名的 A 类课程可代替 B 类课程，如上述“力学 A”可代替“力学 B”，以下不重复说明。

（2）专业核心课：30 学分（见表 5－6、表 5－7）。

表 5－6　专业核心课

课程名称	学分	周学时	实践总学时	选课学期
电子系统基础训练	1	2	28	一下
电子线路分析与设计	5	4	0	二上
电子线路分析与设计研讨班	0	2	32	二上
信号与系统	3	3	6	二上
概率论与随机过程	3	3	8	二下
数字电路与系统设计	4	3	12	二下
数字电路与系统设计（小班课）	0	2	32	二下
电子学基础实验	2	4	48	二下
电动力学 B	3	4	16	三上
通信原理	3	3	6	三上
数字信号处理（含上机）	3	4	16	三下
智能电子系统设计与实践	3	4	54	三下

注：选修“电子线路分析与设计”必须同时选“电子线路分析与设计研讨班”，选修“数字电路与系统设计”必须同时选“数字电路与系统设计（小班课）”。

表 5－7　可替代课程

课程名称	学分	周学时	实践总学时	替代课程
信号与系统（实验班）	3	4	30	信号与系统
数字电路与系统设计（实验班）	4	3	16	数字电路与系统设计
通信原理（实验班）	3	3	6	通信原理

（3）毕业论文（设计）：6 学分。

3．**选修课程**：38 学分

（1）专业选修课：20 学分（每类至少选 2 学分，多余学分可以计入自主选修学分，见表 5－8）。

表 5－8　专业选修课

课程名称	学分	周学时	实践总学时	选课学期
第 1 类：数学与物理				
高等数学 A（Ⅲ）	4	5	32	二上
热学	2	2	3	二上
光学	3	3	6	二上
原子物理导论	2	2	4	二上
数学物理方法	3	4	10	二上
基础物理实验	2	4	64	二上
量子力学 B	3	4	8	三上
固体物理	3	3	4	三下
光电子技术实验	2	3	36	三下
量子计算导论	3	3	4	三下
第 2 类：电路与系统				
智能硬件应用实验	2	4	44	二上
电子线路计算机辅助设计	2	4	30	二下
通信电路	3	3	10	二下
可编程逻辑电路	2	8	38	二暑期
物联网基础	3	4	12	三上
微处理器与接口技术（含实验）	3	4	16	三上
微波技术与电路	3	3	6	三下
纳米与光电集成电路	3	3	4	四上
嵌入式系统	2	4	44	四上
第 3 类：信号与智能				
人工智能引论	3	2	0	一下
人工智能引论实践课	0	2	32	一下
机器学习概论	3	3	8	二下
数学模型	3	3	3	二下
数字图像处理	3	3	0	三下
模式识别导论	3	3	2	三上
信息论与编码理论基础	2	2	2	三下
数据仓库与数据挖掘	2	2	0	三下
凸分析与优化方法	3	3	0	三下

（续上表）

课程名称	学分	周学时	实践总学时	选课学期
第 4 类：前沿与交叉				
现代电子与通信导论	1	2	0	一下
纳米科技与纳米电子学	3	3	4	三下
现代无线通信中的新兴技术	2	2	14	三下
光电子学	3	3	6	三下
生物信息学方法	2	2	2	三下
近代物理实验（Ⅰ）	3	6	102	四上
高级光电子技术实验	3	4	64	四上
电子信息前沿与顶点实践	3	4	40	四上
第 5 类：实践与创新				
文献写作与报告	2	2	6	二上
创新工程实践	3	3	16	春季
全球创新产品设计和团队实践	2	2	4	秋季

（2）自主选修课：18 学分（全校课程均可选，计划走科研方向的学生建议多选下列选修课，见表 5－9）。

表 5－9　自主选修课

课程名称	学分	周学时	实践总学时	选课学期
理论力学 B	3	3	5	二下
近代物理	3	3	5	二下
热力学与统计物理 B	3	3	6	三上
通信电路实验	2	4	44	三上
机器学习在数据分析预测中的应用	3	3	3	三上
机器视觉与边缘智能	2	3	32	三上
声场与声信号处理导论	3	3	0	三下
电磁波理论与应用导论	2	2	8	三下
电磁大数据导论	2	2	0	三下
光纤通信系统	2	2	2	四上
数字信号处理实验	2	4	52	四上
微波技术实验	2	4	52	四上
卫星导航定位系统概论	2	2	0	四上
通信网概论与宽带技术	2	2	6	四上

（五）其他

1. 荣誉学位要求

针对愿意充分发展个人兴趣、积极开阔国际视野，追求更高科学和工程学位或学习体验的学生，本专业提供了荣誉课程系列（Honor Track），见表 5－10。完成此系列课程学习，并达到一定要求的学生，可以申请荣誉学士学位。评定通过后，学生将获得学校统一颁发的荣誉证书。具体要求如下：

（1）思想品德好，在校期间没有受过任何纪律处分。

（2）已获得所修专业的学士学位授予资格。

（3）前 7 个学期总平均绩点位于本专业本科毕业生的前 30%。

（4）前 7 个学期完成以下 7 门荣誉课程学习要求，且成绩达到优秀（≥85 分）。

表 5－10　荣誉课程

课程名称	学分	周学时	实践总学时	选课学期
机器学习概论	3	3	8	二下
通信原理（实验班）	3	3	6	三上
智能电子系统设计与实践	3	4	54	三下
量子力学 A/量子力学 B/量子计算导论	4/3/3	5/4/3	16/8/4	三上/三下
凸分析与优化方法	3	3	0	三下
纳米与光电集成电路	3	3	4	四上
电子信息前沿与顶点实践	3	4	40	四上

（5）申请学生应当参与本科生科学研究项目或申请获得“研究课程”学分，且结题答辩成绩≥85 分。

（6）毕业论文评价等级优秀。

2. 港澳台学生和留学生学分与选课要求

（1）港澳台学生和留学生除免修课程外，学分要求与本科生一致。

（2）免修课程的替代要求如下：免修全校公共必修课中的思想政治课和军事理论课，改为选修“与中国有关的课程”21 学分。

3. 优秀毕业生（Honor Student Award）奖励要求

（1）思想品德好，在校期间没有受过任何纪律处分。

（2）已获得所修专业的学士学位授予资格。

（3）前 7 个学期总平均绩点位于本专业本科毕业生的前 30%。

（4）前7个学期以下4门课程中至少选修3门，且每门成绩均优秀（≥85分）：电子线路分析与设计，信号与系统（实验班）、数字电路与系统设计（实验班）、通信原理（实验班）。

（5）毕业论文评价等级优秀。

4. **其他课程方面规定**

（1）相同课名或者授课内容相近的课程为互斥课程，不能重复计算学分。在外院系选修的同名课程也不能计算学分。

（2）大学英语所修学分不足8学分（或免修）的学生需通过专业或通识选修课程补足学分。

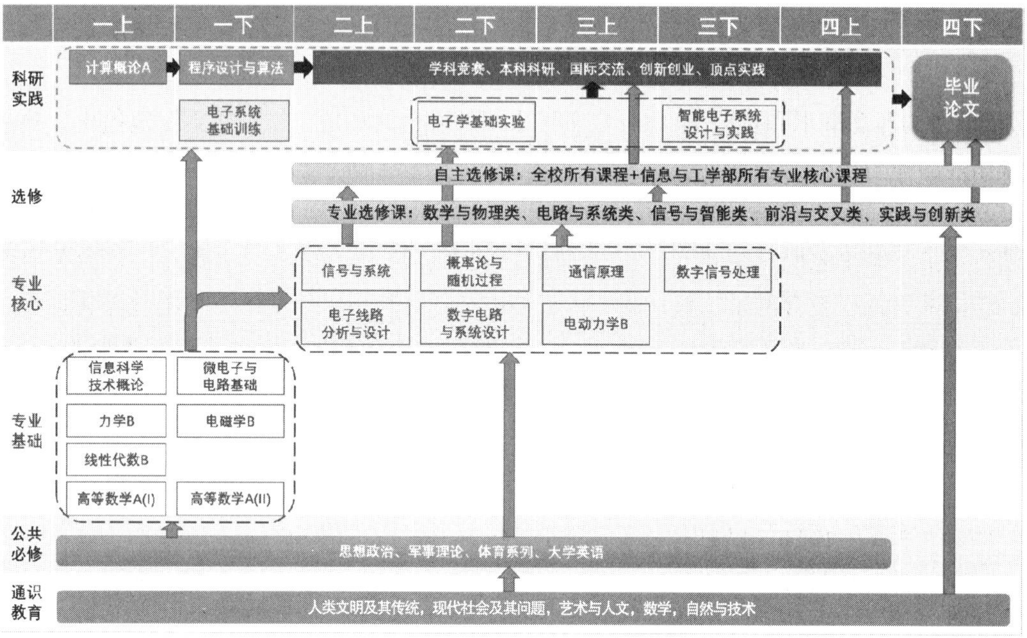

图5-1　北京大学电子信息工程专业课程地图

第三节　新工科背景下的电子信息类专业人才培养模式实践探索

新工科背景下的高校工程教育培养新方向对本科高校传统专业设置提出了新要求：高校必须打破固有观念，突破传统工科人才培养模式的固化思维，调整工科专业布局与专业人才培养定位及方向，改革创新工程教育人才培养模式。

一、面向新工科建设的工程教育模式

（一）CDIO 工程教育模式与能力培养①

CDIO 工程教育模式是近年来国际工程教育改革的最新成果。从 2000 年起，麻省理工学院、瑞典皇家工学院等四所大学组成的跨国研究团队获得了 Knut and Alice Wallenberg 基金会近 2 000 万美元巨额资助。其经过探索研究创立了工程教育理念，成立了以 CDIO 命名的国际合作组织。CDIO 代表构思（Conceive）、设计（Design）、实现（Implement）和运行（Operate）。它以从产品研发到产品运行的生命周期为载体，让学生以主动的、实践的、课程有机联系的方式学习工程知识。CDIO 培养大纲将工程专业毕业生的能力分为工程基础知识、个人能力、人际团队能力和工程系统能力四个层面，要求以综合的培养方式使学生在这四个层面达到预定目标。

CDIO 的理念继承和发展了欧美 20 多年来工程教育改革的理念，并系统地提出了具有可操作性的能力培养、全面实施以及检验测评的 12 条标准。瑞典国家高教署（Swedish National Agency for Higher Education）于 2005 年采用这 12 条标准对本国 100 个工程学位计划进行评估，结果表明新标准比原标准适应面更宽，更利于提高教学质量，尤为重要的是，新标准为工程教育的系统化发展提供了基础。迄今为止，已有近 150 所世界著名大学加入了 CDIO 组织，取得了良好效果，按 CDIO 模式培养的学生深受社会与企业欢迎。

CDIO 包括 3 个核心文件：1 个愿景、1 个大纲和 12 条标准。CDIO 体现了系统性、科学性和先进性的统一，代表了当代工程教育的发展趋势。

CDIO 的愿景是为学生提供一种强调工程基础的、建立在真实世界的产品和系统“构思—设计—实现—运行”（CDIO）过程背景环境基础上的工程教育。

CDIO 大纲对课程体系和课程内容设计提出了具体要求。它将工程师必须具备的工程基础知识、个人能力、人际团队能力和 CDIO 全过程能力以逐级细化的方式表达出来，分为 3 级、70 条、400 多款，使工程教育改革具有更加明确的方向性、系统性。CDIO 大纲覆盖了一个现代工程师应具有的科学和技术知识、能力和素质。它分为四个层面：①技术知识和推理能力；②个人能力、职业能力和态度；③人际交往能力：团队工作和交流；④在企业和社会环境下“构思—设计—实现—运行”系统方面的能力。

CDIO 的 12 条标准对整个模式的实施和检验进行了系统、全面的指引，使得工程教育改革具体化、可操作、可测量，并对学生和教师都具有重要指导意义。CDIO 的 12 条标准是一个对 CDIO 工程教育模式进行指引和评价的系统，它包括工程教育的背景环境、课程计划的设计与实施、学生的学习经验和能力、教师的工程实践和教学能力、学习方法、实验条件以及评价标准。

---

① 本部分参见 CDIO 大纲［EB/OL］. http://www.chinacdio.stu.edu.cn/Detail.aspx?id=32&type=channel.

（二）美国“2020 工程师”教育计划与工程能力素质培养

2001 年，美国工程院启动“2020 工程师”教育计划，在 2004 年和 2005 年分别发布了《2020 工程师：新世纪工程的愿景》《培养 2020 工程师：为新世纪变革工程教育》等报告。报告指出，未来工程师的能力结构包含基本能力、关键能力和顶尖能力三个层次，以及知识、能力和人格三个维度。基本能力主要体现在知识维度上；关键能力是维系 2020 年及其后工程专业成功的品质；顶尖能力是未来杰出工程师应具有的素质，主要体现在人格维度上，包括“利莲式”灵巧力、“摩尔式”解决问题能力、“爱因斯坦式”科学洞察力、“毕加索式”创造力、“怀特兄弟式”决心、“盖茨式”领导力、“罗斯福夫人式”良知、“路德式”远见以及“小朋友式”好奇和怀疑。这三个层次的能力呈金字塔结构分布。表 5 – 11 为“2020 工程师”《愿景报告》提出的 10 项期望。

表 5 – 11 “2020 工程师”《愿景报告》提出的 10 项期望①

序号	期望内容	关键因素
1	让公众能够理解工程专业在社会文化系统中发挥的作用，通过工程教育能够获得更多职业发展机会，工程教育对工程师从事“非工程”的工作具有重要价值	社会认可 职业发展
2	让公众认可专业、技术、社会、历史、传统等知识的融合，这样才能使工程师更好地迎接复杂多变的挑战	知识融合 社会认可
3	应具备较好的科学与数学基础，能够通过人文学科、社会科学与经济学来拓展设计的视野。在创造过程中强调通过有效的领导力来发展与应用下一代技术，以解决未来的问题	知识结构 跨学科领导力
4	工程专业应能够迅速融合由创造、发明和交叉学科提供的一切潜力，以开辟新的领域，包括需要与非工程学科（如科学、社会科学、商业）进行跨学科合作	开辟工程领域 跨学科合作
5	工程师应当以领导者的姿态，对公共政策的制定与政府、产业的治理产生积极影响	领导者 公共政策制定
6	工程专业应有效地招募、培养人才，吸引当前尚未充分从事工程专业的群体	人力资源开发
7	工程师应继续成为经济可持续发展中的领导者；可持续发展理念应在各级教育机构普及并成为工程专业与工程实践的基本原则	可持续发展 领导者

① 参见李晓强，孔寒冰，王沛民．建立新世纪的工程教育愿景：兼评美国“2020 工程师”《愿景报告》[J]．高等工程教育研究，2006（2）：7 – 11.

（续上表）

序号	期望内容	关键因素
8	未来的工程师应能迎接来自全球的挑战，在伦理道德的基础上平衡发达国家与发展中国家的生活水平	全球化、伦理道德
9	工程教育机构与工程师应当充分合作，使工程教育能够迎接未来技术与社会的挑战；应重新设计工科课程和相关教育计划，以造就未来的工程师；应当积极思索，采用新的战略规划工具	战略规划、工科课程 教育计划、工程教育
10	应构建“面向 2020”的工科课程，对不同的学生、不同的学习方式作出反应；应吸引那些寻求全面教育的学生，以培养具有创造性与领导力的人才	工科课程 人力资源开发

（三）工程能力模型①

美国工程学会（The American Association of Engineering Societies，AAES）和美国劳工部（The U. S. Department of Labor，USDOL）联合学校、政府、企业和行业专家合作开发了指导工程师职场发展的工程能力模型（Engineering Competency Model，ECM），列出了工程师职业发展和成功所需的核心能力。该模型具指导性，为工程领域人才提供了终身学习和职业能力保持的模板。因成功地开发工程能力模型，AAES 获得了美国社团管理者协会（American Society of Association Executives，ASAE）2016 年度金奖。该奖项是工业界最高荣誉，主要颁发给在丰富民众生活、创造竞争性职场、促进创新和完善世界等领域作出杰出贡献的协会或工业界人士。

工程能力模型形似金字塔。金字塔的层次并不意味着能力分布的“等级化”，其中锥形表示日益专业化和水平上的特殊性。它的层次进一步划分成块，代表能力领域（知识、技能和能力的集合），这是定义使用关键的工作功能和技术内容领域。工程能力模型根据金字塔的形状把能力分成了五个等级，这五个等级又分为基础能力和特定行业竞争力。工程能力模型前三层为基础能力，不针对专业，适用于各职业；第四层和第五层能力则针对特殊工程领域提出了能力要求。

1. **基础能力**（Foundational Competencies）

主要代表大多数雇主要求的“软技能”和工作准备技能。

（1）个人效能能力（Personal Effectiveness Competencies）。通常被称为“软技能”，是扮演任何社会角色都必不可少的个人属性，包括人际交往能力、诚实守信表现、可靠性和

① 本部分参见 CATHERINE L. Engineering competency model［A］. 2016 ASEE Annual Conference & Exposition，New Orleans，Louisiana，June 26，2016.

可信任度、适应性和灵活性、终身学习能力等。

（2）学术能力（Academic Competencies）。主要指认知功能和思维方式，部分学术能力适用于所有职业和行业，包括阅读能力、写作能力、科学技能和数学能力、批判性思维等。

（3）职场能力（Workplace Competencies）。代表动机和特质，以及人际关系和自我管理风格，适用于大多数职业和行业，包括理解客户关注点、团队合作能力、规划能力、创造性思维、预防和决策能力、寻求新机遇的能力、运用新工具和技术的能力、组织协调能力、商业基础能力等。

2. 特定行业竞争力（Industry-specific Competencies）

主要指在行业范围内拥有行业资格所需的技术能力，这些能力迁移性强，便于从业者转换岗位。

（1）全行业技术能力（Industry-wide Technical Competencies）。包括设计、建筑业、操作和维护、职业道德、商业、法律和公共政策、可持续发展、质量控制和质量保证、工程经济学、安全、健康等。

（2）特定产业生效能力（Industry-sector Functional Area）。该能力由特定的行业部门或工业代表指定，是在一个子集的行业范围内发挥作用的能力。

（四）工程师通用能力①

学者 H. J. Passow 和 C. H. Passow 结合有关工科生能力的文献研究，使用定量元分析与定性主题分析方法，总结出 4 个方面、16 条工程实践的重要通用能力。

1. 应用技术的基础

（1）阐释数据：组织、分析和阐释数据；质疑测量的信度和效度；探索趋势和分辨异常。

（2）应用知识：为解决问题、设计方法与测量，把数学、科学和工科知识应用于阐释数据、建模、分析、估值和预测。

（3）应用技能：应用现代工程实践所需的工程工具、技巧和信息工具解决问题、设计方法与测量。

（4）精确测量：精确测量和量化误差；确定测量什么时候是足量的，真实的实验什么时候是需要的；设计和实施实验。

2. 与同事、客户、供应商和其他利益相关者合作完成目标

（1）有效沟通：使用听、说、写和绘图等方式，与有不同目标和背景（跨学科、跨组织层次和边界）的人开展有效沟通。

---

① 本部分参见 PASSOW H J，PASSOW C H. What competencies should undergraduate engineering programs emphasize? A systematic review［J］. Journal of engineering education，2017，106：475 – 526.

（2）协调努力：创设愿景；达成共识；提供积极、勤奋的协作以达成同事、客户和供应商共享的目标；协调努力；主办高效率会议；谈判；共同承担责任。（协调不同于正式的项目管理，正式的项目管理有权威性。任何工程师都需要协调努力，这项工作只是正式项目管理的一部分。）

3. 工程师的限制条件

（1）采取主动：影响项目目标；采取多样视角；宏观地理解客户问题及其背景、限制和影响；采取目标导向行动以超越目标。

（2）收集信息：保持理解的动力；通过文献、标准和协力、测量等方式收集所需的信息，以验证事实和假设。

（3）界定限制条件：界定由技术、制造可行性、时间、预算、商业环境、规范、法律、伦理、文化和对安全、健康、环境、社区、全球造成的影响等因素引发的限制。

（4）创新思考：在阐释数据、测量、解决问题、设计方法和作决策时能创新思考；再造或再组织问题、挑战、限制条件、多样性构思、预测影响、创造。

（5）解决问题：在限制条件下识别、量化和解决真实世界的、劣构的工程问题（有效协调其他能力来提高解决方法的质量和效率）。

（6）设计方案：在限制条件下设计满足需求的系统、成分或过程。

（7）作决策：在特定问题环境、方案设计、测量、风险和工程进程下作出稳健的决策（包括在时间与确定性之间权衡利弊）。

4. 自我绩效管理

（1）策划进程：策划与管理个人的工程进程以完成目标；选择做什么，什么时候使用能力，什么时候停止使用，如何协调能力等；什么时候收集信息和协调努力；估计时间与成本；计划；设置与调整优先性；安排与监督任务；保持标准；调控工作投入；满足截止日期与预算要求。

（2）担负责任：对决策和行动负职业和伦理责任；对影响和限制能多角度预测和管理。

（3）拓展技能：通过保持好奇心来拓展技能，承认局限和错误，寻求建议，从成功与失败中学习，参与正式培训。

H. J. Passow 和 C. H. Passow 指出了工程师工作的本质特征：工程师在技术背景下去创新、实施和维护可靠的方案，在限制条件下满足客户的需求。这些限制性条件有：技术、制造可行性、时间、预算、商业环境、规范、伦理、法律，以及工程对安全、健康、环境、当地和全球等造成的影响。从事工程活动需具备技术能力与高效协调能力，因为技术环境具有复杂性和不确定性。在动态的工作环境里，高效的工程师能够聚焦宏观视角，基于数据作出决策，可能会在没有权威依据的情况下管理项目，采取首创行动来决定做什么、收集什么信息，决定与跨学科和组织边界的对象合作。此外，工程师对工程项目的影响和拓展自身技能负责。

同时，H. J. Passow 和 C. H. Passow 提出了指导工程教育改革的三项原则：①工程师的工作范围既包括技术的，又包括社会的。项目成功是工程师最重要的目标，包括控制范围、检查设计错误和交流沟通等活动。②非技术能力必须在技术运用、项目整合和实现工程目标的活动中培养。③工程教育必须从一开始就高度重视实践，让学生在真实环境中解决问题，处理限制条件下的劣构问题。

二、电子信息类专业人才培养实践路径选择

针对电子信息类专业教育发展的形势特点，合理地选择发展战略，是有效提高高校电子信息类专业学生培养质量的先决条件和重要基础，也是为国家培养高新技术人才所要解决的重要问题。结合电子信息行业的发展形势和发展特点，以及电子信息类专业的教育教学现状问题，高校对电子信息类专业人才的培养应从战略层面推进深层次的改革和实践探讨。

一是树立信息大工程观的理念，全面落实电子信息类专业的培养目标。通过分析比较电子信息工程、通信工程、信息工程、集成电路设计与集成系统等专业方向的共同特点，建立电子信息大类专业平台课的课程体系。从学生在行业、企业工作所需的知识、能力、素质出发，设计信息大类专业共同的课程平台。从信息的采集、传输、处理、应用的完整流向设计平台课，以填补过去学生专业知识面偏窄的缺陷。

二是依据培养目标重构课程体系和教学内容，按多类别模块开设课程。多类别模块主要包括专业模块、专业方向模块、产业对接模块、与区域重点发展产业相对应的模块等，可供学生根据自己的兴趣选择。其中，课程设计应充分考虑行业、企业需求以及近年来科技发展的成果，突破传统课程的束缚，将新的内容融入课程，特别是工业生产核心技术、系统集成技术等，并大胆进行课程重组。

三是整体设计培养方案。在将信息大类平台课、专业基础课、专业课等有机结合以外，还应从学生培养需求出发，将通识课、第二课堂与第一课堂课程进行整体设计，并对如何完成修读提出具体要求，从而较好地解决第一课堂与第二课堂脱节的问题，将我国工程教育中提出的信息类专业工程教育认证与培养方案的制订进行有机结合。

四是按照课程群设计实践教学项目。实施项目化教学，打破以往理论课附带实验和一门课程设计一个实践项目的惯例，尽量使实践教学项目具有综合性、创新性的特点，实践教学环节设计在开设前应明确教学目标，并与工程项目有一定联系，尽量做到从企业应用角度设计综合性实践训练。

五是推行“3＋1”模式，丰富“3＋1”内涵。“1”指学生就读大学的最后一年，可以在学校进行设计、实训，也可以在企业实习，还可以部分时间在学校、部分时间在企业实习由学生自主选择。第7—8学期的实践环节包括：综合系统设计、创新创业项目训练、实践成果总结、专业实训、企业实践和毕业设计。这种设计思路的出发点是帮助学生将理论与实践有机结合，锻炼学生分析、解决问题的工程实践能力。

六是优化师资结构，提高师资水平。雄厚的师资力量可为教学质量提供可靠保障。目前，为解决电子信息类专业师资力量不足的问题，高校应当注重提高师资水平，优化教师队伍结构。电子信息类专业的教师应当基于深厚的专业知识，加强自身的学习，从而提高教学能力。高校应当注重教师的招聘与培养，同时对内部教师进行专业强化培训，提供更多进修机会，提高教师的专业水平与综合素质，进而提高师资队伍的整体专业水平。

七是为本科生建立科训平台。通过科训平台的建立，激发学生参与实验研究的积极性与兴趣。导师根据学生不同的专业特点与兴趣方向来选择不同的研究课题，并让学生参与研究。导师可以协助学生选择研究方向、明确主题、立项并开展科研，直到最终获取研究成果。在整个科研实践过程中，导师的作用主要是指导，由学生负责实验操作。学生通过积极参加科研实践，可以有效加强基础知识储备与实践能力，还可以提高创新思维能力和科学思维能力。

八是实施多专业、多行业龙头企业协同育人。可以通过试点将多个专业的学生合成一个实验班，联合多家企业共同对这个班级的学生进行培养，让学生通过轮岗等方式分别在各家企业的不同岗位上实习一段时间，利用各家企业所长使学生对企业模式和工程实践有更加充分的认识。

三、电子信息类专业人才培养实践案例

（一）沈阳大学面向新工科的本科电子信息类专业群建设①

沈阳大学信息工程学院针对新工科人才培养诉求积极进行面向新工科的本科电子信息类专业群建设。

1. 概述

为突破电子信息类专业壁垒，更好地满足中国工业制造 2025 国家战略以及人工智能、智能制造、物联网等新兴产业的工程人才需求，推动高新技术与电子信息类专业知识、能力、素质深度融合，沈阳大学信息工程学院基于先进制造业对高素质技能型人才的需求，从自有专业优势出发，整合资源，调整和优化相关专业设置和专业结构，确立了包含一个中心（自动化）、三个骨干（计算机科学与技术、通信工程、电子信息工程）、一个前沿（物联网工程）的专业群结构。通过专业知识融合、教学资源共享、教学过程协同，实现专业优势互补，促进专业间合作与共享，提升专业建设水平，增强服务社会能力，突出“做中教”“做中学”“做中研”“做中创”的教学、科研、创新创业理念，实现电子信息类专业应用型特色人才培养。

在专业群建设上，将物联网工程专业作为重点扶持专业，建设成教育转型示范专业；

---

① 本部分参见范立南，李佳洋. 面向新工科的综合性本科电子信息类专业群建设探索与实践［J］. 中国教育技术装备，2018（6）：76－77，82.

将计算机科学与技术专业作为改造专业，打造双证书、云计算、大数据等方面特色；将通信工程专业作为优势特色专业，列入国家“卓越工程师”教育培养计划；将电子信息工程专业作为优势特色专业，打造成省级创新创业教育改革试点专业；将自动化专业作为优先发展专业，打造成省级重点建设专业、国家级综合改革试点专业。

2. 建设模式

(1) 变革人才培养模式。秉承“更恰当的教育”工程教育理念，构建 CDIO－QAI 工程应用人才培养模式，即“构思（Conceive）、设计（Design）、实施（Implement）、运行（Operation）—素质（Quality）、能力（Ability）、创新（Innovation）”。推动教学内容改革，建立教学内容充分反映学科专业研究新进展、相关实践新经验、人的全面发展新需要的长效机制；构建适应知识更新、突出实践能力培养的人才培养模式及支撑工程实践的课程体系；以出口为导向，以培养具有创新意识的人才为宗旨，以提高学生工程实践能力和综合工程素质为主线，培养面向生产一线的工程实践能力突出的电子信息类专业人才；坚持“能（创新创业能力）、实（工程能力扎实）、好（综合素质好）”的专业办学特色。开展“五位一体”（将课程、专业、学科、实验室和校外实践基地建设融为一体）综合教学改革。面向辽沈地区电子信息、先进装备制造业的人才需求，建立与工程实际相对应的课程体系；共建电子信息类专业群内各专业交叉的精品课程和实验实训课程，以云平台为基础，共享教学资源、协同教学过程。

(2) 重构工程教育实践教学环节。新工科的工程教育模式强调人才的实践动手能力，因此必须重构工程教育的实践环节，在校内现有工科实验室的基础上，完善多主体协同育人机制，深入推进科教结合、产学融合、校企合作。沈阳大学信息工程学院面向新工科工程人才培养，率先与沈阳浑南现代交通有限公司联合成立城市轨道交通学院，与华为技术有限公司、深圳讯方技术有限公司三方合作共建沈阳大学华为信息与网络技术学院，向产业化学院迈出坚实的一步；建设共享的云计算教学平台，云平台的建设有利于整合学校和合作办学企业的资源，进一步加强校企合作办学，利用这个切入点，达到加快专业改革和转型发展的目标，打造专业特色；坚持开放办学，充分集聚和利用各种社会资源并转化为育人资源投入人才培养，积极创立沈阳大学电子信息类专业与科研院所、行业、企业联合培养人才的新机制。

(3) 加强工程教育师资团队建设。电子信息类专业群突破传统电子信息类专业建设思路，强化对学生的工程教育培养，旨在为新兴产业发展提供信息化高级工程人才。其中，起决定性作用的一个重要因素就是具有工程教育人才培养能力的师资团队。因此，沈阳大学信息工程学院的电子信息类专业群注重加强师资团队建设，组建了包含高校教师、专业技术人员、管理人员，年龄、学历结构合理的教学团队，以产学研合作方式开展教学教研活动，调动教师积极性，鼓励教师参加培训、进修以获得相应的专业资格证书，不断提高教师的整体水平。同时，突破原有教师的专业局限性，打造一支工程实践能力强、具备多学科知识储备的双师型、工程型专任教学队伍。

3. 建设成效

沈阳大学信息工程学院在高等教育转型发展之际，积极深化工程教育改革，推进新工科电子信息类专业群建设与发展，除了与合作企业联合共建沈阳大学城市轨道交通学院、沈阳大学华为信息与网络技术学院外，还建立“企业命名班”校企合作人才培养机制，与中兴软件、天久集团、中软国际、沈阳联通等知名企业共建中兴物联班、天久交通班、中软计算机班、沈阳联通班等，与东软集团、华晨宝马、大唐移动、施耐德电气等知名企业建立校企合作、产学研合作关系，强化学生综合素质、创新创业与实践能力的培养，获批教育部产学合作协同育人项目数十项，共建的沈阳大学—中兴软件技术（沈阳）有限公司基地获批辽宁省大学生校外实践教育基地。学生则获全国大学生“挑战杯”竞赛、全国大学生电子设计竞赛、全国大学生数学建模竞赛、全国大学生程序设计竞赛、全国大学生物联网设计大赛等国家级奖项数十项。

（二）广东工业大学校企协同社会化专业人才培养

1. 腾讯实验班（电子信息工程专业）

随着计算机技术和人工智能技术的发展，为了培养产业需要的高素质应用型、复合型、创新型人才，广东工业大学联合腾讯公司，突破传统路径依赖，充分发挥双方优势，整合优质教育、行业、产业资源，以“产、学、研、创”四位一体为核心要素，结合新工科理念，深化产教融合，完善人才培养机制，探索校企协同的“面向科学前沿、行业产业、区域发展”新型人才培养模式，共同建立腾讯实验班，为广东省信息产业发展提供技术人才资源储备。

（1）培养目标。

面向国家创新驱动发展战略以及粤港澳大湾区对 IT 人才的迫切需求，深化产教融合，共同推动高校人工智能专业从理论走向实践，培养扎实掌握大数据及人工智能的基础理论、基本方法和应用技术，熟悉相关交叉学科领域知识；能够对视觉、语音、文字以及多模态复杂数据进行智能分析处理，运用机器学习工具训练数学模型辅助决策；具备良好科学素养、创新创业意识、系统思维能力与国际视野的高级应用型工程技术人才。

腾讯实验班通过项目实践、企业移动学习、行业信息近距离接轨，着力提升学生专业技术实践能力；通过行业无缝沟通、产业前沿追随、文化无障碍互融，着力拓展学生行业产业视野；通过认证培训中心建设，搭建校企互通产业服务平台，着力促进学生职业发展；通过产品策划、市场运营、需求分析、客户沟通、技术服务等形式，锻炼学生行业实践能力，强化培养学生复合型能力。

（2）培养模式。

腾讯实验班采取“2+2”的“校企融合”创新模式推进工科专业人才培养，学生前2

年在原专业学习，后2年除了参加原专业的必修课学习外，还参加相关校企合作设置的课程。腾讯实验班独立编班，并实行一对一导师制，配备“腾讯云人工智能实验室”；腾讯公司联合学校定制培养方案和课程体系，对全体学生进行“量体裁衣”的个性化培养。腾讯公司在课程、实训、实习等方面深度参与实验班的人才培养，组建由公司资深工程师构成的教学团队，为实验班开设腾讯特色实践课程，指导学生实训、实习。校方负责配备好导师团队、授课教师、辅导员和教学管理人员。

（3）班级组建概况。

2021年6月创设腾讯实验班，首届40名学生分别来自信息工程学院、物理与光电工程学院、计算机学院和自动化学院的8个专业。学生经学校专门选拔，通过竞争进入该班级学习。腾讯教育校企合作部南区运营经理亲自率领腾讯资深工程师分三个小组从专业忠诚度、行业认可度、工作态度和职业价值观四个方面对学生进行一对一面试。

（4）课程设置。

由腾讯资深工程师组成的教学团队联合学校制订专门的人才培养方案、教学计划和教学大纲，为学生开设腾讯特色实践课程。腾讯实验班以企业实际需求为导向，以行业人才诉求为目标，以企业真实技术应用为场景，为学生提供了企业级课程体系、企业级合作项目、企业级培训服务、企业级认证服务和企业联合创新实验平台。腾讯公司选拔了一批知名导师负责指导学生到腾讯集团及其下属企业开展创新创业实践、生产实习及毕业设计。腾讯实验班采用PBL授课方式，让学生更乐于接受、学习效果更好，其课程设置更是具有针对性和现实性。

与此同时，腾讯实验班学生还深度参与腾讯公司的“腾讯云·未来开发者云梯计划”。此计划是针对高校开发者发布的公益计划，面向广大学生开放涵盖云从业者云技术认证、云开发工程师、云运维工程师、云架构工程师等多个课程。

表5-12　腾讯实验班企业课程设置

<table>
<tr><th>课程名称</th><th>学分</th><th>总学分</th><th>学时</th><th>教学方式</th></tr>
<tr><td>机器学习</td><td>2.5</td><td rowspan="3">7.5</td><td rowspan="3">120</td><td rowspan="9">PBL
（授课、实践+讨论）</td></tr>
<tr><td>Python 科学计算基础</td><td>2.5</td></tr>
<tr><td>Python 实训课：腾讯新闻爬取</td><td>2.5</td></tr>
<tr><td>数据分析与挖掘技术</td><td>2.0</td><td rowspan="3">7.0</td><td rowspan="3">112</td></tr>
<tr><td>车辆检测追踪系统开发</td><td>2.5</td></tr>
<tr><td>挖掘与分析实训：基础 QQ 用户标签推荐</td><td>2.5</td></tr>
<tr><td>大数据实时处理技术（Spark）</td><td>2.0</td><td rowspan="3">8.5</td><td rowspan="3">136</td></tr>
<tr><td>ETL 实训：腾讯广告投放效果分析</td><td>2.5</td></tr>
<tr><td>企业实践</td><td>4.0</td></tr>
</table>

（5）培养特色。

腾讯实验班具有校企育人的交叉融合性，课程设置体现了现实需求性、专业发展个性化等特点，学生所学的专业基础知识将会更扎实，专业学习实践将更贴近实战和具有针对性。

①真实项目进入课堂：在培养目标指导下，根据行业、企业规范和技术标准，共同制定专业课程标准；以企业商业案例和开发技术为基础，共同设计实训项目内容；按照企业软件开发流程组织教学。

②真实技能嵌入课程：在教学过程中，专业教师和企业工程师充分发挥各自的长处，进行联合教学。对于理论性较强的部分，由专业教师承担教学；对于实践性较强的部分，由企业工程师承担教学。在整个教学后期实习阶段，让学生真正到企业岗位进行学习锻炼。

③真实技术融入教材：校企双方共同承担实验班的师资培养工作，提高实训指导水平，教师的教学内容来自企业真实案例。教师在消化吸收的基础上，经过转化，提炼出企业所需的真实技术，通过编写教材的方式体现出来。专业教师通过挂职锻炼的方式进入企业，参与企业商业项目开发；师生参与企业项目，为企业提供服务，承接横向课题，实现学生、教师、企业三赢。

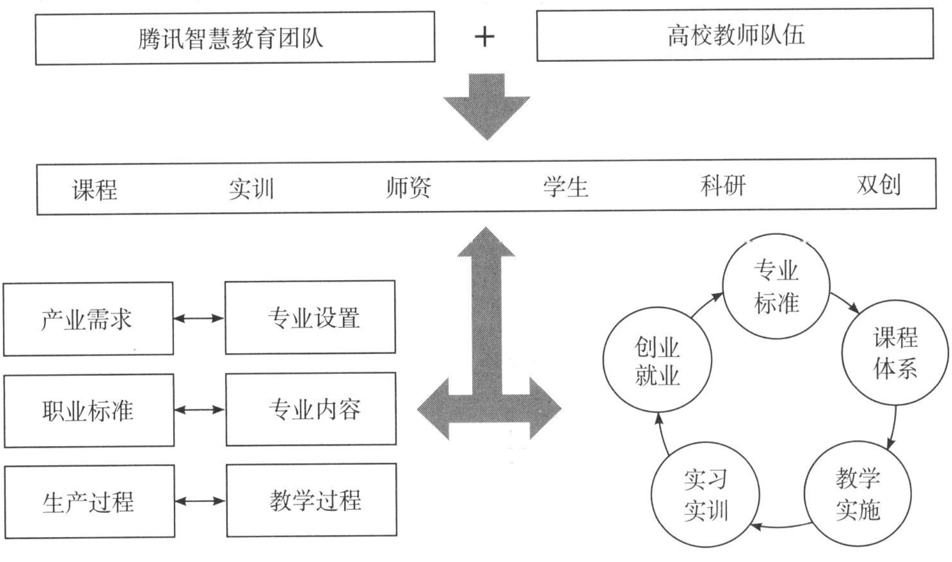

图 5-2　腾讯实验班培养机制与模式构建

2. 新工科建设其他相关项目

（1）集成电路学院（IC 班）。

致力培养具备各种类型集成电路设计技术、集成电路制造与工艺技术、计算机辅助设计与电子设计自动化技术、片上系统和 FPGA 系统设计技术等方面知识，有能力从事集成电路及其各个应用领域相关工作、实践能力强、具有创新精神的高素质应用型专门人才。该项目自 2013 年开始招生，面向信息工程学院、自动化学院、材料与能源学院中与集成电路相关的专业大三学生，每年择优选拔 60 人，已有毕业生 270 余人。经过多年建设，IC 班发展为集成电路学院。该学院于 2020 年入选广东省示范性产业学院，2021 年入选教育部、工业和信息化部首批现代产业学院。

（2）华为智能基座项目（伏羲班、卓越班、人工智能班等）。

以鲲鹏、昇腾等国产自主平台与核心器件为依托，密切对接和深度参与“华为智能基座产教融合协同育人”计划，目标是培养能解决“卡脖子”技术难题的博士、科学家、企业家。伏羲班于 2021 年面向计算机类专业招生，每年在大一第二学期学生中择优选拔 50 人。

（3）粤港机器人联合学院。

借鉴美国欧林工学院模式，采取多学科专业交叉融合、校企联合培养、全程项目驱动教学以及国际联合教学等创新人才培养模式，致力打造机器人界的“黄埔军校”，力争培养一批卓越工程师。该项目自 2015 年开始招生，面向机械类、自动化类、电子信息类、计算机类、数学类、工业设计类等专业大一新生，每年择优选拔 50 ~ 80 人，截至 2022 年已培养毕业生 140 余人。

（4）印制电子电路联合学院。

由广东工业大学与中国印制电路行业协会（CPCA）、广东省印制电路板协会（GPCA）合作设立，采用“教授 + 校外导师 + 学生 + 项目”模式，将有市场前景的创新项目推荐至印制电子电路联合学院，有目标地培养学生的行业技能及创新能力，为 PCB 行业培养从事科学研究，新产品、新工艺和新技术开发以及生产管理所需的复合型、应用研究型高级专业人才。该项目自 2017 年开始招生，面向轻工化工学院、材料与能源学院、机电工程学院、自动化学院、信息工程学院、环境科学与工程学院、物理与光电学院大三学生，每年择优选拔 60 人，截至 2022 年已有 80 余人毕业。

（5）科技金融创新班。

致力培养一批既具备理工科专门知识，又掌握金融理论和实务知识，并具备国际化视野以及适应我国金融市场发展要求的复合型、应用型高级金融人才。广东工业大学与中国建设银行股份有限公司广东省分行合作，择优选拔学生组建科技金融创新班，授予经济学辅修学士学位。该项目自 2016 年开始招生，面向全校理工科类专业，每年从大二学生中择优选拔 50 ~ 60 人，截至 2022 年已有 120 余人毕业。

第六章

基于个体发展需要的电子信息人才职业能力探索

第一节 职业与职业能力

一、关于职业

（一）职业的定义

职业是指参与社会分工，用专业的技能和知识创造物质或精神财富，获取合理报酬，丰富社会物质或精神生活的工作。它是人们在社会中所从事的作为谋生手段的工作，也可以解释为“个人所从事的服务于社会并作为主要生活来源的工作”。从社会角度看，职业是劳动者获得的社会角色，劳动者为社会承担一定的义务和责任，并获得相应的报酬。从国民经济活动所需要的人力资源角度来看，职业是指不同性质、不同内容、不同形式、不同操作的专门劳动岗位。职业是社会分工的产物，在商品经济发达的社会，职业通常指具有一定专长的社会性工作。

职业的外延包括三种含义：一是有工作；二是有收入；三是有时间限度。职业也许会根据环境的变化或个人意愿一次或多次改变，但它是个人为了维持生计、与社会联系和自我实现而产生的连续活动，要求个人能力与职业要求相协调。职业不等同于职位或工作。职业是在同一专业领域中一系列相似的服务。职位是和分配给个人的一系列具体任务直接相关的。职位和参与工作的人相对应，有多少参与工作的个人，就有多少职位。而工作是由一系列相似的职位所组成的一个特定的专业领域。

（二）职业的特征

从职业的相关性来看，它反映了基于社会分工的结构性、基于内在需要的专业性、基于社会创造的价值性以及基于个体社会生活的现实性。就职业自身的特征来说，可以概括为社会性、规范性、功利性、技术性和时代性等方面。

（1）职业的社会性。职业是人类在劳动过程中的分工现象，它体现的是劳动力与劳动资料之间的结合关系，其实也体现出劳动者之间的关系，劳动产品的交换体现的是不同职业之间的劳动交换关系。这种劳动过程中结成的人与人的关系无疑是社会性的，劳动交换反映了不同职业之间的等价关系，也反映了职业活动和职业劳动成果的社会属性。

（2）职业的规范性。不同的职业都有一定的操作规范性，这是保证职业活动专业性的要求。不同职业在对外展现其服务时，存在一个伦理范畴的规范性，即职业道德。职业的操作规范性和伦理规范性构成了职业规范的内涵与外延，包含两层含义：一是指职业内部操作要求的规范性，二是指职业道德的规范性。

（3）职业的功利性。职业的功利性也叫职业的经济性，是指职业作为人们赖以谋生的手段所具有的逐利性一面。职业活动既满足职业者自己的需要，同时也满足社会的需要，只有把职业的个人功利性与社会功利性结合起来，职业活动才具有生命力和意义。

（4）职业的技术性和时代性。任何职业都会受到该时代社会生产方式发展水平的制约。职业由于科学技术和人们生活方式、习惯等因素的变化而被打上时代的烙印。同时，不同的职业有不同的技术要求，每一种职业往往都表现出相应的专业技术要求。

此外，随着社会的发展，社会分工越来越细，职业种类也在不断更新，职业之间的差别也越来越大，体现出职业的多样性。职业的要求也由个体受教育的层次或经培训达到的能力水平决定，体现出职业的层次性。职业还常常表现为一定时间里的固定工作，个人不会轻易离职或者被解雇，体现出职业的稳定性。职业也体现于一定的从业人数，具有群体性特征。

（三）职业的分类

社会分工是职业分类的依据。在分工体系的每一个环节上，劳动对象、劳动工具以及劳动的支出形式都各有特殊性，这种特殊性决定了各种职业之间的区别。世界各国国情不同，划分职业的标准也有所区别。

1. 西方国家职业分类

根据西方国家一些学者提出的理论，在国外一般将职业分为三种类型：

（1）按脑力劳动和体力劳动的性质、层次进行分类。这种分类方法把工作人员划分为白领工作人员和蓝领工作人员两大类。白领工作人员包括：从事专业性和技术性工作的人员，农场以外的经理和行政管理人员、销售人员、办公室人员。蓝领工作人员包括：手工艺及类似的工人、非运输性的技工、运输装置机工人、农场以外的工人、服务性行业工人。这种分类方法明显地表现出职业的等级性。

（2）按心理的个别差异进行分类。这种分类方法是根据美国著名的职业指导专家约翰·霍兰德（John Holland）创立的“人格—职业”类型匹配理论，把人格类型划分为六种，即现实型、研究型、艺术型、社会型、企业型和常规型。与其相对应的是六种职业类型。

（3）依据各个职业的主要职责或“从事的工作”进行分类。这种分类方法较为普遍，以两个代表为例。其一是国际标准职业分类。国际标准职业分类把职业由粗至细分为四个层次，即 8 个大类、83 个小类、284 个细类、1 506 个职业项目，总共列出 1 881 个职业。其中 8 个大类是：①专家、技术人员及有关工作者；②政府官员和企业经理；③事务工作者和有关工作者；④销售工作者；⑤服务工作者；⑥农业、牧业、林业工作者及渔民、猎人；⑦生产和有关工作者、运输设备操作者和劳动者；⑧不能按职业分类的劳动者。其二是加拿大《职业岗位分类词典》的分类。它把分属于国民经济中主要行业的职业划分为

23 个主类，主类下分 81 个子类、489 个细类、7 200 多个职业。此种分类对每种职业都有定义，逐一说明了各种职业的内容及从业人员在普通教育程度、职业培训、能力倾向、兴趣、性格以及体质等方面的要求，有较大的参考价值。

2. 中国职业分类

参照国际标准和方法，1986 年，我国国家统计局和国家标准局首次颁布了中华人民共和国国家标准《职业分类与代码》（GB 6565—86），并启动了编制国家统一职业分类标准的宏大工程。这次颁布的《职业分类与代码》将全国职业分为 8 个大类、63 个中类、303 个小类。1992 年，原国家劳动部会同国务院各行业部委组织编制了《中华人民共和国工种分类目录》，这个目录根据管理工作的需要，按照生产劳动的性质和工艺技术的特点，将当时我国近万个工种归并为分属 46 个大类的 4 700 多个工种，初步建立起行业齐全、层次分明、内容比较完整、结构比较合理的工种分类体系，为进一步做好职业分类工作奠定了坚实基础。

根据社会经济发展的需要，1995 年 2 月，劳动和社会保障部、国家统计局和国家质量技术监督局联合中央各部委共同成立了国家职业分类大典和职业资格工作委员会，组织社会各界上千名专家，经过四年的艰苦努力，于 1998 年 12 月编制完成了《中华人民共和国职业分类大典》，并于 1999 年 5 月正式颁布实施。

《中华人民共和国职业分类大典》是我国第一部对职业进行科学分类的权威性文献。由于它的编制与国家标准《职业分类与代码》（GB 6565—86）的修订同步进行，相互完全兼容，因此，它本身也就代表了国家标准。《中华人民共和国职业分类大典》的重要贡献在于，它在广泛借鉴国际先进经验［特别是《国际标准职业分类》（ISCO－88）］和深入分析我国社会职业构成的基础上，突破了过去以行业管理机构为主体，以归口部门、单位甚至用工形式来划分职业的传统模式，采用了以从业人员工作性质的同一性作为职业划分标准的新原则，并对各个职业的定义、工作活动的内容和形式，以及工作活动的范围等作了具体描述，体现了职业活动本身固有的社会性、目的性、规范性、稳定性和群体性的特征。2022 年修订的《中华人民共和国职业分类大典》把我国职业划分为 8 个大类、79 个中类、449 个小类、1 636 个细类（职业）、2 967 个工种。其中 8 个大类分别是：①党的机关、国家机关、群众团体和社会组织、企事业单位负责人；②专业技术人员；③办事人员和有关人员；④社会生产服务和生活服务人员；⑤农、林、牧、渔业生产及辅助人员；⑥生产制造及有关人员；⑦军队人员；⑧不便分类的其他从业人员。[①]

---

① 关于对《中华人民共和国职业分类大典（2022 年版）》（公示稿）进行公示的公告［EB/OL］. http://www.mohrss.gov.cn/xxgk2020/fdzdgknr/jcgk/zqyj/202207/t20220712_457477.html.

二、职业能力与职业能力倾向

（一）职业能力

《中国考试大辞典》中对“职业能力”的解释是指从事某一种职业所需要的能力，包括一定的技术水平、社会交往能力、表达能力、综合协调能力、解决实际问题的能力等。有人认为职业能力即具备良好的职业道德和过硬的职业技能，能掌握先进的技术和新知识，能独立操作设备，能分析和解决实际问题，并具备一定的创业意识。还有人认为职业能力是指一个人从事职业活动的多种能力，包括政治素质、业务素质、企业管理、策划创新、灵活应变、市场营销、社会竞争等。① 也有人指出，个人的职业能力是由专业能力、社会能力、方法能力等要素组成的综合能力。② 美国学者盖力（Lame Gale）和波尔（Gaston Pol）于1975年在《能力：定义与理论框架》一书中提出“职业能力”的概念：胜任一定职位和工作角色所必需的知识、技能、判断力、态度和价值观的综合能力。

可以看出，职业能力是人们从事其职业的多种能力的综合。职业能力可以定义为个体将所学的知识、技能和态度在特定的职业活动或情境中进行类化迁移与整合所形成的能完成一定职业任务的能力。职业能力主要包含三方面基本要素：一是为了胜任一种具体职业而必须具备的能力，表现为任职资格；二是在步入职场之后表现的职业素质；三是开始职业生涯之后具备的职业生涯管理能力。例如，一位教师只具有语言表达能力是不够的，还必须具有对教学的组织和管理能力，对教材的理解和使用能力，对教学问题和教学效果的分析、判断能力等，并且能够对学生进行有效积极的教育。这才是教师的职业能力。由于职业能力是多种能力的综合，因此我们可以把职业能力分为一般职业能力、专业能力和职业综合能力。

一般职业能力主要是指一般的学习能力、文字和语言运用能力、数学运用能力、空间判断能力、形体知觉能力、颜色分辨能力、手的灵巧度、手眼协调能力等。此外，任何职业岗位的工作都需要与人打交道，因此，人际交往能力、团队协作能力、对环境的适应能力，以及遇到挫折时良好的心理承受能力，都是我们在职业活动中不可缺少的能力。

专业能力主要是指从事某一职业的专业能力，是通过学习某个专业的专业知识、技能、行为方式和态度而获得的。在求职过程中，招聘单位最关注的就是求职者是否具备胜任岗位工作的专业能力。例如，你去应聘教学工作岗位，对方最看重你是否具备最基本的教学能力。专业能力在前面的章节已有具体的阐述，在此不再详细论述。

职业综合能力是国际上普遍注重培养的“关键能力”，主要包括跨职业的专业能力、

---

① 龚小凤．后扩招时代高职院校学生综合职业能力培养研究［D］．上海：华东理工大学，2013：4.

② 姜大源．职业教育学研究新论［M］．北京：教育科学出版社，2007：58.

方法能力、社会能力和个人能力四个方面。跨职业的专业能力体现于三个方面：一是运用数学和测量方法的能力；二是计算机应用能力；三是运用外语解决技术问题和进行交流的能力。方法能力包括三个方面：一是信息收集和筛选能力；二是制订工作计划、独立决策和实施的能力；三是具备准确的自我评价能力和接受他人评价的承受力，并能够从成败经历中有效地吸取经验教训。社会能力主要是指一个人的团队协作能力、人际交往和沟通能力。在工作中能够协同他人共同完成工作，对他人公正宽容，具有准确裁定事物的判断力和自律能力等，是胜任岗位和在工作中开拓进取的重要条件。个人能力包括想象力、记忆力、观察能力、联想能力、组织能力、沟通能力、领导能力、创新能力、学习能力、号召能力、适应能力等个人特质，同时还包括社会责任心、诚信等个人品质，以及爱岗敬业、工作负责、注重细节等职业人格等。

与性格、兴趣不同，人的能力是可以主观改造的。能力的大小与受教育程度和个人的主观努力状况有直接的关系，尤其是与所接受的专业和职业教育有关。大学生在进行专业学习的同时，就构建了专业领域的系统知识结构，在此基础上，还可以发展出相适应的专业技能，这种专业能力就是毕业生择业的重要砝码。

当一个人的能力和工作要求相匹配时，就容易发挥自己的潜能，并且获得一种满足感。相反，当一个人去做自己力所不及的工作时，就会感到焦虑，甚至产生挫败感。当个人能力超出工作要求太多时，又容易感到工作缺乏挑战，比较乏味。因此，每个人在选择职业时，需要寻求个人能力与职业技能要求的适配。一个人职业能力的强弱，直接影响自己的发展空间和前景，所以想要有好的发展，自己要努力地提高职业能力，这是非常重要的。

（二）职业能力倾向①

能力倾向，又叫性向（Aptitude），是指经过适当训练或被置于适当的环境下完成某项任务的可能性。也就是说，能力倾向是指一个人能学会做什么，以及一个人获得新的知识和技能的潜力如何，而不是当时就已具备的现实条件。职业能力倾向是指经过适当学习、训练后或被置于一定条件下时，能完成某种职业活动的可能性或潜力。我们也可以从“天赋”“天资”来理解能力倾向。比如，在中国14 亿人中，虽然不是每个人都能像刘翔一样跑得那么快，但一定有一些人具备像刘翔那么好的节奏感和身体的协调能力，只是他们从来没有机会去发展这方面的潜能。

1. 职业能力倾向的特性

（1）职业能力倾向具有相对广泛性。智力的高低几乎影响人一切活动的效率，但这是一种间接的影响。职业能力倾向影响着一个人在某一职业领域中多种活动的效率，而专业

---

① 能力倾向 - 360 百科［EB/OL］. https://baike.so.com/doc/6060635 - 6273689.html.

知识技能则仅仅影响某一有限或具体的活动。

（2）职业能力倾向具有相对稳定性。职业能力倾向不像人的智力水平一样很难改变，又不同于具体的专业知识技能容易通过强化训练而在短期内提高或由于遗忘而丧失。

（3）职业能力倾向是一种潜能。职业能力倾向表现为成功的可能性，而不是已有的水平。若一个人的空间想象力强，我们可以预期他在许多与空间关系密切的活动领域中有取得成功的可能，但这仅是可能而已，这个人也许并没有机会发挥他的优势。

2. 职业能力倾向分项

教育心理学对能力倾向简称“能倾”，是指在先前学习的基础上所形成的各种稳定的特质因素，如能力、认知类型、性格、动机等。能力倾向是学习准备的一部分，一般划分为十个分项。

（1）书面理解与表达：很强的使用文字进行理解、判断、获取有效信息和依据书面材料得出结论的能力；擅长文字表达，文笔很好，能从多角度叙述事情、描述事物。

（2）口头言语：说话发音吐字清晰，言简意赅，能够准确表达自己的思想，与他人交流流畅。善于把握他人谈话的要点，能够准确理解他人言语的含义。

（3）思维流畅和原创性：在遇到问题时能流畅地产生多种方案，创造性地解决问题；擅于提出不寻常的新颖观点；思维具有创新性、发散性、灵活性，分析问题快速、巧妙、准确。

（4）问题敏感性：能够早于他人意识到有问题存在或有问题即将发生，能够感知事物的变化并作出判断。

（5）逻辑思维能力：对事物进行抽象、概括的逻辑分析能力强；思维严谨、缜密，能够迅速而准确地由已知的前提推导出未知的结论；能应用一般性规律解决具体问题；能整合个别信息，发现它们的联系并归纳出一般性结论。

（6）工作条理性：重视规则和秩序；能够将大量的、凌乱的信息、事件、行为按规则有序排列、分类。将工作事务按照紧迫性、重要性区分优先级，有计划、有步骤地安排进程，使工作有条不紊。

（7）数学能力：对于数学概念、定理、规律等非常熟悉，定量分析能力和计算能力很强，能够灵活地应用数学方法分析和解决问题。

（8）人际沟通和知觉：善于了解他人和觉察他人的情绪变化，愿意倾听和响应他人；对人与人之间的关系变化敏感；能够灵活处理各种人际问题；擅长快速建立并保持良好的人际关系。

（9）空间想象：能在头脑中形成物体的图像，理解图片、图纸等平面图形如何代表现实物体；能够想象出物体发生旋转或重组后的样子。

（10）注意力的集中和分配：做事专注，能集中精力持久地关注某个事物，必要时能同时注意多个对象，并在这些不同对象中灵活转换、分配注意力。

这十种能力倾向对每一个职业的重要性不同。图 6－1 为互联网软件开发工程师的职业能力倾向要素模型，每一种能力倾向对职业的重要性程度分别为“5：非常重要，4：比较重要，3：一般，2：不太重要，1：很不重要”。

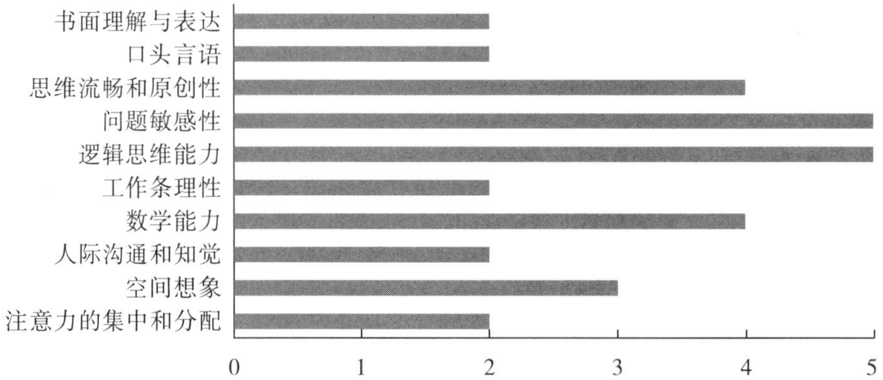

图 6－1　互联网软件开发工程师的职业能力倾向要素模型

（三）职业能力倾向测试

职业能力倾向测试指的是通过某些测试来预测某人的职业定位以及适合的职业类型。职业能力倾向测试是一种心理测试，其目的在于发现和发挥一个人的潜在才能，预测个体在将来的学习和工作中可能达到的成功程度，帮助参测者选择适合自己的职业，根据自己的性格、能力来确定自己的职业生涯发展规划，以达到企业和个人的利益最大化。

现代职业能力倾向测试的真正兴起始于西方工业革命时期，心理测验从早期的心理缺陷诊断，演变为心理评价，从教育领域拓展到社会管理的其他领域，为升学、就业、人才选拔、晋升、培训等提供指导和服务，在西方已成为一项重要产业。特别是二十世纪五六十年代以来，职业能力倾向测试的思想和方法日新月异，开发了名目繁多、内容丰富的测评技术，包括智力测验、能力测验、性向测验、成就测验、情景模拟等。这些技术客观科学，得到了广泛运用。在西方，无论是政府机关选拔公务员，还是公司录用新员工，抑或个人进行职业生涯设计，均要实施严格的测评。

1. 职业定位

职业测试最主要的目标是考量个人的职业定位。职业定位是自我定位和社会定位的统一，只有在了解自己和职业的基础上才能够给自己作准确定位。每个群体都需要定位，其目的是保证自己持续发展，但是各个群体定位的重点不同，应明确自己有什么，不可过高或者过低评价自己。有的过于看重自己的文凭或者成绩，有的过于低估自己身上的潜质，这些都是不恰当的职业定位表现。我们既需要认真地分析自己，又需要多了解社会需求，以求定位准确。在大多数情况下，正确的思路是：做你应该做的事，而不是只做你喜欢做的事。这就需要全面检视个人的以下特质：①欲望：在此人生阶段，你究竟要什么？②能力：你擅长什么？具有哪些一般技术以及特别技术？③性格特质（气质、性质）：你是什么类型的人？在何种情况下有最佳表现？④资产：你拥有哪些有形和无形资产？你有什么比别人占优势的地方？

2. 测试种类

职业能力倾向测试是选贤任能的一种科学方法和手段，它综合利用心理学、行为学、管理学、测量学、计算机技术等多种学科和技术，通过严密的测评过程和客观的评分标准，对人的知识水平、能力结构、个性特点、职业倾向、发展潜能等素质进行综合测评，为企事业单位招聘、选拔、培养各类人才提供参考依据，同时也为个人的发展提供咨询。世界各地已经广泛地将其应用于人力资源开发，其在国内亦得到蓬勃发展。为了辅助职业能力倾向测试，一般都通过电脑系统来进行测试，参评者只需要按照电脑的要求做题即可。国家人才在线“职业能力测评系统”主要包括：情商测评、事业心测评、沟通交流能力测评、处理问题能力测评、领导能力测评、创业潜力测评、成功倾向测评、职业选择测评、工作压力测评、工作态度测评、职业满意度测评、人际关系测评等。

3. 测试内容

目前有很多用人单位在招聘时都会使用《职业能力倾向测验》对应聘者的知识水平、能力结构、个性特点、职业倾向、发展潜能等素质进行综合测评。不同的职业类型和岗位需求有不同类型的测试工具（试题）。如《职业能力倾向测验（C 类）》是针对事业单位自然科学类专业技术岗位公开招聘工作人员而设置的考试科目，主要测查与事业单位自然科学类专业技术岗位密切相关的、适合通过客观化纸笔测验方式进行考查的基本素质和能力要素，包括常识判断、言语理解与表达、判断推理、综合分析等部分。其中具体内容结构有五大部分：①数量关系测验。这一部分主要考查应试者对数量关系的理解与计算能力，从数字推理和数学运算两个角度测查。②言语理解与表达。这一部分主要考查应试者对现代汉语的理解与表达能力。包括词语替换、选词填空、语句表达和阅读理解四种题型。③判断推理。这一部分测验应试者的逻辑推理判断能力。包括事件排序、图形推理、演绎推理和定义判断四种题型。④常识判断。这一部分测验应试者的知识面并考查应试者对常见现象或事物产生的原因、引起的后果等进行分析、归纳、推理的能力。常识判断试题取材范围广泛，要求对原因或结果进行分析，因此应试者平时的知识积累对完成这部分试题十分重要。⑤资料分析。这一部分测验应试者对各种资料（主要是统计资料，包括图表和文字资料）进行准确理解、转换与综合分析的能力。要求应试者在阅读理解图表和文字资料的基础上，通过直接观察、指标换算、分析、比较或综合判断等过程，得出符合资料实际情况的结论。

三、职业能力提升

（一）职业能力提升的理念问题

提升能力的根本就是结合自己的职业目标有针对性地提升有利于自己职业发展的相关能力。因此，有两个方面值得我们深入考虑：一方面，针对自己职业需要的能力或是能力不足的方面加强训练和学习，以形成合理的知识能力结构；另一方面，将自己突出的能力或者主要特长发挥至极致，不断强化学习和训练，进而形成自己的明显优势。想提升个人的职业能力，我们首先要弄清楚四个问题：我最突出的能力有哪些？对于目标职业最急需的能力是什么？对比目标职业及工作急需的能力我最欠缺的能力是什么？我应该如何提升这些欠缺的能力？我们列一个表单，逐一回答上述问题，这样对于自己所欠缺的能力以及今后努力的方向就一目了然了。因此，我们接下来要做的就是制订具体的行动计划，有针对性地提升个人能力了。

（二）职业能力提升行动计划

1. 从知识结构上合理优化

一个工作岗位或职业需要的知识，大体上有三种类型：专业知识、管理知识、相关知识。只有建立和完善科学合理的知识结构，才能有效地支撑和提升自己的职业能力。

第一类是传统的知识结构，即仅有某一专业知识的结构。这是单一的知识结构，或称线性结构。这种知识结构已远远不能适应现今形势对人才的要求。

第二类是“T”型知识结构，或称纵横结构。这里的“纵”，表示某一专业知识方面的深度；这里的“横”，表示与某一领域相关的知识面的跨度或广度。“T”型知识结构也可以称为通才的静态结构。一个现代人才的知识结构如果缺乏时间标量，没有反映知识更新率的指数，仍然是不完整的。

第三类是具有时间概念的“T”型知识结构，或称通才的动态结构。这类知识结构的主要测定指标有三个：深度、广度和时间度。只有这样的知识结构才是现代人才理想的知识结构。

2. 结合职业工作需要“补短板”

一般情况下，我们需要优化自己的知识结构，全面提升自己的综合素质和能力。但我们有时也不主张“补短板”，而是主张发挥自己的长处，通过强化学习使长处更长。但如果你眼前的工作职位确实需要这种能力，那就必须补上这块缺少的“短板”。比如，沟通能力是管理者最基本的素质要求，如果你想要在管理岗位上有所发展，又在这一能力上有“短板”，就必须补上这一课，否则就不称职，难以有更好的发展。假如你的性格和习惯无法改变，确实补不上这一课，就应该考虑转换职业道路，比如走技术发展道路。

3. 从行动上约束自己

知识的掌握和积累必须转化为行动，否则知识再多也只是纸上谈兵。所以，我们在学习的同时，一定要注意把学到的知识、方法和工具运用到自己的管理实践中去。比如，你学习了时间管理、目标管理、沟通管理方面的知识和方法，那就要有意识地给自己制订一个关于如何落实的行动计划，检查自己的执行情况，改进自己存在的不足。

（三）电子信息人才职业能力提升

1. 基于企业行业发展需要视角的电子信息人才职业选择与能力

截至 2019 年底，我国有行业 920 多个，职业接近 1 800 个。那么，与电子信息类专业相近的行业有多少个？信息传输、计算机服务和软件业大类中包含了 14 个行业，科学研究、技术服务和地质勘察业大类中包含了 23 个行业，这两个大类中的信息传输、计算机服务、软件业、科学研究、技术服务等都与电子信息类专业密切相关。当然，电子信息类人才可以进入采矿业、金融业、制造业、建筑业等 20 多个大类行业工作，所以，从这个意义上来说，电子信息类人才可以从事哪些行业的工作是一个假命题，在科技高度发展的时代，任何行业都少不了电子信息技术岗位，都可以容纳一定数量的电子信息类人才。当然，对于这个专业的毕业生来说，专门的电子信息类企业，如华为、中兴、移动、联通及电信等超大型企业是其理想的归宿。

对于电子信息类专业的本科毕业生来说，如果专业对口的话，主要就业于通信设备制造业，其次是半导体和其他电子元件制造业、电信经销业与信息传输、软件和信息技术服务业。当然，如果不追求专业对口，那么所有的其他行业均可以进入，热门行业如金融业、教育业等也是毕业生们比较热衷选择的行业。

21 世纪，IT 行业成为新兴产业的中流砥柱，在新工科背景下，电子信息类专业就业前景广阔，人才需求量大，国内迫切需要大批具有自主设计能力的创新型应用型人才来推动我国 IT 产业的发展。软件方面，一方面是对嵌入式编程工程师的需求，很多大型企业自动化生产器械以及常用电器都离不开嵌入式编程，要求掌握单片机编程以及 CPLD 硬件编程等技能。另一方面，由于“互联网 +”的飞速发展，软件编程人才在行业的需求愈发旺盛，一般体现在 C + + 、JAVA、数据库等技术的应用。硬件方面，主要的需求体现在掌握较高端的硬件设计和开发技术的人才，例如电子系统设计、嵌入式系统设计等。此外，电子信息工程专业与智能装备、智能工厂等智能制造行业紧密相关，正在引领生活方式和生产方式的变革。产业的转型升级与新业态的产生，以及产业发展模式的改变，对人才的知识储备提出新的挑战，需要其兼顾扎实的专业技术和复合型知识背景。产业分工进一步科学细化，形成新的生产方式、产业形态、商业模式，这大大增加了行业对具有多学科交叉性、多样性、专业性、创造力人才的需求。

2. 基于人才培养产出视角的电子信息人才职业能力提升

从教育产出视角来看，高校人才培养目标是基于社会发展需求与人才需求而制定的。

结合我国工程教育认证的标准要求，按照 OBE（成果导向教育，Outcome Based Education）理念，电子信息工程专业的人才培养方案涵盖知识、能力和素质方面，以适应和满足社会发展对人才的需求，具体内容见表6－1。在校学生应结合人才培养方案加强自己的专业能力训练，并在此基础上强化实践能力提升和个人素质培养，有针对性地提升个人职业能力。

表6－1 OBE导向的电子信息工程专业人才培养方案①

一级标准	二级标准	三级标准
知识	自然科学知识	掌握数学、物理等相关知识
	人文社科知识	了解电子信息工程相关的发展简史和人文简史
	信息技术知识	能运用本专业相关的计算机技术、网络技术、编程技术、软件仿真技术解决工程问题
	专业知识	掌握专业基础知识、实践知识和工程知识
能力	终身学习	能正确认识终身学习的重要性，具有自主学习和终身学习的意识，有不断学习和适应发展的能力
	工程实践能力	能运用专业知识及现代技术工具完成工程实践
	综合运用	具有开阔的视野，能综合交叉运用知识解决问题
	问题分析	能综合运用数学、艺术、工程等思维方式分析和解决工程实际问题
	团队协作	能与团队成员进行有效沟通和交流，通过工作分工实现团队的共同目标
	语言沟通	掌握英语，能运用语言清晰、明确地与人有效沟通，合理表达意见
	创新思维	能从多角度、多层次、多结构去思考问题，面对困难能提出新的有效解决方案；质疑常规、推动创新，直到问题解决
素质	家国情怀	具有坚定的爱国情怀、政治信仰，遵守社会公德，具有高度的社会责任感
	职业道德	诚实守信，具备良好的职业道德、优良的工程素质和高度的社会责任感
	生态意识	掌握生态基本知识，在解决专业问题时能考虑生态要求，积极保护生态环境

① 刘悦婷. 基于OBE理念的电子信息工程专业人才培养模式研究［J］. 兰州文理学院学报（自然科学版），2022，36（1）：116－120.

第二节 职业兴趣与职业探索

一、关于职业兴趣

（一）职业兴趣的定义

职业兴趣是兴趣在职业方面的表现，指人们对某种职业活动具有比较稳定而持久的心理倾向，对某种职业给予优先注意，并向往之。职业兴趣是影响个人职业发展的重要因素，对个人职业兴趣的探讨和分析是个人做好职业生涯规划的重要基础。兴趣是一种无形的动力，每个人都会对他感兴趣的事物给予优先注意和进行积极的探索，并表现出心驰神往。因此，职业兴趣表现为有从事相关工作的愿望和兴趣，直接影响一个人对待工作的态度，以及个人对工作的适应能力。拥有职业兴趣将增加个人的工作满意度、职业稳定性和职业成就感。

兴趣的发展一般经历“有趣—乐趣—志趣”三阶段。对于职业活动，往往从有趣的选择出发，逐渐产生工作乐趣，进而与奋斗目标和工作志向相结合，发展成为志趣，表现出方向性和意志性的特点，使人坚定地追求某种职业，并为之尽心尽力。

（二）职业兴趣的影响因素

兴趣是建立在需要基础上，带有积极情绪色彩的认知和活动倾向，是个人对其环境中的人、事、物所产生的喜爱程度，是个人力求认识、掌握某事物，并经常参与该种活动的心理倾向。当个人对某事物有兴趣时，会对它产生特别的注意力，对该事物感知敏锐、记忆牢固、思维活跃、情感浓厚、意志坚定。兴趣是人们活动的重要动力之一，是活动成功的重要条件。职业兴趣是一个人探究某种职业或从事某种职业活动所表现出来的特殊个性倾向，它使个人对某种职业给予优先注意，并具有向往的情感。由于兴趣爱好不同，人的职业兴趣也有很大的差异。与此同时，职业兴趣是以一定的素质为前提，在实践过程中逐渐产生和发展起来的。它的形成与个人的个性、能力、实践活动、客观环境和所处的历史条件有着密切的关系。因此，对职业兴趣的探讨不能孤立进行，应当结合个人的、家庭的、社会的因素来考虑。了解这些因素，有利于深入认识自己，从而更好地进行职业规划。

（1）个人需要和个性。不管人的兴趣是什么，都是以需要为前提和基础的，人需要什么就会对什么产生兴趣。由于人的需要包括生理需要和社会需要（或物质需要和精神需要），因此人的兴趣也同样表现在这些方面。人的生理需要或物质需要一般来说是暂时的，容易满足，例如，人对某一种食物、衣服感兴趣，吃饱了、穿上了也就满足了；而人的社会需要或精神需要却是持久的、稳定的、不断增长的，例如，人际交往、对文学和艺术的兴趣、对社会生活的参与则是长期的、终生的，并且不断追求的。兴趣是在需要的基础上产生的，也是在需要的基础上发展的。有的人兴趣和爱好的品位比较高，有的人兴趣和爱好的品位比较低，兴趣和爱好品位的高低会受一个人的个性特征优劣所影响。例如，一个人的个性品质高雅，会对公益活动感兴趣，乐于助人，对高雅的音乐、美术有兴趣；反之，一个人的个性品质庸俗，会对占小便宜感兴趣，对庸俗的文艺作品有兴趣。

（2）个人认识和情感。兴趣不足是与个人的认识和情感密切联系的。如果一个人对某项事物没有认识，就不会产生情感，也就不会对它产生兴趣。同样，如果一个人缺乏某种职业知识，或者根本不了解这种职业，那么他就不可能对这种职业感兴趣，在作职业规划时也就想不到。相反，认识越深刻，情感越丰富，兴趣也就越浓厚。例如，有的人对集邮很入迷，认为集邮既有收藏价值，又有观赏价值，既能丰富知识，又能陶冶情操，而且收藏得越多，他就越投入，越有兴趣，于是就会发展成为一种爱好，并有可能成为他的职业。

（3）家庭环境。家庭作为最基本的社会单元，对每个人的心理发展都会产生重要的影响，因此个人职业心理发展具有很强的社会化特征，家庭环境的熏陶对其职业兴趣的形成具有十分明显的导向作用。大多数人从幼年起就在家庭的环境中感受其父母的职业活动，随着年龄的增长，逐步形成自己对职业价值的认识，使得个人在选择职业时，不可避免地带有家庭教育的印迹。家庭因素对职业取向的影响，主要体现在择业趋同性与协商性等方面。一般情况下，个人对于家庭成员特别是长辈的职业比较熟悉，在职业规划和职业选择上有趋同性，同时，受家庭群体职业活动的影响，个人的职业生涯决策或多或少建立于家庭成员共同协商的基础上。兴趣有时也受遗传的影响，父母的兴趣也会对孩子有直接的影响。

（4）受教育程度。个人接受教育的程度是影响其职业兴趣的重要因素。任何一种社会职业从客观上对从业人员都有知识与技能等方面的要求，而个人的知识与技能水平的高低在很大程度上取决于其受教育程度。一般意义上，个人学历层次越高，接受职业培训范围越广，其职业兴趣及职业取向领域就越宽。

（5）社会因素。一方面，社会舆论对个人职业兴趣的影响主要体现在政府政策导向、传统文化、社会时尚等方面。政府就业政策的宣传是主导的影响因素，传统的就业观念和就业模式也往往制约个人的职业选择，而受社会时尚引领的职业则始终是个人特别是青年人追求的目标。如当前互联网、电子信息、集成电路等都得到较大发展，对这些方面相关职业有兴趣的人也增加得很快。另一方面，兴趣和爱好是受社会性制约的，不同环境、不同职业、不同文化层次的人，兴趣和爱好都不一样。

（6）职业需求。职业需求是一定时期内用人单位可提供的不同职业岗位对从业人员的总需求量，它是影响个人职业兴趣的客观因素。职业需求越多、类别越广，个人选择职业的余地就越大。职业需求对个人的职业兴趣具有一定的导向性，在一定条件下，它可强化个人的职业选择，或抑制个人不切实际的职业取向，也可引导个人产生新的职业取向。

（7）年龄与时代。年龄的变化和时代的变化也会对人的兴趣产生直接影响。就年龄来说，少儿时期往往对图画、歌舞感兴趣，青年时期往往对文学、艺术感兴趣，成年时期往往对某种职业感兴趣。它反映了一个人兴趣的中心随着年龄的增长、知识的积累在转移。就时代来讲，不同的时代有着不同的物质和文化条件，也会对人兴趣的变化产生很大的影响。

（三）霍兰德职业兴趣理论

美国约翰·霍普金斯大学心理学教授、著名的职业指导专家约翰·霍兰德于 1959 年提出了具有广泛社会影响的职业兴趣理论。他认为人的人格类型、兴趣与职业密切相关，兴趣是人们活动的巨大动力，人们会积极、愉快地从事自己感兴趣的职业，且职业兴趣与人格之间存在很高的相关性。他的研究提供了与个人兴趣相近而内容互有关联的一类职业，为个体职业选择提供参考，而不是仅仅贸然建议个人选择一种具体的职业。霍兰德的理念是：人的内在本质必须在职业生涯的领域中得以充分扩展，期待个人能在适当的职业舞台上充分地展现自我，不仅能安身，更能立命。他的理论旨在帮助当事人从迷惑中找到“人之所是”的安身立命之所。职业兴趣是职业选择中最重要的因素，也是一种强大的精神力量。霍兰德的职业兴趣理论主要从兴趣的角度出发来探索职业指导的问题。他明确提出了职业兴趣的人格观，使人们对职业兴趣的认识有了质的变化。霍兰德以职业兴趣理论为基础，先后编制了职业偏好量表（Vocational Preference Inventory）和自我导向搜寻表（Self-directed Search）两种职业兴趣量表，作为职业兴趣的测查工具。霍兰德力求为每种职业兴趣找出两种相匹配的职业能力。职业兴趣测验可以帮助个体明确自己的主观性向。兴趣测试和能力测试的结合在职业指导和职业咨询的实际操作中起到了促进作用。霍兰德提供了一个重要的职业生涯辅导理念，就是要“把个人特质和适合这种特质的工作联合起来”，他认为人格可分为社会型、企业型、常规型、现实型、研究型和艺术型六种类型。

1. **社会型**（S）

共同特点：喜欢与人交往、不断结交新的朋友、善言谈、愿意教导别人。关心社会问题，渴望发挥自己的社会作用。寻求广泛的人际关系，比较看重社会义务和社会道德。

典型职业：要求与人打交道，能够不断结交新的朋友，提供信息、启迪、帮助、培训、开发或治疗等事务的职业。如教育工作者（教师、教育行政人员）、社会工作者（咨询人员、公关人员）。

2. **企业型**（E）

共同特点：追求权力、权威和物质财富，具有领导才能。喜欢竞争，敢冒风险，有野心、抱负。为人务实，习惯以利益、权力、地位、金钱等来衡量做事的价值，做事有较强的目的性。

典型职业：要求具备经营、管理、劝服、监督和领导才能，以实现机构、政治、社会及经济目标的职业。如项目经理、销售人员、营销管理人员、政府官员、企业领导、法官、律师。

3. **常规型**（C）

共同特点：尊重权威和规章制度，喜欢按计划办事，细心、有条理，习惯接受他人的指挥和领导，自己不谋求领导职务。喜欢关注实际和细节情况，通常较为谨慎和保守，缺乏创造性，不喜欢冒险和竞争，富有自我牺牲精神。

典型职业：要求注意细节、精确度，有系统、有条理，懂记录、归档，根据特定要求或程序组织数据和文字信息的职业。如秘书、办公室人员、记事员、会计、行政助理、图书馆管理员、出纳员、打字员、投资分析员。

4. **现实型**（R）

共同特点：愿意使用工具从事操作性工作，动手能力强，做事手脚灵活、动作协调。偏好于从事具体任务，不善言辞，做事保守，较为谦虚。缺乏社交能力，通常喜欢独立做事。

典型职业：使用工具、机器，需要基本操作技能的工作。对要求具备机械方面的才能、体力或从事与机器、工具、运动器材、植物、动物相关工作的职业有兴趣，并具备相应能力。如技术性职业（计算机硬件工程技术人员、摄影师、制图员、机械装配工）、技能性职业（木匠、厨师、技工、修理工、农民）。

5. **研究型**（I）

共同特点：抽象思维能力强，求知欲强，肯动脑，善思考。喜欢独立的、富有创造性的工作。有学识、才能，不善于领导他人。考虑问题理性，做事喜欢精确，喜欢逻辑分析和推理，不断探讨未知的领域。

典型职业：要求完成智力的、抽象的、需分析的、独立的定向任务，具备智力或分析才能，并将其用于观察、估测、衡量、形成理论、最终解决问题的职业。如科学研究人员、教师、工程师、电脑编程人员、医生、系统分析员。

6. **艺术型**（A）

共同特点：有创造力，乐于创造新颖、与众不同的成果，渴望表现自己的个性，实现自身的价值。做事理想化，追求完美，不重实际。具有一定的艺术才能和个性。善于表达、怀旧。

典型职业：要求具备艺术修养、创造力、表达能力和直觉，并将其用于语言、行为、声音、颜色和形式的审美、思索和感受的职业。不善于事务性工作。如艺术方面（演员、导演、艺术设计师、雕刻家、建筑师、摄影家、广告制作人）、音乐方面（歌唱家、作曲家、乐队指挥）、文学方面（小说家、诗人、剧作家）。

大多数人并非只有一种性向，比如一个人的性向中很可能同时包含着社会性向、现实性向和研究性向。霍兰德认为，这些性向越相似，相容性越强，则一个人在选择职业时所面临的内在冲突和犹豫就会越少。为了帮助描述这种情况，霍兰德建议将这六种性向分别放在一个正六边形的每一角，如图6－2所示。

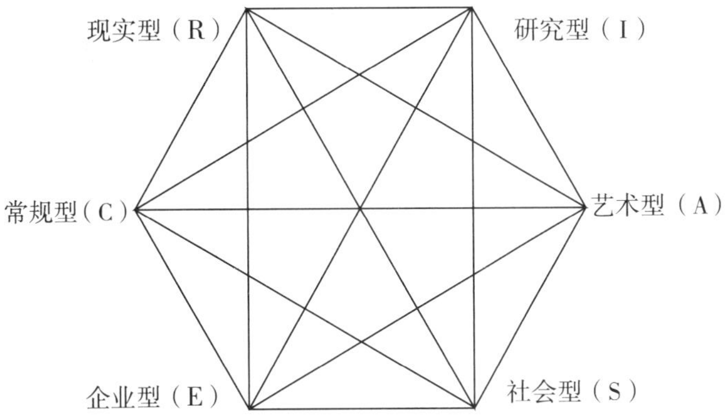

图6－2 霍兰德的六种人格与职业兴趣类型

员工的工作满意度与流动倾向性，取决于个体的人格特点与职业环境的匹配程度。当人格和职业相匹配时，会产生最高的满意度和最低的流动率。例如，社会型的个体应该从事社会型的工作，社会型的工作对现实型的个体来说则可能不合适。霍兰德模型的关键在于：一是个体之间在人格方面存在着本质差异；二是个体具有不同的类型；三是当工作环境与人格类型协调一致时，会产生更高的工作满意度和更低的离职可能性。

霍兰德所划分的六大类型，并不是并列的和有着明晰边界的。他以正六边形标示出六大类型的关系。

相邻关系：如RI、IR、IA、AI、AS、SA、SE、ES、EC、CE、CR及RC，属于这种关系的两种类型个体之间的共同点较多，现实型R、研究型I的人都不太偏好人际交往，这两种职业环境也都较少有机会与人接触。

相隔关系：如RA、RE、IC、IS、AR、AE、SI、SC、EA、ER、CI及CS，属于这种关系的两种类型个体之间的共同点较相邻关系少。

相对关系：在正六边形上处于对角位置的类型之间为相对关系，如RS、IE、AC、SR、EI及CA，属于相对关系的人格类型共同点少。因此，一个人同时对属于相对关系的两种职业环境都兴趣很浓的情况较为少见。

人们通常倾向于选择与自我兴趣类型匹配的职业环境，如具有现实型兴趣的人希望在现实型的职业环境中工作，可以最好地发挥个人的潜能。但进行职业选择时，个体并非一定要选择与自己兴趣完全对应的职业环境。一方面，因为个体本身常是多种兴趣类型的综合体，单一类型显著突出的情况不多，因此评价个体的兴趣类型时也常以其在六大类型中得分居前三位的类型组合而成，组合时根据分数的高低依次排列字母，构成其兴趣组型，如 RCA、AIS 等。另一方面，因为影响职业选择的因素是多方面的，除了依据兴趣类型，还要参照社会的职业需求及获得职业的现实可能性。因此，个体在进行职业选择时会不断妥协，寻求相邻甚至相隔的职业环境，个体需要逐渐适应工作环境。但如果个体寻找的是相对的职业环境，意味着所进入的是与自我兴趣完全不同的职业环境，工作起来可能会难以适应，或者难以做到工作时觉得很快乐，甚至可能会觉得很痛苦。

二、关于职业探索

（一）职业探索及其意义

职业探索是个人对喜欢或想要从事的职业进行理论分析和实际调研的过程，以便对目标职业有充分的了解，并在明确与职业的差距后制定求职策略，从而有效地做好相关规划。职业探索的目的就是增加对自我的认知和对环境的了解，以促进个体的职业发展。对职业的审视、选择与规划，是人生的重要功课，个人的成就与价值实现亦始于此。可以说，职业问题并不仅仅是工作问题，更关系到整个人生的发展和成败。

职业探索是“我”要探索，是一种积极的、主动的愿望，有利于增强自信、挖掘潜能、提升自我。自我探索过程是一个不断学习的过程。自我探索重视个性发展，赞同张扬个性，同时强调个人需求与组织需求、社会需求的适配。

从宏观视角来看，一个人从事某一种职业是其社会生存的必要前提。就社会功能而言，职业是社会存在的内容，是社会发展的动力，也是社会控制的手段。就职业对个人的功能与价值来说，尽管在一定时期内，我们只能把职业当作一种谋生手段，但从长远来看，职业不仅维持个人生存，满足人的衣食住行的基本需要，也给人带来精神上的充实感，更可以满足个人潜能发展和自我价值实现的需要。因此，求职者只有充分了解职业及其相关内容，对职业进行探索，才能更好地作出决策，为职业选择提供科学的参考依据。

（二）职业探索的方法

大学生对职业环境的分析与探索，是职业生涯决策的基础，也是确定职业目标的重要根据。一般来说，了解职业环境的最好途径和方法就是实践。只有通过实践，才能形成感性认识，从而指导自己的学习和生活，逐步调整自己的职业生涯规划，使自己的职业生涯规划更加趋于合理。可将职业探索的方法分为间接职业认知和直接职业认知，具体形式有查阅、讨论、参观、实习和访谈等。对职业的探索，可以综合多种形式。其中，对宏观环境的探索主要采用查阅和讨论的方法；对行业环境、组织环境、岗位环境的探索，除了通过查阅资料和讨论外，还可以通过参观、实习以及对相关从业人士进行访谈等方法。①

1. 直接职业认知：参观和实习法（体验法）

直接职业认知主要是通过实践、体验等方式实现对职业的探索。

参观和实习法是探索行业环境、组织环境及岗位环境的常用方法。参观是到相关职业现场短时间地观察、了解关于职业的信息。通过观察，可以了解职业相应工作的性质、内容，职业环境及氛围，获得实实在在的职业感受。参观法的优点是能得到切身的感受，缺点是无法对职业的实质深入了解，容易被营造的氛围迷惑。实习法是到职业场所进行一定时间的兼职或实践，是一种比较全面地了解职业的方法。实习可以更深入、更真实地对职业的工作任务、工作要求、工作环境进行了解及判断个人的适应情况，可以了解工作的程序、报酬、奖罚、管理及升迁发展的信息，还可以通过与工作人员的实际接触，感受职业对人的影响及人职和谐情况。

人只有多接触不同的环境，才能真正全面、清晰地了解自我，了解职业。大学生应该通过不同的工作环境、不同的工作经历发现清晰的自我形象，同时注意自己的感受和反应；还应尽可能多地体验不同的生活经历，并把这些生活经历结合起来，找到价值观、兴趣和技能之间的联系，用更复杂的方式思考自我。学校与社会的不同在于衡量人才的参照系不一样，增进与职业生涯决策有关的自我认识是一个长期甚至持续终生的过程。社会实践的作用是帮助大学生不断改造自我，更快地实现社会化。通过社会实践，大学生可以更深刻地认识社会、了解社会，发现认识上的偏差。学校教育以知识积累为主要目的，而职业领域更看重能力和素质。职业在满足现实的生存和发展需要之外，还有一个重要功能就是通过和别人一起共事来克服自我中心意识。换句话说，职业化的过程就是社会化的过程，而克服自我中心意识、为职业作准备是大学生这个年龄段的重要人生课题。

无论是自我、兴趣的探索，还是职业素养、职业能力的培养，都需要与社会多接触。大学生对于社会参与是渴望和迷茫并存，要把自我放在社会的大背景下去认识，只有在与外界接触的过程中得到的自我形象才是清晰、真实的。只有把自我放在社会的大背景下去锻炼，才能成为社会需要的人才。实习作为从学生生活到社会生活的一种过渡，是一次介于学习与工作之间的特殊经历。通过一次没有工作压力的上班体验、一种不曾经历过的生活环境，实习可以让大学生深入了解目标职业的特点，了解自己和目标职业的差距，寻找到适合自己的职业。所以，大学生要尽可能多地通过实践参与职业环境探索。

2. 间接职业认知：查阅法、讨论法、访谈法

间接职业认知主要指通过相关的信息搜索查阅，或与相关人士交流的方式，完善对目标职业的认知。

（1）查阅法（检索法）。查阅法是一种间接职业认知方法，主要是通过浏览和查看网

---

① 崔杰．大学生职业生涯规划理论与方法［M］．杭州：浙江工商大学出版社，2008．

络、报刊、书籍等途径探索目前的职业环境。

第一，在宏观职业环境探索中的应用。宏观职业环境探索主要是探索政治法律政策、经济发展水平、各地区的文化特点、技术更新速度、人才整体需求状况等宏观职业环境对自己职业发展的影响。在探索宏观职业环境时，要多浏览政府网站信息，尤其是各省市的毕业生就业信息网，这些网站往往包含职业环境分析所需的信息。例如，人才市场公共信息网每个季度都会公布全国部分人才市场供求情况及分析，阅读这些资料可以了解不同职业的需求状况。大学生可以尝试分析并总结最近几年大学生就业市场的总体状况和特征。

在当下的信息数据时代，通过浏览和查看各类媒体平台资讯进行职业探索信息收集，包括学校每年编辑的就业质量年报，公开发行或出版的报刊、书籍，视听类媒体以及互联网平台等，我们可以了解有关职业探索的信息。通过互联网搜索时，大家可以利用以下几类资源：常用的搜索引擎网站、职业信息查询网站、求职招聘网站、就业在线网站等。

第二，在其他职业环境探索中的应用。运用查阅法探索行业环境、组织环境、岗位环境时，一般按照下面的程序进行：

①对于个人希望了解的职业方向（或职业群），通过网络、书籍、期刊及有关音像资料进行初步查阅。

②选定各种典型的职业，进一步对其入门所需的基本条件如学历、资格证书、身体条件等进行查阅。

③通过查阅，自己对做好职业工作所需要的知识、技能、生理条件及个性特征有一个初步的认识，对该职业的生存环境及发展前途以及个人循此发展可能取得的职业成就等形成初步印象。查阅法的优点是方便、快捷、信息量大、成本低，而查阅法的不足是得到的信息是间接的、隔离的，可能与现实感受有差距。

（2）讨论法。讨论意味着与别人共享职业探索成果。当大学生对职业的特点不能很好地把握时，可以和周围人群一起讨论，比如和同学、朋友，甚至老师、父母进行讨论。个人的探索总有局限性，与别人一起讨论感兴趣的职业问题，共享职业探索成果，可打消一些不现实的想法，而共同发现一些更好的东西、更广阔的前进道路。讨论法的要点是不要对个人已经拿定主意、不会改变的事情进行讨论，而要把正在探索或是已有结果但仍需进一步证实或充实提高的东西拿出来讨论。

（3）访谈法。访谈法是通过和相关从业人员特别是有成功经验或失败教训的人交流，了解职业的所需知识、技能要求、待遇和发展前景的方法。访谈法的好处是所得信息比较充分，对职业了解得较多，可以从不同的角度认识职业；不足是由于访谈对象不同，所得信息可能差异很大。有的人对工作比较积极，赞誉较多；有的人对工作比较消极，可能评价较低。大学生在对职业环境进行分析的时候，不要仅仅采用一种方法，应该采用多种方法对其进行多角度、全面的了解。

第三节　电子信息人才职业生涯规划与案例导读

一、关于职业生涯规划

职业生涯是指个体职业发展的历程，包括一个人终生经历的所有职业发展的整个历程，是贯穿其一生职业历程的漫长过程。职业生涯规划是将个人发展与组织发展相结合，对决定一个人职业生涯的主客观因素进行分析、总结和测定，确定其事业奋斗目标，并选择实现这一目标的职业，编制相应的工作、教育和培训的行动计划，对每一步骤的时间、顺序和方向作出合理的安排。

（一）职业生涯规划的意义

据网络调查统计，大部分人的职业生涯时间占其可利用社会活动时间的 71%～92%。职业生涯伴随人的大半生甚至更长时间，做好职业生涯规划对个体来说意义重大。职业生涯是满足人生需求的主要阶段，而职业生涯规划是促进个体全面发展的重要手段。随着生活水平的提高，人们的自我意识逐渐增强，渴望拥有健康的身体、丰富的知识、出色的能力、良好的人际关系，也渴望在事业上有所建树，并享有幸福和谐的家庭生活和丰富多彩的休闲时光。科学地将职业生涯划分为不同的阶段，明确每个阶段的特征和任务，对更好地从事自己的职业，实现人生目标非常重要。具体来说，职业生涯规划的意义包括：①确立人生的方向，提供奋斗的策略；②塑造充实的自我；③准确评价个人特点和强项；④评估个人目标与现状的差距；⑤科学定位职业方向；⑥重新认识自身价值并使其增值；⑦发现新的职业机遇；⑧增强职业竞争力；⑨将个人、事业与家庭有机联系起来。

职业生涯规划具体体现了个体寻找意义、实践自我的本能。一个人如何去选择、发挥进而扩展自己的角色，调和自己与角色之间的矛盾，以达成个人理想的生活目标，这就是职业生涯规划的真正内涵所在。

（二）职业生涯规划关注的根本问题

大学生都是青年，其在校阶段是做好职业生涯规划的重要开端和关键时间节点。美国心理学家艾瑞克森（Milton H. Erickson）认为，青少年阶段的主要发展任务是“自我认定”，而其危机则是“认定混淆”。危机解决的成功与否，对个体将来的发展及生活的适应性有着极大影响。为了建立明确的“自我认定”，青少年时期的个体必须不断地探索两个重要的问题——“我是谁”及“我在哪里”。

关于“我是谁”的问题，涉及“生理的我、心理的我、情绪的我、社会的我”等各个层面，也包括兴趣、能力、价值、人格特质等重要内涵。而“我在哪里”的问题，则涉及个人所处的社会环境、文化群体、工作领域等。因此，青少年进行职业生涯探索的焦点是“了解自我”和“探索世界”，并在此基础上达成“职业决策与行动”。

职业生涯是循序渐进、有序发展的一个动态过程。随着个体不断地发展和变化，每个人还需立足根本、放眼未来——“我往何处去”以及“我如何到达”。关于“我往何处去”的问题，探索的是一个能提升自我、实现自我价值的职业生涯目标，引领自我发展方向。而“我如何到达”的问题，则思考的是如何为自我铺就一条道路，搭好一座阶梯，并规划具体的行动计划，以逐步达成职业生涯目标。

以上所述就是通常人们所说的职业生涯规划关注的四个问题：我是谁？我在哪里？我往何处去？我如何到达？（见图 6－3）

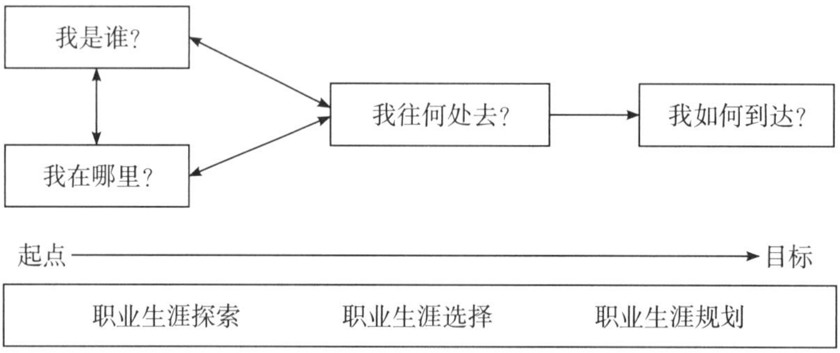

图 6－3 职业生涯规划关注的问题及其关系

沿着不同生活轨迹而来、有着各种理想和期待的大学生们，在开始探寻自己的职业生涯发展之路时，都无法回避这四个问题。虽然这些问题的答案可能随着发展阶段的不同而有新的内容和变化，但可以肯定的是，职业生涯发展是一个不断自我实现的历程，更是不断自我探索、自我追寻的旅程。

（三）职业生涯规划的特性

职业生涯规划是指一个人对一生各阶段所从事的工作、职务或职业发展道路进行的设计和安排。职业生涯规划包括选择什么职业，在什么组织和地方从事这个职业，在这个职业队伍中担任什么角色，在个人一生不同发展阶段的职业变更，以及为实现职业设计接受的各种教育和培训。因此，进行职业生涯规划必须结合个人不同发展阶段并考虑三个方面的因素：一是个人自身的因素；二是所在组织提供的发展条件因素；三是社会环境所给予的支持和制约因素。具体需要把握如下四方面特性：

（1）可行性。规划要有事实依据，不能是不着边际的幻想，否则将会延误职业生涯发展良机。

(2) 适时性。规划是预测未来的行动，确定将来的目标，因此各项主要活动何时实施、何时完成，都应有时间和时序上的妥善安排，以作为检查行动效果的依据。

(3) 适应性。规划未来的职业生涯目标，牵涉到多种可变因素，因此规划应有弹性，以增强其适应性。

(4) 连续性。规划对人生每个发展阶段的安排应能持续连贯地衔接，以体现出职业生涯的发展性。

(四) 把握职业生涯规划的主体要素与准则

职业生涯规划是一个科学的探索过程，需要遵循一定的规律和准则。

1. 职业生涯规划的主体要素

职业生涯规划需要对决定一个人职业生涯的主客观因素进行分析、总结和测定，进而确定其事业奋斗目标，选择实现这一目标的职业，并为之作出科学、具体的安排和准备。这不仅涉及个人主观认识问题，还涉及客观的现实环境等问题。

综合职业生涯规划的内涵及其关注的问题，可将职业生涯规划概括为以下三个要素："知己""知彼""决策"。我们还可以将其归纳为关系结构公式：职业生涯规划 = 知己 + 知彼 + 决策。三者之间的关系见图 6－4。

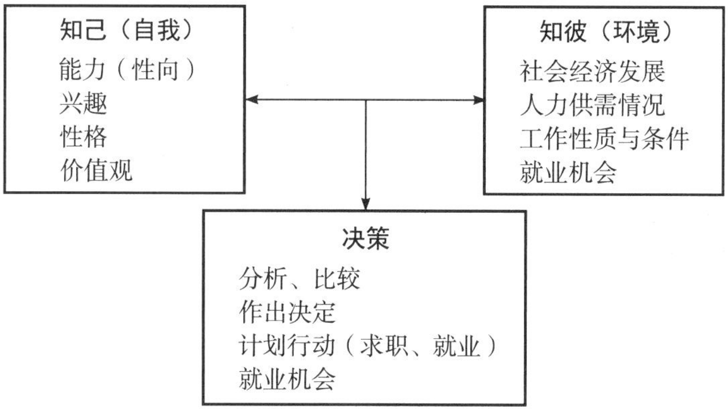

图 6－4 职业生涯规划三个要素的关系

虽然任何职业生涯规划都不能对未来进行非常精确的预测，但我们可以进行个人条件分析、环境分析，然后在此基础上确定自己初步的发展目标。因此，职业生涯规划的三大主题就是：向内看、向外看和作决定。(见图 6－5)

(1) 向内看：认识自己。要深入且透彻，做到"知己者明"。

(2) 向外看：探索世界。要宽广且前瞻，做到"知彼者智"。

(3) 作决定：发展决策能力。要比较利弊得失，做到"知时者得"。

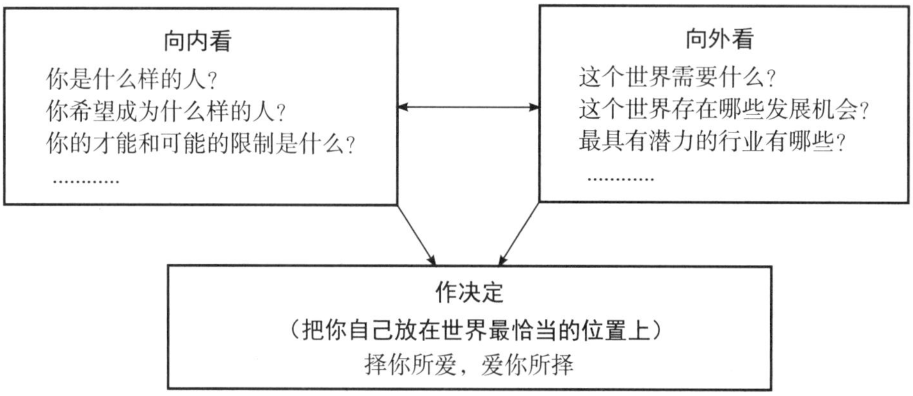

图6－5 职业生涯规划三大主题的关系

2．职业生涯规划的准则

个人职业生涯规划设计应该遵守如下准则：

（1）择己所爱。如果一个人从事的是自己所喜欢的工作，那么工作本身就能给他带来满足感，令他的职业生涯妙趣横生。

（2）择己所长。任何职业都要求从业者掌握一定的技能，具备一定的能力条件。在进行职业选择时，应运用比较优势原理充分分析他人与自己，尽量选择对自己有利的优势行业。

（3）择世所需。社会需求不断演化着，新的职业也在不断产生。在设计自己的职业生涯时，一定要分析社会需求，最重要的是目光要长远，能够准确预测未来行业或者职业的发展方向，再作出选择。

（4）择己所利。职业是个人谋生的手段，其目的在于追求个人幸福。所以在择业时，要考虑自己的预期收益——个人幸福最大化。明智地选择找出由收入、社会地位、成就感和工作付出等变量组成的函数的最大值。这就是职业选择的收益最大化原则。

（五）职业生涯规划的完整模型

职业生涯规划涉及职业生涯发展全过程，并呈现出循环往复的形态。一个完整的职业生涯规划主要包括发现问题、认识自己、了解环境、找出可能的选择、收集信息、作出决定、执行决定和反馈评估这八个环节。完整的职业生涯规划模型如图6－6所示。在此模型下，可以重点突出五个核心过程——自我分析、环境分析、目标确立、策略实施和评估修正，形成职业生涯规划的基本操作流程（见图6－7）。

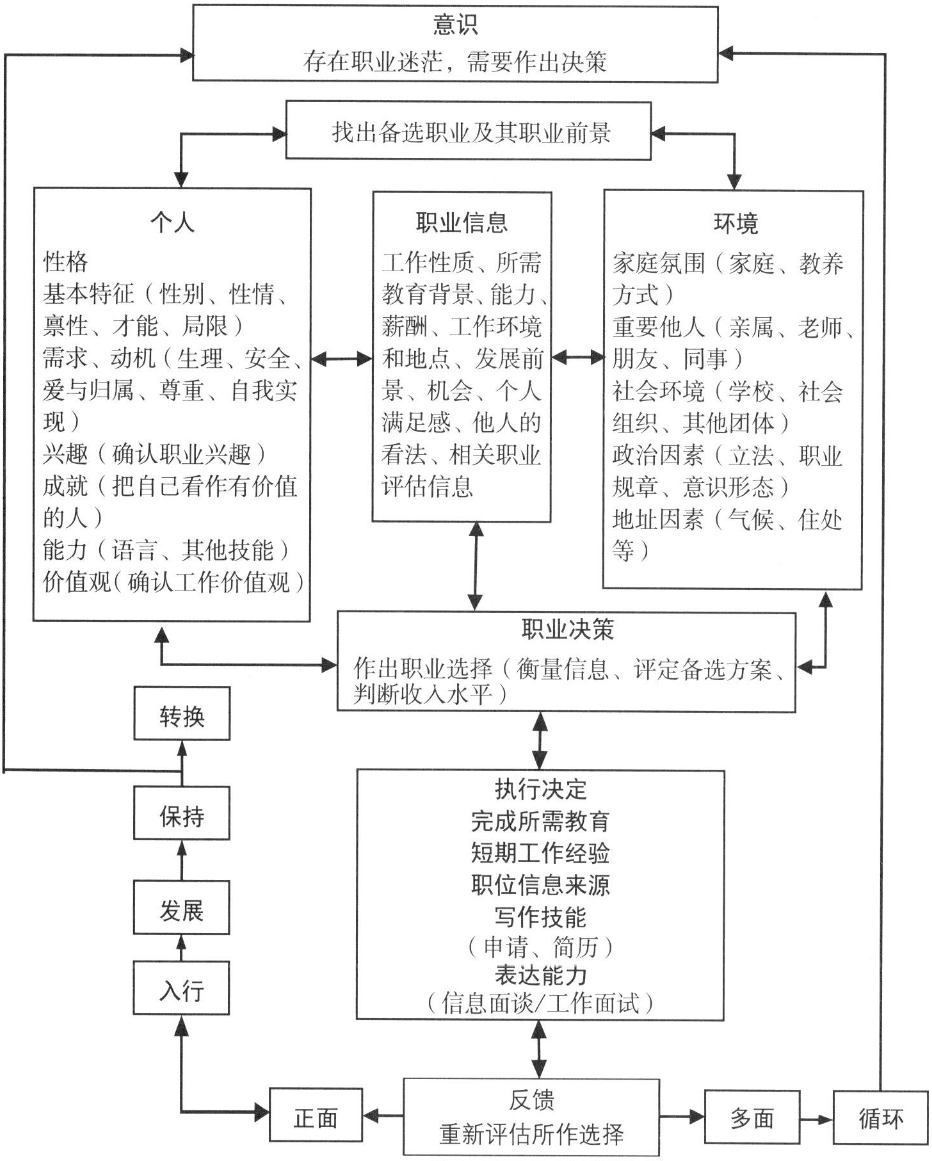

图 6－6　职业生涯规划模型

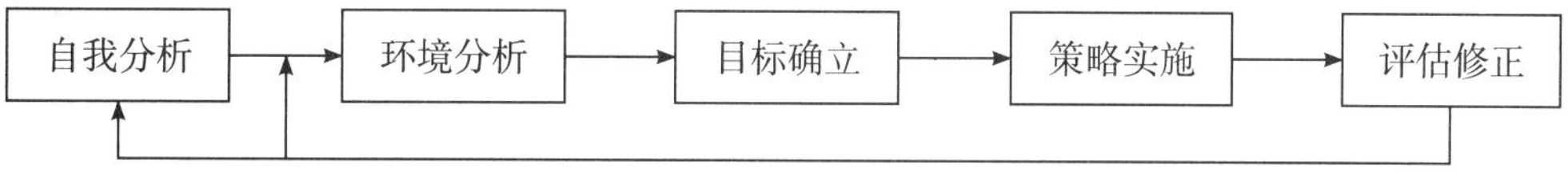

图 6－7　职业生涯规划的基本操作流程

（1）发现问题。意识到自己对职业前景存在的困惑，并决定采取行动来解决这一问题。

（2）认识自己。收集并分析关于自己性格特征的信息——个人性格、兴趣、价值观（包括需求和动机）和能力等。我们可以通过人格问卷、个人练习等进行自我探索。

（3）了解环境。了解所处的社会、经济、政治、地理环境，从而衡量可能影响自己职业选择的环境因素。

（4）找出可能的选择。确立一个或数个目标、计划或行动步骤。

（5）收集信息。收集并研究关于自己职业前景的准确信息。

（6）作出决定。根据个人特点和职业前景的判断选定一个职业目标，即进行职业决策。

（7）执行决定。通过求职活动将职业决策付诸实施。

（8）反馈评估。评估自己的职业决策。

二、电子信息人才职业生涯规划示例

（一）电子信息工程技术专业职业生涯规划①

前言：大学生活是梦想的开端，是追求自由的天空，每个人都有对飞翔的向往，每个人都能够翱翔在苍穹之上。大学也是一个广阔的舞台，没有过多的束缚，每个人都能够有展示自我的机会，每个人都憧憬自己的未来。在大学里不能虚度时光，学习之余更要激发自己的潜力，不能荒废青春。为此，我拟订了一份职业生涯规划，以时时鞭策自己，激励自己奋发前行。

1. 自我分析

（1）性格：我对熟悉的朋友很热情，也比较健谈，经常跟他们一起说笑，但是面对陌生人总是感到很拘谨，不愿意多说话。我知道这种情况对我今后的发展很不利，因此努力改变自己，现在的我比以前开朗了许多，交流能力和耐心有了长足的进步，我对做好将来的工作很有信心。我曾经是一个完美主义者，凡事都想追求最好。事实证明，坚持不懈的精神是可取的，因此我会继续保持，但是有时候不能一味地钻牛角尖，现在的我变通了许多。

（2）兴趣：我的兴趣很广泛，从小受母亲熏陶，学了好多乐器，在体育方面也很有天赋，我觉得自己学东西很快，这对我适应以后的各种工作会有很大帮助。

（3）能力：英语是我的特长，我会在大学四年里继续提高英语水平。我在高中曾经担

---

① 电子信息工程技术专业职业生涯规划［EB/OL］. https://www. yjbys. com/qiuzhizhinan/show - 484739. html.

任过班长，虽然能力不是很强，但我有信心和恒心。我相信自己能够在以后的工作锻炼中坚持不懈地历练自己，争取完成各种任务。

（4）价值观：曾经的我缺乏自信，总是只看到别人比自己强的一面，现在的我无比自信。我相信，只要努力，我就能做到，我的未来我能做主。

（5）职业态势分析（SWOT 分析）。

内部环境因素（优势因素、弱势因素）：①英语能力较好；②有自信，心态很好；比较善于与人沟通，喜欢结交朋友；③有个性，有自己的想法，但有时候做事欠缺考虑，不够仔细，容易粗枝大叶；④毅力不足；⑤欠缺明确的目标。

外部环境因素（机会因素、威胁因素）：①所学专业很好，获得的工作机会应该不错；②现在市场上电子信息类专业人才紧缺；③对口工作一般需要编程的经验（工作经验）；④对专业知识的要求较高，需要很多课外的软件知识。

2．专业就业前景分析

电子信息工程隶属于电子科学与技术学科，是信息技术领域的主干专业。在所有开设本专业的高校中，电子信息工程几乎都是录取分数较高的专业之一。本专业课程多、难度大、压力强，很多核心课程难以理解、内容多、要求高、应用性强。最重要的几门课如信号与系统、现代通信原理、数字信号处理等都有较大难度，需要有扎实的数学、物理功底和较强的理解能力、逻辑思维能力，以及对知识的熟练运用能力才能够消化吸收。就业方面，众多国内外知名企业都可供毕业生选择。如果进入大型跨国公司工作，如 IBM、Intel、HP 等，员工还有机会去本土公司培训。

通信工程专业所研究的内容涵盖了当今最流行、发展最迅猛的领域。通信工程专业跨电子、计算机专业，所修课程兼有两者的特点，需要具备较好的数学、物理基础知识以及较强的动手应用能力。一些课程如数据结构、操作系统、数据库等属于计算机类，另一些课程如信号处理、高频电路、电路原理等则属于电子类，还有通信原理等课程，所学范围比较宽。本专业需要学生有较强的逻辑思维能力，尤其适合理解力强、善于分析的学生学习。本专业毕业生比较容易进入跨国公司或 IT 企业工作，进入大型跨国公司后出国进修的机会也很多。

我现在是大二，到大三时将要进行专业分流，可选择电子信息工程或通信工程专业。我准备选电子信息工程，因为它更偏重于动手能力。我喜欢跟着老师作芯片相关的研究，写一些 C 语言程序等。

近几年来，本专业毕业生在市场供求关系上普遍还是保持稳定的状况，社会需求量相对乐观。本专业毕业生在全国各地都有比较广阔的市场，但主要集中在北京、上海、广东、浙江、江苏、大连等发达地区。广东、浙江这些电子、IT 类行业很发达的地区，虽然提供的就业岗位很多，但大部分公司都要求应聘者有出色的专业技能，很看重应聘者的工作经验，就业竞争非常激烈。这对于跨省去找工作的应届毕业生有很大的挑战，只有具备过硬的基本功和技能才有可能被聘用。

随着电子信息技术的高速发展，各个企业为了提高市场占有率，对专业技术人才的要求越来越高。从总体上看，以下几个方向的就业市场广阔，社会需求量大：

（1）硬件方面，市场对比较高端的硬件开发技术需求量大，主要包括嵌入式系统、DSP 和 FPGA 等技术，用人单位往往需要技术熟练、经验丰富的人才。

（2）软件方面，电子商务、软件外包、互动媒体和数据库开发等行业需求量非常大，JAVA/J2EE、NET 和 VC + + 等软件技术仍占主导地位，熟悉 Windows、Linux 应用平台和内核开发是就业应聘时的一个优势。

（3）随着网络及通信行业的快速发展，对电子信息专业人才的需求也呈逐年上升的趋势，由于通信行业的要求比较高，移动互联网高新技术产业相关的技术人员还比较少，应届毕业生如果能具有扎实的理论基础并熟练掌握该门技术，受聘于比较大型的通信技术公司，还是有相当广阔前景的。

（4）未来的发展重点是电子信息产品制造业、软件产业和集成电路等产业。新兴通信业务如数据通信、多媒体、互联网、电话信息服务及手机短信等业务也将迅速扩展。

（5）信息技术支持人才需求中，排除技术故障、设备和顾客服务、硬件和软件安装以及配置更新和系统操作、监视与维修四类人才最为短缺。

有资料显示，从 2020 年至 2022 年，全国高校毕业生数量分别是 874 万、909 万和 1 076 万，还未计往年未就业人数。受到新冠病毒感染疫情和中美经济贸易摩擦，以及产业经济因素、社会稳定因素、政治影响因素等综合反应的影响，近年高校毕业生的就业状况不尽理想，可以使用“就业寒流”来形容当前大学生就业形势，接下来可以用“就业的冬天”来描述我们毕业时的就业形势。大学生就业问题已经成为社会的焦点。在这样一个大背景下，电子信息专业的就业现状也是不容乐观的。但近几年来，中国电子产业在计算机、通信、消费电子和汽车电子等领域的研发和制造中取得了令人瞩目的成绩，并大力向上游的 IC 设计/制造/封装、半导体设备和材料以及平板显示等领域升级。这是我们这个专业就业方面的一个好消息，对于我们未来的就业也是一个优势。

3. 职业选择分析

（1）个人的职业选项。

①最理想的是能先在国内找一家 IT 电子或电气方面的公司就业，以锻炼能力和提升经验为主，等到时机成熟，再往更好的国企或者外企寻求进一步发展。具体的就业工作可以是：网络软件的开发与设计、网络设备的研发、电子信息产品的设计、通信网络的维护与管理、信息系统集成等。比如做电子工程师，设计开发一些电子、通信器件；做软件工程师，设计开发与硬件相关的各种软件；做项目主管，策划一些综合性强的系统，这对经验、知识要求很高；还可以继续进修成为教师，从事科研工作等。

②我也想过自己创业，但这不是首要的选择，因为我的专业和其他方面的知识有限，

所以想先就业，积累足够的知识和经验再选择创业。

③我还在考虑是否出国深造，进一步锻炼自己的能力和提升专业理论水平，但是这要求考 GRE 或者 TOEFL。

（2）选择路径（就业、考研、留学、创业）。

我会首先选择就业，因为我觉得应该在社会的大潮中锻炼自己，而不应该总待在学校里埋头读书。考研，甚至读博士，可以在工作后完成。同时，我也要争取出国深造的机会，因为我对自己的英语很有信心，我相信自己能闯出一片天地。

（3）选择理由（SWOT 分析）。

我是个适应能力很强的人，因此我可以应对工作中的复杂环境。我还喜欢加入团队，与他人分工合作完成一些项目。我很期待参加工作，锻炼自己。

很好的心态和较强的英语能力也可助我在工作中更好地发挥自己的能力，展现我的各方面才华。在将来的工作中，我要注意克服自己的固有缺点，要给自己明确一个目标，并制订计划。要提醒自己做事不要掉以轻心，而要认真对待每件事。

我的父母非常希望我留在大城市发展，因为这里的就业机会很多，但我知道大城市的竞争很激烈，因此我要更加努力地学习专业知识和提高自己的各方面能力，以此适应激烈的竞争。

（4）第一职业目标选项的工作内容和胜任条件。

以一则典型招聘信息为例，其要求如下：①工业电气等专业本科以上学历，中级及以上职称；②具有火力发电厂或电建电气专业主任工程师或主管岗位工作经验；③从事过电气专业 8 年以上技术管理工作，具有 2 个以上火力发电厂建设经验；④具有较强的团队协作、沟通能力，较强的创新能力和学习能力。

一般这种职位都要求至少有 2 年的工作经验，有相当扎实的专业知识，还有就是对个人品德和素质的要求，如具有团队精神等。还有一些公司要求掌握一些特殊软件的用法，如 Protel、CAD 等。

（5）与职业选择目标的差距。

就目前而言，我的能力和素质与职业目标岗位的要求还有一些差距。我的个人素质、团队精神，以及对工作的适应能力应该问题不大，现在我主要应该提高的是专业知识、社会实践经验，以及专业以外的一些知识。与此同时，我给英语设定了一个较高的目标要求。

4. 未来三年的行动计划

大二：学好专业课，尽量争取奖学金；计算机过三级；重视和加强对英语的学习，争取考过四六级。参加一些实践活动，在课余时间争取实习机会，培养自己的动手能力和团队意识，并借此机会拓展自己的人脉关系。

大三：继续加强英语学习，争取考取 GRE 或者 TOEFL 高分，看能否有出国深造的机会。争取更多实习机会，进一步锻炼自己的能力，不断丰富自己的各方面知识。

大四：努力找到一份适合自己的工作，或者出国深造。

5. 结语

生命就像一张白纸，等待我们去描绘美丽的画卷。我相信自己能够绘出绚丽色彩，绘成属于自己的独特蓝图。回顾自己的过去，分析自己的优缺点，找到差距，接下来就要努力弥补差距，迎头赶上，才不会被社会的大潮抛弃。

（二）案例导引

案例一：职业生涯规划的重要性

晓信是2016年进入广东工业大学电子信息工程专业学习的。通过学习和对专业就业方向及自身的了解，晓信期望能到专业对口的电信行业工作。他虽然定好目标，但对于怎么实施仍一无所知，于是通过各种途径了解相关信息，包括询问熟悉相关事项的老师，咨询已经进入电信系统的师兄，上网查询电信系统相关信息等，确定了一些需要特别注意的事项，其中包括关于成绩要求、身体素质要求、就业岗位申报流程、资料准备、面试须知等各个事项的具体细节。他将这些信息汇总以后编进学习计划，以此来要求自己，最终成功在2020年毕业时入职一家电信公司。

【解读】晓信的顺利求职，实现个人目标，与当初未雨绸缪，提前做好职业生涯规划有很大的关系。他结合自己的专业就业方向，通过多种途径提前做好相关的职业探索，了解用人单位对自己意向岗位的要求，消除了求职中的困惑，逐个击破，最终实现职我匹配，顺利走上自己心仪的工作岗位。晓信的做法值得在校学生参考借鉴。

案例二：专业的选择

晓信的父亲是一名工程师，闲暇时间喜好玩航模，亲子时光都是在带着晓信组装飞行器、调试编程和户外试飞中度过。受父亲的影响，晓信也对此情有独钟。中学时期他就参与了一些青少年创客活动和无人机竞赛，取得了不错的成绩。他对信息获取、传输、处理等也有一些初步的认识。晓信内心有个想法，就是进入大学也能继续学习与无人机相关的知识。高考后填报志愿，他通过认真衡量自己的高考分数水平，主动与家长就未来的发展进行沟通与探讨，咨询老师和在高校工作的亲戚，报考了广东工业大学电子信息类专业，希望能在大学里学习数字信号处理、智能制造相关知识，将来在无人机领域能有所建树。同时，晓信从一个在本校就读的同乡学长那里了解到，工科大学特别注重创新创业人才的培养。他认为，如果要继续钻研无人机，需要更深入地学习自动控制等相关专业知识。

【解读】晓信在进行高考志愿填报的时候，综合考虑了自身的兴趣、未来的发展方向等因素，还主动积极地向长辈、同乡学长请教，搜寻目标学府的相关信息，最后理智地作出了人生的第一个重要选择。这是职业生涯规划的一个重要环节，为职业发展奠定了专业基础和指明了方向。

高考志愿填报是职业生涯决策的一个环节，需要对自我和外部环境（学府）进行科学的探索分析后作出选择。有的同学可能认为考入大学就是完成了人生大事，准备享受大学的自由，但其实这只是人的一生的重要阶段之一，越早开始进行职业生涯规划，越能聚焦目标，靠近梦想。我们要学会规划职业生涯，努力做自己职业生涯发展的主人，让人生路上的每一次选择都向着梦想进发。

案例三：认识所在大学

一个多月的大学生活，让晓信感受到了大学与高中的不同：多了几分自由，却少了一些指引；多了选择，却少了方向感。一开始向往无拘无束的晓信，此时感到有几分迷茫。在各类迎新主题教育活动中，晓信开始明白自己得学着独立自主了，所以他决定要好好认识一下自己的新家园，让自己快速适应做一名大学生。他从网站上了解了学校的基本情况，观看了学校形象宣传片，关注了学校微信公众号，了解了跟学生相关的主要活动和重要信息，再一次认真阅读了《新生指南》和《学生手册》，明白了大学期间相关事务办理的流程和应遵守的校纪校规，深入了解了本专业的培养方案以及学校围绕人才培养的各个方面活动与举措。再加上对一些主题教育活动的体验和总结，晓信对所在大学有了更加清晰的认识，也更加热爱它了。

【解读】大学生活是一个人从学校到社会的过渡期，也是其人生发展和悦纳自己的重要阶段。进入大学后，刚开始的日子是新鲜和兴奋的，但平静后还是要回归适应大学生活的问题。在与高中时代完全不同的生活、学习模式下，像晓信一样主动地去融入大学、认识大学，提升自己的主动性和适应性是很关键的，只有主动认知大学、了解大学，才能尽快把握大学生活的规律，以目标引领自己的大学生活。这也是职业生涯规划的重要客观现状分析和阶段准备。

案例四：专业学什么、怎么学、怎么用

在一次新生专业交流会上，晓信意识到原来自己对所学专业的认知还十分浅薄，不应该仅仅停留在与自己兴趣爱好相关联那么简单，而是有必要深度了解自己的专业学什么、怎么学、怎么用。于是，晓信跟舍友决定作一次关于专业的认知探索。在辅导员和师兄师姐的帮助下，他们对本专业的培养计划、主要课程、课外实践活动、就业方向等多个方面进行了探索，并作了简单梳理（见表6－2）：

表6-2 电子信息类专业相关情况介绍

培养目标	本专业培养学生全面掌握信息获取、传输、处理以及应用方面的基础理论和相关技术，侧重于图像、音/视频信号处理技术及软件设计；具有良好道德文化素养和社会责任感；掌握扎实的数学、自然科学基础知识和专业知识；具备良好的学习能力、实践能力、专业能力和创新意识；具备良好的沟通能力、团队合作精神以及开阔的国际视野
就业情况	前景甚好，诸多企业招聘本专业毕业生，工资待遇也不错
典型企业	华为、大疆、中兴、腾讯等
核心专业课程	信号与系统、模拟电子技术、数字电子技术、数字信号处理、数字图像处理、信息论基础、信号检测与估值等
课外实践活动	大学生创新创业项目、双创大赛、粤港机器人联合学院实践交流、创客汇工作坊等
标杆学长（学姐）	黄××：硕士，保送博士；"全国自强不息优秀大学生"；从大二就开始跟随创新创业团队开展项目研究、参与竞赛、撰写论文，在专业领域收获颇丰

经过这样的梳理和了解后，晓信觉得自己更热爱所学专业了，对自己以后的职业方向更有信心。同时，他对未来的学业学习有了初步的计划，觉得在大学里有很多事情值得去尝试和努力。晓信把自己的心得和体会分享给了班里的其他同学，一些懵懵懂懂踏进这个专业大门的同学也开始有了新的思考。

【解读】 了解专业，首先要了解本专业的培养目标和培养过程。了解本专业的培养目标，就好比司机出发前要知道自己的目的地和路线图，当遇到已经到达哪个位置、下个路口如何拐弯这些问题时就能了然于胸。各专业的培养目标详细地规定了各专业所要培养的专门人才应达到的基本素质要求和业务能力水平，其内容包括基本理论、专业知识、专业能力以及身体方面的特殊要求和职业道德等。同时，了解专业与未来职业的关系以及在学科家族中的地位也十分重要。阅读专业介绍，参与专业导航讲座、师兄师姐交流会，请教专业教师等，都是帮助我们提升专业认知的有效方法，可揭开本专业的神秘面纱，从而更好地规划大学生活。

案例五：转专业需慎重

晓信的同乡阿布是被调剂到市场营销专业的，经过一番了解后，他觉得自己对接下来要学的"市场调查与预测""广告学""公共关系学"等科目完全提不起兴趣，而是向往在计算机前敲打键盘进行编程的感觉，对各种芯片更是十分着迷，便犹豫要不要转专业。后来他去听了好几场信息工程学院的讲座，尤其是在一场讲座中，他更深入地了解了电子信息类专业在军事隐身科技中的应用后，愈发觉得自己对集成电话的研究十分感兴趣。阿布决心要转专业，于是他找到辅导员咨询了解转专业的相关规定和程序。

【解读】晓信和阿布都是大学里的幸运儿，他们一个如愿以偿地就读了自己向往的专业，一个虽然被调剂到自己不喜欢的专业，但很快就找到了自己喜欢的领域，也有了较为清晰的方向。但可能更普遍的情况是，有些同学只知道自己对本专业不感兴趣，却不知道自己对什么专业感兴趣，于是消极对待学习，盲目决定转专业，最后不但遭遇条件和程序的限制，也浪费了大量的时间和精力，导致学无所获，虚度光阴。大学对学生转专业有专门的规定，需要对学生在本专业的学业完成度和意向专业的学习潜力有所考核，因此专业或职业方向的改变是需要深入了解和慎重思考后再作决定的，更需要做好充分的探索和清晰的规划。科学认知专业，同时全面解读和认知自己（如兴趣、能力），是开启大学生活的重要一步。

案例六："不一样"的兴趣

晓信同时通过了学生会实践部和机器人创新团队的面试并被录用。他慢慢地发现，这两个组织的工作内容完全不同：在学生会实践部里，每成功举办一次活动，他都会感受到与小伙伴们一起团结奋斗的成就感；在机器人创新团队里，他经常被所学习的内容和技术深深吸引。他开始思考：这两类截然不同的工作内容，我更喜欢、更适合哪类呢？晓信同辅导员分析了自己的思考，在其指导下，晓信通过霍兰德职业兴趣测验完成了兴趣探索，并对自己的兴趣代码（ISR）进行了解读，他感觉对自己"不一样"的兴趣有了更清晰的认知。

【解读】兴趣是什么？兴趣是你做一件事时内心感受到的一种你做其他事情没有过的兴奋，无论能力高低，无论外界评价如何，你依然愿意乐此不疲地做这件事。在感兴趣的领域当中，我们可以更高效、更投入地提升能力，收获成功。当一个人明确了自己的兴趣，就可以更坚定自己的发展方向，并为之勇往直前。那么，如何发现并了解自己的兴趣呢？霍兰德提出了正六边形模型来解释六种职业类型之间的关系。在正六边形模型中，任意两种类型之间的距离越近，其职业环境及人格特质的相似程度就越高。例如，晓信的兴趣类型是ISR，其中研究型（I）和现实型（R）是相邻的类型，它们的相似性也最高，因为这两种类型的人都比其他类型的人更喜欢与物打交道，只是他们打交道的方式不同而已。而社会型（S）和现实型（R）处于对角线的位置，它们就缺少一致性而具有相反的特质：社会型的人喜欢与人接触，关注感受，爱帮助他人；现实型的人则不喜多言，擅于实际动手操作。正六边形模型可以帮助我们对兴趣类型与职业环境类型之间的适配性进行评估。

案例七：不完美的性格

学生会的师兄在面试晓信时点评他不够自信，这让晓信很迷茫。他与室友小杰探讨这个问题时，发现小杰也存在类似的困扰。小杰因为性格内向，不喜欢同别人交流，上大学以来除了室友没有什么朋友，看到别人很快就与周围同学熟络了，他感到很自卑。他们俩因为自己的性格而苦恼，觉得自己的性格不够完美，于是决定开启对性格的探索。

【解读】关于性格，心理学家有很多定义和探讨，但基本可以达成三点共识：

（1）性格具有相对稳定性，表现在我们对自己、对别人、对事物的稳定态度和习惯性的行为方式。

（2）性格受后天因素影响很大，更多的是受到社会、生活、家庭、学习、经验等因素的交互作用，所以性格并不是一成不变的。年龄的增长、自己的努力、经历重大事件等，都可能改变个体性格。

（3）性格有不同之分，却没有好坏之分，每一种性格都有优势和劣势，不同的人都会有一片适合自己生长的土壤。如果我们能清晰认知自己性格上的优劣之处，并了解与之相适应的环境和职业，就可以扬长避短，作出合乎自己性格的职业选择。

案例八：我有什么能力？

晓信在机器人创新团队的学习中认识了很多优秀的师兄，对于他们研讨的很多技术和话题都不是很明白，对于他们布置的学习内容和任务也觉得很难完成。屡屡受挫的他内心不禁开始产生动摇：自己能否胜任专业的学习，并实现目标？师兄告诉晓信，可以通过能力探索，更清楚地认识自己的能力结构，以及明晰能力和兴趣之间的关系。

【解读】当一个人的能力和工作的要求相匹配时，最容易发挥自己的潜能，并且获得满足感；相反，当一个人去做自己力所不及的工作时，就会感到焦虑，甚至产生挫败感；而当一个人的能力超出工作要求很多时，又容易感到工作缺乏挑战。能力是我们完成一项目标或者任务所体现出来的综合素质。如何发现、培养和表现自己的能力，是职业生涯发展过程中的重要使命。关于能力的探索之旅，应先从认识能力，建立自信心开始。

我们探索能力时，要寻求个人能力与职业技能要求的适配，首先要清楚能力有哪些分类，从而明确自己具备什么样的能力，职业又要求什么样的能力。能力按照其获得的方式（先天具有与后天培养），可以分为“能力倾向”和“技能”两大类。辛迪·梵和理查德·鲍尔斯将技能分为三种类型：知识技能、可迁移技能（或称通用技能）、自我管理能力。

案例九：价值观的力量

在伟大祖国七十华诞之际，辅导员组织同学们观看主题电影《攀登者》。电影结束后，方五洲和徐缨的爱情故事让晓信非常感动，但更令他震撼的是他们竟然为了攀登事业牺牲了爱情甚至生命。辅导员说，这就是价值观的力量！晓信经过价值观的探索，写下了自己的职业期许——成为“中国智造”领域的高级工程师。

【解读】价值观是在作选择和判断时最为看重的原则和标准，它指向我们一生中最重要的东西。职业价值观是人生目标和人生态度在职业选择方面的具体表现，是人对职业的认识和态度以及对职业目标的向往和追求。换个角度来讲，职业价值观体现的是人最期待从工作中获得的东西。

在新冠病毒感染疫情防控期间，所有奋战在一线的“白衣天使”医务工作者们不计报酬，无畏生死，用生命去抗疫，为的只是心中那“治病救人”的使命和担当。同“攀登者”的事迹一样，支持他们前进和坚持的动力，就是价值观的力量。

案例十：求职迷茫找方向

对于很多同学来说，找工作时是比较迷茫的，经常是随波逐流，不知所措，想着平平淡淡地度过大学时光，再找一份可以养活自己跟家人的工作就行了。晓信从大一开始就非常热爱自己的专业，在校期间认真学习相关学科知识，加入了学生会和机器人创新团队，在技能和专业知识方面有较好的积累。他一直以来都希望在无人机、智能制造、自动化等领域有所建树，在参加一些就业实践活动后，开始意识到找工作不仅仅是投简历，而是要提前做好关于职业认知方面的准备，才能够“知己知彼，百战不殆”。

【解读】科学客观地了解和认识职业世界对大多数高年级准备实习或找工作的同学来说是必须完成的任务。找工作时，我们有可能从事与本专业相关的工作，也有可能跨专业工作，专业和职业呈现出一对一、一对多和多对多等非常复杂的关系。无论如何，我们要有意识地基于自己的专业和自我认知去综合分析和权衡，并结合职业环境去探索并确定最佳的职业方向。

案例十一：职业世界要看清

晓信的室友小杰性格内向，不太善于表达和交际，一直想找一份专注于技术研发的工作，想着每天只要敲敲代码，面对机器，做些技术检测等方面的工作。可当他真正去实习的时候才发现，在工作中需要团队合作，与同事、客户沟通和交往是必不可少的，当技术工作做到一定程度时，也有可能要带领团队去共同完成项目，和他想象的不一样。

【解读】就像我们只看到医生地位高和收入可观，却不知他们的工作强度和所承受的压力；只看到演员在舞台上的风光，却不知“台上三分钟，台下十年功”的付出。仅靠想象和表面了解职业是不够准确的。我们可以采用访谈的方法，寻找你想了解的领域的专业人士去咨询。当你从大众媒体得不到深入和个性化的信息时，运用这个方法是非常有效的。当我们多方面、多渠道搜集到信息后，要学会对职业信息进行评估，去粗取精、去伪存真，综合衡量并理性作出判断和决策。

案例十二：大公司？小公司？

晓信和同乡阿布在讨论找工作时，他们一个想去大公司，一个想去小公司。晓信认为大公司有平台优势，名气大，公司的管理制度、福利待遇、晋升机制等方面体系成熟，内部有很多轮岗换岗的机会，接触的事务更多，眼界会更宽，有广阔的发展空间。阿布认为小公司工作制度灵活，人数少，机会多，成长速度快，可全面发展个人能力，能较好地挖掘个人潜力，有较大的升迁机会。他们的职业画像是完全不同的。

【解读】选择去外省还是留在本省？去大公司还是小公司？去国企还是民企？去深造还是找工作？每个人的选择不同，没有对错之分，也没有严格的理论限定，它和每个人的价值观、职业取向、想要的生活状态等有关。参观和实习法是探索职业信息常用的直接方法。参观是去相关企业短时间地观察和了解，切身感受工作氛围和职业环境，缺点是不够深入和细致。实习是到职业场所进行一定时间的打工、兼职、实践，是一种较长时间深入企业并全面真实地了解职业的方法，可以对人员构成、工作要求、工作任务等方面进行了解和判断。同学们在实习期间要摆正心态，多学多做，谦虚请教，不怕辛苦，学会从学生生活向社会生活过渡，将专业知识和实践相结合，锻炼自身的职业技能和素养，从而弥补自身学习的不足和漏洞。如果能做到了解自己、了解职业，求职时就不会感到太迷茫。多了解、多实践、多对比、多学习，选择适合自己的职业就好。

案例十三：假如当时的我作了另一个决定……

晓信回想起他曾经面临的一个决策问题：当时学校组织暑期海外创新创业训练营，他很想去，但一方面已经和好友约好去旅游，另一方面担心开销太大，犹豫了很久。晓信咨询了好友，好友以无意义、浪费钱为由建议晓信不要参加训练营，而是继续按照原计划跟他去旅游。晓信觉得好友说得有道理，于是放弃了参加训练营的机会。可他总觉得心有不甘，便尝试着换一种思维来思考当时的决策，并作了如下对比（见表6－3）。

表6－3 思维调整前后情况对比

决策分析	调整前的我	调整后的我
需要解决的问题	要不要爽约；经费问题怎么办	这个训练营对我是否有促进作用；调整后是否会影响到我和身边的人
决策过程	在此之前与好友约定去旅游；经费问题，怕开销太大；咨询好友，好友回复“无意义、浪费钱”	咨询和参考他人的建议，但还是要遵从自己内心的想法；充分整合资源信息，分析参加训练营的意义并根据家庭的实际情况评估费用是否在允许的范围内；决定了就要勇往直前
选择的结果	不参加	争取得到好友的支持，参加训练营
客观满意度	如约去旅游；轻松地度过假期	了解了三个国家的创业文化；学会了激发创新思维的三种方法；结识了一群敢想敢为的小伙伴；拿到了训练营结营证书；认识了五名创业圈的成功人士
主观感受	不甘心，羡慕能参加的同学	虽然累但开心充实；视野得到了拓展

【解读】换位思考是一种很好的优化决策的思维训练。换一种方式来分析，可以让自己看到另一种客观结果，产生不同的主观感受。其实训练自己主动决策的过程，也是促使自己积极行动、积极承担的过程。例如，你可能是逃避犹豫型的决策风格，时常懊恼因不决策或不及时决策，导致与自己期待的目标失之交臂，从而感到焦虑，觉得自己不如别人。那么从现在开始，你可以尝试着在“正视挑战”“作最充分的准备”“迎接最坏的后果”等方面鼓励自己勇于下决定。又如，事前你总问自己：是否参加职业生涯规划比赛？自己的能力行不行？会不会太忙？表现不好被人笑话怎么办？……事后看到别人喜获大奖或是能力大幅度提升，你又羡慕不已，悔不当初。那么现在你可以尝试告诉自己这样面对选择：“去吧！总会有协调的办法，就算不能拿奖，我也能收获一些东西，尽力而为。”“不去！这个比赛暂时对我没有太大意义，我有自己的目标，不羡慕。”需要强调的是，调整自己的决策行为，不是让自己更加“选择困难”，而是训练自己“主动思考、主动决策”，并能“承担后果”。

案例十四：进一步探索我的决策

晓信在一次职业生涯团辅营上接触了职业生涯决策平衡单，他按照老师的指引，作了如下梳理（见表6-4）。晓信非常注重自身和身边人的得失，他的职业生涯决策平衡单内容主要由四个方面组成，分别是自我物质、他人物质、自我精神和他人精神。在个人物质方面，晓信觉得对于他本人来说，健康状况和未来发展是最重要的，于是给予了最高的权重“5”；收入、升迁状况和社交范围也处于比较重要的位置，给予了权重“4”；休闲时间有需求但不是自己的生活重心，给予了权重“3”。权重分配好之后，晓信开始就读研深造和就业工作在个人物质方面进行打分，他觉得读研深造可以通过拿奖学金、助学金和兼职获得生活费，所以收入方面应该没有盈余，于是打了0分，而就业工作可以获取可观的工资，根据评估打了8分。经过考虑，晓信完成了个人物质、他人物质、个人精神、他人精神四个重要因素的打分，最后得出读研深造的总分是116分，就业工作的总分是218分。通过职业生涯决策平衡单，晓信看到了就业工作的总分远超读研深造，这个结果也和他内心的想法相吻合，他因此更加坚定了先就业的决心。

表 6-4 职业生涯决策平衡单

考虑因素		权重	读研深造		就业工作	
			+分数（+得分）	-分数（-得分）	+分数（+得分）	-分数（-得分）
自我物质	收入	4	(0) 0		8（32）	
	健康状况	5	2（10）			2（-10）
	休闲时间	3	5（15）			2（-10）
	未来发展	5	5（25）		3（15）	
	升迁状况	4	(0) 0		5（20）	
	社交范围	4	2（8）		5（20）	
他人物质	家庭经济	4		2（-8）	6（24）	
	家庭地位	4	1（4）		3（12）	
	与家人相处时间	4	1（4）		3（12）	
自我精神	自我实现的程度	4	2（8）		6（24）	
	兴趣的满足	3	2（6）		4（12）	
	生活方式的改变	3	(0) 0			2（-6）
	成就感	4	1（4）		5（20）	
	挑战	3	1（3）		5（15）	
	社会声望的提高	3	2（6）		3（9）	
他人精神	父母	4	4（16）		5（20）	
	师长	3	5（15）		3（9）	
	爱人	4	(0) 0		(0) 0	
	其他	3	(0) 0		(0) 0	
总分			124	-8	244	-26
			116		218	

注：权重范围：1~5；分数范围：1~10。

【解读】职业生涯决策平衡单是由美国学者欧文·詹尼斯和莱曼·曼设计的，将重大事件的思考方向集中到四个主题上：自我物质方面的得失、他人物质方面的得失、自我赞许与否、社会赞许与否。职业生涯决策平衡单在实际应用时，由于“自我赞许与否”和“社会赞许与否”显得笼统，所以职业生涯辅导专家金树人将这两项改为“自我精神方面的得失”与“他人精神方面的得失”，也就是从“自我—他人”以及“物质—精神”所构成的四个范围来考虑。职业生涯决策平衡单是用来协助决策者作出重大决定的。职业生涯决策平衡单可以帮助决策者具体分析每一个可能的选择方案，考虑各种方案实施后的利弊得失，最后排定优先顺序，择一而行。除了职业生涯决策平衡单，SWOT 分析、CASVE 循环等都是十分常用的有效决策工具。决策工具只是辅助你梳理认知过程，有时候在采用决策工具时得出的结果可能与自己的想法有差距，这个时候应该重新梳理自己的权重设置是否合理、信息收集是否全面、在某些因素方面考虑是否周到。作决策本身就是多次权衡、不断澄清的过程。如果出现了不符合初心的结果，可以重新整理，再作一次评估，或者采取多种工具，对结果进行综合考虑。

案例十五：决策行动第一步

晓信在利用职业生涯决策平衡单对自己就业、读研两个选择进行评估之后发现，虽然读研对于日后的专业发展有推进作用，但先就业是比较符合他个人意愿和短期实际情况的。他觉得自己可以先工作，等时机成熟了再继续进行学业方面的提升。经过反复确认，晓信坚定了先就业的目标，为了让自己的专业知识更加扎实牢固，为找工作做好充分的准备，他听从老师的建议，列出就业准备的行动计划，并制订每周的学习计划。

【解读】提升决策力可以在以下三个阶段下功夫：第一个阶段是充分做好决策准备，对自己和外部环境有清晰的认识，并且明确自己的决策任务是什么。例如，大一虽然不是职业选择的关键阶段，但这一阶段你所作的决策都是服务于大四进行职业选择的。第二个阶段是了解影响决策的因素，并能够利用自身决策风格的特点和优势，避开劣势，借助决策工具进行科学的决策分析。你所采用的决策思维和工具可辅助你作决策。第三个阶段是决策的行动和监督。即便你作出了科学的决策，若光说不做，缺乏行动，也会导致决策失败。例如，你选择了考研，但是犹豫了很久还没有着手复习，这就是缺乏决策力的表现。行动起来是精进自己决策力的有效方式，将决策力工具渗透到日常生活当中，你的大学生活会因此变得更加充实、有意义。

第七章

基于社会需求的电子信息人才就业能力培养

首先我们要明晰一个问题：职业能力与就业能力是否一回事？

职业能力是个人所从事行业所需各种素养的总和，是某一职业所需的专业能力和非专业能力的总和，是个体当前就业以及终身发展所需的能力；职业能力高低决定了就业能力强弱。而就业能力指就业者从事任何一种职业的基本能力要求，是个人自身的素养满足市场需求的量度，体现于个体当前就业是否成功的竞争性能力。

具体来说，职业能力是一种满足长远发展的能力体系，体现出长期性、终身性；而就业能力主要针对目前就业的需求，体现了个体进入职场的关键性能力。两者有诸多相同的能力内容，均体现于胜任性、竞争性和发展性。但两者也有不同之处：就业能力以短期内成功就业为目的，主要根据自身情况和人才市场需求做好相应的准备；而职业能力主要考虑个体的长远职业发展需求，更加注重规划性和长期性。对于招聘单位或个人，某些职业能力是可以在成功就业之后再通过进一步加强培训来培养和提升的；或者说，某些职业能力是需要在就业能力的基础上再进一步巩固、强化和发展的。

第一节　就业能力与相关理论模型

一、就业的定义

就业是指在法定劳动年龄内的有劳动能力和劳动意愿的人所从事的为获取报酬或经营收入进行的活动。按此含义进一步分析，就业可以从三个方面进行界定：一是就业条件，指在法定劳动年龄内，有劳动能力和劳动意愿；二是收入条件，指获得一定的劳动报酬或经营收入；三是时间条件，指每周工作时间长度。

对就业的另一种释义是雇佣的契约关系，即其中一方为雇佣者（雇主），另一方为被雇佣者（求职者）。通过双方契约约定，被雇佣者为雇佣者工作，并由雇佣者提供报酬。针对就业，企业界和学术界也提出了“可就业性”这一新概念。具体来说，劳动者随时有另谋职业或改变工作岗位的可能，必须提高自己的“可就业性”，要争取掌握两项或两项以上的专业技能。求职者提高知识和技能水平，以适应就业市场的需要，是就业的关键。

自古以来，就业就是一个国家的最大民生，是社会经济发展的基础与前提。实现社会的充分就业，提高人力资源的运营效率，是促进就业与社会经济良性互动的必然选择。从经济学的角度来看，就业的本质是指生产资料与人结合后的生产劳动。从个人的角度来看，就业是每一个劳动者生存的经济基础和基本保障，也是其融入社会、共享发展成果的基本条件；从用人单位的角度来看，就业可助其找到合适的人才，以推动本单位的生存发展；从政府的角度来看，就业就是实现双方需求的共同满足，进而促进社会经济的健康发展。

二、就业能力的概念

就业能力（Employ Ability）也称就业力，这一概念最早出现在20世纪初，由英国经济学家威廉·贝弗里奇（William Beveridge）于1909年首次提出。他认为就业力即“可雇用性”，是指个体获得和保持工作的能力。20世纪80年代后期，美国的一些学者对此概念进行了修订，认为就业力是一个获得最初就业、维持就业和重新选择、获取新岗位的动态过程。这在强调就业者就业能力的同时，加入了就业市场、国家经济政策等宏观因素，更全面地阐释了就业力的整体概念。美国教育与就业委员会指出，就业力不仅包括狭义上理解的找到工作的能力，还包括持续完成工作、实现良好职业生涯发展的能力。加拿大劳动力发展委员会将就业能力定义为个体在个人所处环境和劳动力市场相互作用下实现有意义就业的相对能力。英国工业联合会将就业能力定义为为了满足雇主和客户不断变化的需求，个人需具备的素质和能力，这些素质和能力能够使个人充分发挥潜力，进而实现职业理想。国际劳工组织将就业能力定义为个体获得和保持工作、在工作中进步以及应对工作生活中出现的变化的能力。①

美国劳工部“获取必要技能秘书委员会”（Secretarys Commission on Achieving Necessary Skills）将“就业能力”分解为基本技能、思考技能和个体特质三类共36项能力。美国学者帕拉德（Pallard）认为，就业能力包括职业资本（个体知识、技能和态度）、发展能力（求职能力、职业管理能力和职业策略）、表达能力（恰当地展示自身职业资本的能力）、就业环境四部分。国内学者曾红权认为，就业力是指特定社会经济条件下个人职业生涯中保持竞争的能力和优势，包括保持工作、更换工作的能力并最终在个体职业生涯中永续实现自我价值的能力。② 也有学者将就业能力划分为适应性、交互性与身份性三个维度：适应性是指个体在职场中的差异性，如自我概念、职业自尊、抗风险能力等；交互性是指个体在职场中如何展现和实现自己的就业能力，如职业导向性、自我效能感、个体经验度等；身份性是指个体对自身职业身份风格的描述与定位等。③ 法国学者 Mitelrell 将就业能力结构划分为知识、技能和态度三个层面的能力，包括智力能力（对问题的判断分析能力、学习与创新能力）、社会交际能力（人际沟通、团队决策与适应力、人际态度与责任感等）、经营与创业能力（职业冒险精神、工作创新力、机会的辨识与把握能力、危机管理能力等）、与工作相关的多元综合技能等。

综上所述，就业能力是指获得某个岗位的全部能力的总称。一个人想要顺利地找到工

---

① MCQUAID R W, LINDSAY C. The concept of employability [J]. Urban studies, 2005, 42 (2): 197-219.

② 曾红权．就业力研究概述［J］．现代教育科学，2010（5）：1-4.

③ 龚勋，蔡太生．大学生就业能力：要素、结构与培育路径［J］．江苏高教，2018（1）：91-94.

作，就必须具备一定的就业能力，包括一般就业能力和特殊就业能力。一般就业能力包括一个人的工作态度、世界观、价值观、习惯，以及与工作有关的一些能力（主要是指处理与周围的人和工作环境的关系的能力），如怎样进行工作、如何与人相处等。一般就业能力还包括自我管理能力，如决策能力、对现实的理解能力、对现实资源的利用能力，以及有关自我方面的一些知识、对学校所学课程与工作中具体运用之间的关系的理解能力。特殊就业能力通常体现于个人的专业能力，是指某个职业所需的特殊技能和环境所需的某种特殊技能，如一个会计必须具备较好的数学功底，护士需要具备某种特殊的护理技能，美术工作者必须具备色调感、浓度感、线条感和形象感等。

一般就业能力和特殊就业能力在职业活动中都很重要。要成功地从事某种职业，常常需要一般就业能力和特殊就业能力的有机配合。如果一个人只有一般就业能力而无特殊就业能力，是很难胜任某种职业的。例如，一个不精通医术的大夫又如何能给病人治病呢？同样，只有特殊就业能力而无一般就业能力的人也是很难在事业上取得成功的。例如，一个缺乏团结协作、全心全意为人民服务精神，缺乏事业心和责任感的人，纵使有娴熟的职业技术，最终也会遭遇失败。

从用人单位和求职者的角度来看，一般就业能力更为重要。①社会在发展，科学技术的更新在加快，一般就业能力强的人能更好地适应社会，在掌握新知识、更新技术方面更具主动性与积极性。②特殊就业能力是从事某种职业必须具备的，其容易引起个人、学校或用人单位的足够重视，而一般就业能力由于与工作的关系不是十分明显，以往很少被注意到。如今，用人单位越来越看重一般就业能力，许多求职者就是因为一般就业能力不强而未被录用。③一般就业能力与失业关系密切。许多研究表明，人们失去工作不是因为缺乏特殊就业能力，而是缺乏一般就业能力。美国一份有关失业的报告中说，失业的90%的人不是因为不具备工作所需要的技能，而是因为不能与同事、上司友好相处，或者经常迟到。这些人失业就是因为他们缺乏一般就业能力而不是特殊就业能力。

三、就业相关理论与能力模型

（一）人力资本理论

“人力资本”一词来自有“人力资本理论之父”之称的美国经济学家西奥多·舒尔茨（Theodore W. Schultz）的演说“人力资本投资”。舒尔茨将人力资本定义为劳动者投入企业的知识、技能、创新概念和管理方法的一种资源总称。该定义的最主要特点是认为人力资源天然属于个人，可以交易；而对于企业，指的是财务资本和人力资本的一种契约关系。

1964 年，美国经济学家加里·贝克尔（Gary S. Becker）提出了比较系统的人力资本理论框架，基本观点是：人通过教育和训练获得的知识和技能是资本的一种形式；知识、技能、智力等价值的总和是人力资本的集中表现形式。大学生作为一种人力资本，最终也要进入社会，走向工作岗位。①

人力资本理论认为，教育是人力资本投资的主要形式，可以提高受教育者的劳动生存率，进而提高个人收入，并促进经济增长。② 地方政府、学校、学生、企业都是人力资本投资的利益付出和获得者。教育作为一种人力资本投资，能为投资者带来较高的利益。从政府及学校的角度来看，对学生的投资既是一种公益行为，也是一项利国利民的工程。就业是民生工程，就业的质量关系到学校的发展，也关系到社会的稳定。

人力资本理论认为，大学生就业核心竞争力本质上属于人力资本形态，是一种能够增加学生价值的资本，对经济增长和社会发展具有重要的促进作用。对电子信息类专业学生就业核心竞争力的培养，可以从人性的角度，更加关注人的发展对经济发展的推动作用，如校企联合培养模式，实质就是一个人力资本专用化的过程。③

（二）需求理论

亚伯拉罕·马斯洛（Abraham H. Maslow）于 1943 年提出了需求层次理论，又称为“基本需求层次理论”，是行为科学的理论之一。该理论指出，人的需求分为两大类，包括人的基本需求（生理需求、安全需求、爱与归属的需求、尊重的需求）和人的成长性需求（自我实现的需求）。④ 这两类需求构成了不同层次的需求，又称为五种需求层次理论。对于个人而言，这五个层次需求从低到高逐渐上升，当前一层次的需求得到满足，下一个层次的发展就会顺势前进。每个人的需求层次内容会因不同的阶段、不同的价值观而有所差异。对于大学生而言，面对就业所考虑的不仅仅是生理需求、安全需求，更多的是爱与归属的需求、尊重的需求，直到自我实现。这些需求不是逐步实现的，而是交叉实现的。

马斯洛理论的层次需求反映了个人不同阶段的成长和发展的客观需求，也体现了个体生存的现实需求，成为激励和指引个体行为的力量。了解个体需求是应用需求层次理论对员工进行激励的一个重要前提。不同组织、不同时期的员工以及组织中不同的员工的需求充满差异性，而且经常变化。因此，管理者应该经常运用各种方式进行调研，弄清员工未得到满足的需求是什么，然后有针对性地进行激励。

基于马斯洛需求层次理论，大学生可以更好地剖析自己，树立正确的世界观、人生观、价值观、就业观，在工作中实现自己的价值，既满足个人最低层次的需求，又在创造中提升自己，从而实现梦想。与此同时，马斯洛理论也为企业提供了指导方向，在人才的

① 韩成曦．大学生就业核心竞争力的结构模型构建研究［D］．大连：大连理工大学，2014.

② 黄敬宝．就业能力与大学生就业：人力资本理论的视角［M］．北京：经济管理出版社，2008：28.

③ 吴冰，刘志民．人力资本专用性对高职校企合作的影响［J］．高教发展与评估，2015，31（6）：27－34，82.

④ 和振勇．基于马斯洛需求理论的高校学生管理研究［J］．淮阴师范学院学报（自然科学版），2017，16（2）：172－174.

选拔、培养中，针对员工不同层次的需求，提供不同的发展空间，营造良好的工作氛围，让员工在工作中找到归属感，并在岗位上实现个人的价值，为企业创造更多的价值，从而更有利于企业核心竞争力的提升。①

（三）胜任力理论

“胜任力”的概念由哈佛大学教授戴维·麦克利兰（D. C. McClelland）于1973年提出，是指能将某一工作中有卓越成就者与普通者区分开来的个人的深层次特征，它可以是动机、特质、自我形象、态度或价值观、某领域知识、认知或行为技能等个体特征的集合。② 有的学者从更广泛的角度定义胜任力，认为胜任力包括职业、行为和战略综合三个维度。职业维度是指处理具体的、日常的任务的技能；行为维度是指处理非具体的、任意的任务的技能；战略综合维度是指结合组织情境的管理技能。

继麦克利兰之后，西方学者在胜任力概念的基础上展开关于胜任素质及模型的研究，从指出胜任素质的含义、构成要素到建立胜任素质模型，进而提出有关建立胜任素质模型的方法、步骤及具体的操作等。更多的专家学者根据各行业职位的特点，建立了相应的胜任素质模型。美国学者斯宾塞等通过实地研究，构建了五种一般胜任素质模型，包括专业技术人员、优秀企业家、营销人员、管理者、社会服务人员③。布埃诺和陶布斯构建了全球通用的领导力模型，主要的六大要素包括：沟通能力、拓展技巧、学习的动力、尊重员工、灵活性及敏感性。普尔和塞维尔指出胜任素质模型能够影响大学生就业能力的自我效能、自信和自尊，为大学生就业能力提升提供了理论依据。莫里森指出胜任素质模型在人力资源绩效考核、人才招聘中的重要性，并探讨了怎样应用胜任素质模型进行人员选拔。布里奇托克认为，通过开展胜任素质模型研究能够为高校人才培养目标及培养方案的制订等方面提供有效的理论依据，也能为高校培养大学生就业能力提供指导。纳格尔提出将胜任素质模型应用在教师的培训中，之后多个领域也相继以胜任素质模型为依据展开培训。罗伊尔将胜任素质模型划分为三个层次，分别是技能、素质与人格魅力。其中，技能是第一个层次，在胜任素质中占主导地位；第二个层次是素质，强调在动态过程中各种特质的综合运用，以达到最大限度上个人能力的运用；第三个层次是人格魅力，是三个层次中弹性最大、可塑性最强、可量化难度最大的一个层次。④

---

① 石华灵. 从马斯洛需求层次理论谈毕业生的相关就业观念［J］. 统计与管理，2017（2）：190－192.

② MCCLELLAND D C. Testing for competence rather than for intelligence［J］. American psychologist，1972（1）.

③ SPENCER L M，SPENCER S M. Competence at work：models for superior performance［M］. New York：John Wiley & Sons，1993.

④ ROEHL T W. Mobilizing invisible assets［M］. Cambridge：Harvard University Press，2016：14－30.

（四）大学生就业能力模型

综合而言，就业能力具体反映个体与社会需求的匹配度及其对社会发展的适应性。国内外学界将就业能力大体分为人格特质、综合能力、岗位胜任能力和通用能力等。奈特（Knight）和约克（Yorke）将就业能力分为“学科理解力、技能、自我效能和元认知”四大要素。英国学者哈维（Harvey）等人将就业能力分为核心胜任力和专业技术能力两个维度。麦尔·伏吉特（Fugate）等人提出就业能力结构模型，包括职业认同、适应性、人力资本和社会资本。王新俊、孙百才等学者以二维、三维、四维和多维模型归纳了国外学者从不同角度建构的大学生就业能力模型，具体介绍如下：①

1. 二维就业能力模型

二维就业能力模型认为就业能力是两种要素的集合体。二维就业能力模型中具有代表性的是杰克逊（Denise Jackson）的就业能力迁移模型（Model of Graduate Employability Incorporating Transfer）。该模型认为，大学生的就业能力是大学生将在大学里获得的非技术性技能（Non-technical Skill）成功迁移到工作中的能力。非技术性技能是指人际关系能力和认知技能，具体包括团队合作能力、决策能力、领导能力、管理能力和沟通能力等。非技术性技能的迁移分为两个阶段，如图7－1所示。

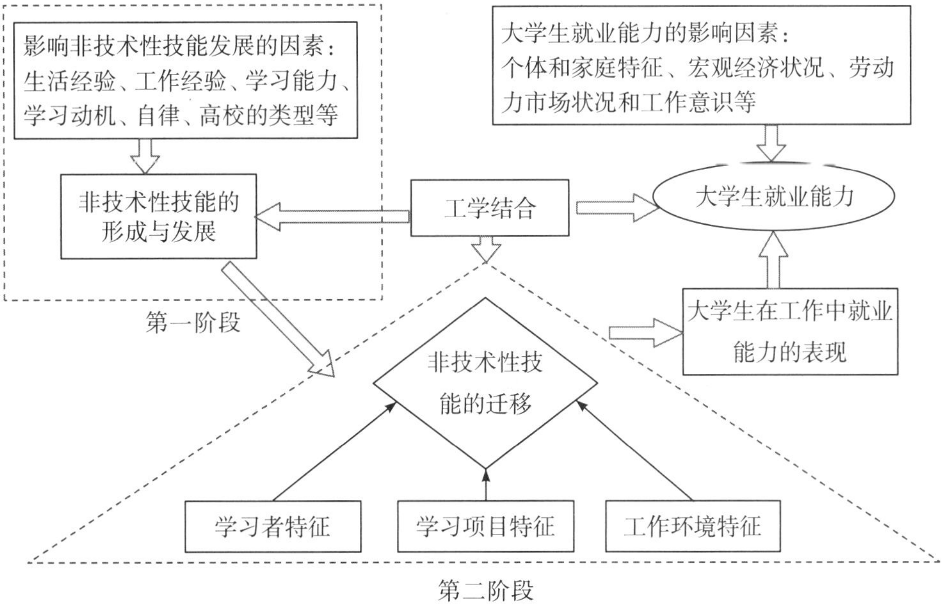

图7－1　杰克逊的就业能力迁移模型

① 王新俊，孙百才．近30年来国外大学生就业能力研究现状及进展［J］．教育与经济，2018（5）：57－64，72．

第一阶段是大学生在读大学期间非技术性技能的形成与发展。非技术性技能的形成与发展有诸多影响因素，如生活和工作经验、学习能力及学习动机等。杰克逊认为，高校主要通过课程培养大学生的非技术性技能，课程主要包括专业知识的学习和实践技能的培养。为了全面评价大学生非技术性技能的发展水平，杰克逊建议高校采用多元化的评价方式，如学生的自我评价、学生之间的相互评价和教师对学生的评价等。

第二阶段是非技术性技能的迁移。迁移是指大学生将在学习中获得的知识和技能运用在实际工作中。高校教学的最终目的是使学生能够进行知识迁移。知识迁移的影响因素有学习者特征、学习项目特征和工作环境特征。此外，工学结合也有利于知识的迁移。知识迁移影响大学生的就业能力，进一步对就业质量产生影响。除了知识迁移以外，大学生的就业能力还受其他因素影响，如个体和家庭特征、宏观经济状况、劳动力市场状况和工作意识等。杰克逊认为校企合作是培养大学生知识迁移能力的有效方法，建议高校为大学生开设实践课程，企业为高校课程设置提供改进意见，并为大学生提供实习机会。①

2. 三维就业能力模型

三维就业能力模型认为就业能力是三种要素的集合体。具有代表性的三维就业能力模型是富盖特（Fugate）的就业能力启发模型。该模型认为就业能力是职业认同、个体适应能力、社会及人力资本三要素的多维集合体，如图 7－2 所示。

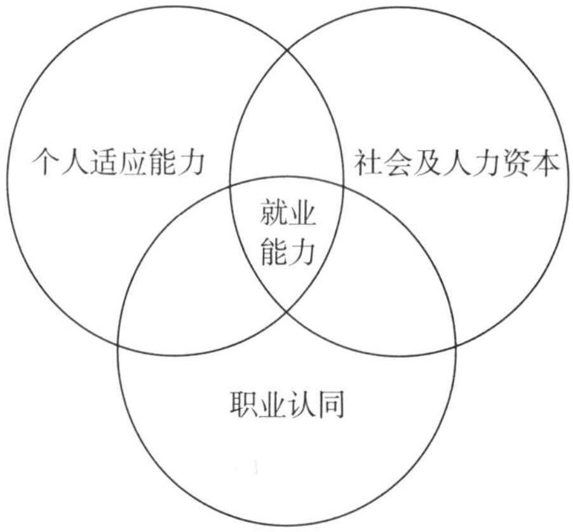

图 7－2 富盖特的就业能力启发模型

职业认同即个人的职业体验和职业愿景，在特定的职业环境中如何定义自己，在工作中明确“我是谁或我想成为什么样的人”，确定未来职业发展的方向。同时，反思过去的职业经验，为未来的职业发展方向作出规划。富盖特等人认为，职业认同是个人职业发展

① JACKSON D. Business graduate employability—where are we going wrong? [J]. Higher education research and development, 2013, 32 (5): 776－790.

的指南针，是就业能力的认知和情感基础。个体适应能力即个人适应不断变化的职场环境的能力。个体适应能力与个人特质（如乐观、学习倾向和自我效能感）有关，这些个人特质有效结合起来，能够使个人有效识别并抓住工作机会，表现出较强的就业能力，从而实现成功就业。社会资本即个人拥有的社会资源和人际关系，人力资本即影响职业发展的个人因素，如年龄、教育状况、工作经验、情商和认知能力等，其中教育状况和工作经验是影响个人职业发展的最重要因素。

富盖特认为，职业认同、个体适应能力、社会及人力资本三个因素相互联系、相互影响，共同构成了大学生的就业能力。个体适应能力有助于职业认同的发展，职业认同以个体适应能力为基础。社会及人力资本对于职业认同至关重要，职业认同有助于增加大学生对社会及人力资本的投资。适应能力强的人容易掌握社会资本，容易抓住培训机会提高人力资本，通过社会资本获得的资源有助于提高个人的适应能力。[①]

3. 四维就业能力模型

四维就业能力模型认为就业能力是四种要素的集合体。具有代表性的模型是奈特和约克的 USEM 就业能力模型，如图 7 - 3 所示。

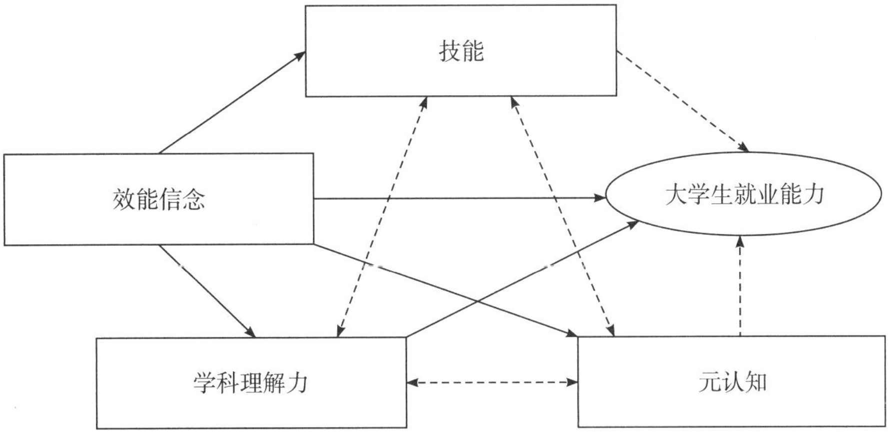

图 7 - 3 奈特和约克的 USEM 就业能力模型

USEM 就业能力模型认为就业能力由学科理解力（Subject Understanding）、技能（Skills）、效能信念（Efficacy Belief）和元认知（Meta-cognition）四个要素构成，这四个构成要素英文首字母的缩写组合即 USEM。学科理解力指对学科知识的理解和运用能力；技能包括学科能力和通用技能；效能信念是大学生对自己适应能力的信念，这个信念使大学生在面对新挑战时能够保持活力；元认知即大学生学习的自我意识、自我反思和行动能

① FUGATE M，KINICKI A J，ASHFORTH B E. Employability：a psychosocial donstruct，its dimensions and applications [J]. Journal of vocational behavior，2004，65 (1)：14 - 38.

力，是一种自律能力。这四个部分是相互联系、相互影响的，共同构成了大学生的就业能力。包括效能信念在内的个人素质能促进学科理解力、技能、元认知等就业能力的发展，效能信念、技能、学科理解力和元认知能够直接促进就业能力的发展。此外，元认知、技能、学科理解力三者之间是相互促进的。USEM 就业能力模型将就业能力与技能、学科理解力、元认知和个人素质联系起来，是就业能力研究的重大进展。①

4. 多维就业能力模型

多维就业能力模型认为就业能力是多种要素的集合体，具有代表性的模型是普尔（Pool）和塞维尔（Sewell）的"Career EDGE"就业能力模型，如图 7－4 所示。

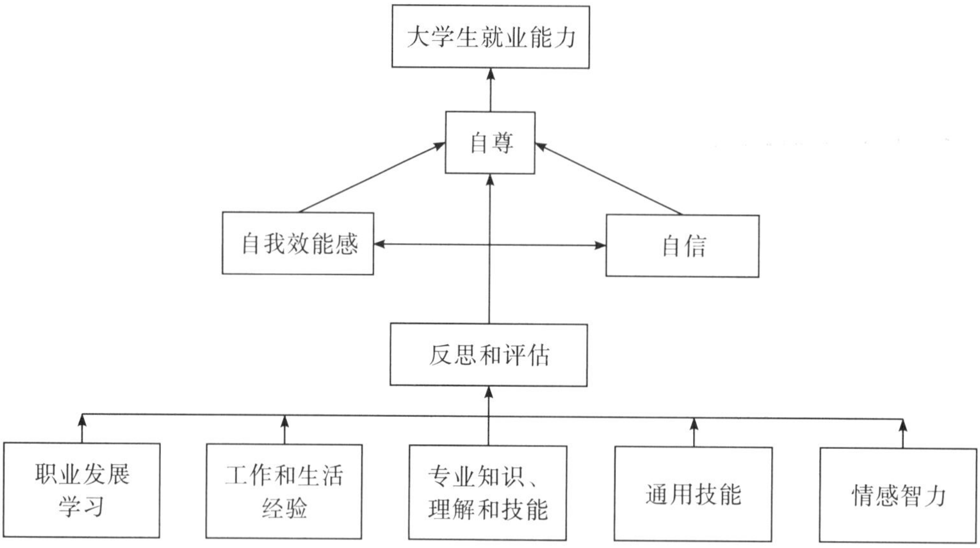

图 7－4　普尔和塞维尔的"Career EDGE"就业能力模型

"Career EDGE"就业能力模型中最底层的五个要素是职业发展学习（Career Development Learning），工作和生活经验（Experience），专业知识、理解和技能（Degree Subject Knowledge，Understanding and Skills），通用技能（Generic Skills），情感智力（Emotional Intelligence）。再往上一层是反思和评估（Reflection and Evaluation），大学生通过反思和评估学习经历，为下一步发展就业能力作出规划。反思和评估过程有助于发展大学生的自我效能感（Self-efficacy）、自信（Self-confidence）和自尊（Self-esteem），而自我效能感、自信和自尊是构成就业能力的重要因素，因为就业能力是通过与自我效能感、自信和自尊等社会概念的复杂互动来发展的。

① YORKE M，KNIGHT P. Embedding employability into the curriculum［R］. Higher education academy，2004：4.

专业知识、理解和技能是“Career EDGE”就业能力模型的核心概念。通用技能是指学习任何专业的技能，这种技能可以在不同情境（如在学习中或工作中）进行转移。情感智力高的人容易建立更好的人际关系，保持良好的心态，从而更易获得职业成功。由于情感智力与大学生的学业成就相关，因此情感智力可以通过教学获得。职业发展学习引导大学生了解自己的职业喜好，作出合理的职业生涯规划。丰富的工作和生活经验有利于提高大学生的就业能力，高校应为学生提供丰富的实践课程和课外兼职，丰富学生的工作和生活经验。①

第二节　大学生就业能力及就业的社会影响因素

一、大学生就业能力概述

“大学生就业能力”是为适应就业市场的变化而提出的。大学生就业能力主要是指实现大学生就业理想、满足社会需求、实现自身价值的能力，体现于大学生的职业目标是否明确、知识技能是否扎实、就业心态是否端正、是否有适应岗位的实践能力等。大学生就业能力既包括初次获得工作的能力，还包括重新选择工作的能力，即能够在不断变化的职业环境中维持和重新选择工作的能力。就业能力不仅仅表示个体具备胜任岗位的基本条件，个体的经济条件、社会资本以及家庭观念等都是影响职业获得的重要因素。

学者郑晓明在《“就业能力”论》一文中界定了大学生就业能力，即“大学毕业生在高校就读期间经过知识学习与素质开发而获得的、能够实现就业理想与个人价值以及满足社会需要的一种综合性职业能力”。② 这一概念是对学生各种能力的全面包含，在内容上包括学习能力、思想能力、实践能力、应聘能力和适应能力等。学习能力是指获取知识的能力，它是就业能力的基石；思想能力是指思维能力（包括创新能力）和政治鉴别力、社会洞察力、情感道德品质的综合体现，它是大学生思想成熟与否的标志；实践能力是指运用知识的能力，是就业环节中的点睛之笔，是各种能力综合应用的外化体现；应聘能力是指在求职过程中所展示出来的综合素质；适应能力是指在各种环境中驾驭自我的心理、生理的调节能力，它是大学生就业乃至顺利完成由学生角色向社会职业角色转变的关键。

国内诸多学者认为大学生就业能力主要包括知识技能、可迁移技能和自我管理能力三类。知识技能主要是指学生在本专业技术方面掌握的技能，多数指学生学习专业知识和具

① POOL L D，SEWELL P. The key to employ ability：developing a practical model of graduate employability［J］. Education and training，2007，49（4）：277－289.

② 郑晓明. “就业能力”论［J］. 中国青年政治学院学报，2002（3）：91－92.

备的实践能力。可迁移技能就是可以转化到任何工作中的一般基本技能，能从一种工作中迁移到另一种工作中，或是从一种生活角色中迁移到另一种生活角色中的相关能力，主要包括表达能力、人际关系能力、组织管理能力、思维能力、创造力等。自我管理能力是指受教育者依靠主观能动性，按照社会目标，有意识、有目的地对自己的思想、行为进行转化控制的能力。

学者王君涛和沙治邦认为，大学生就业能力主要体现在以下几个方面：一是就业能力是一项综合能力。一个人获得、保持以及做好工作不是某一项能力在起决定作用，而是个人综合能力和素质的体现，它不仅包括专业知识、专业技能，还包括组织能力、沟通能力、个人品质等。二是就业能力是一项可持续发展能力。可持续发展能力是保证大学生能够保持与时俱进，适应经济社会发展的关键因素。随着现代科学技术的飞速发展，大学生只有不断更新理论知识，掌握专业前沿技术，才能在工作中不断创新，实现自我价值。这就要求大学生具备扎实的基础和学习新知识的能力。三是就业能力是在校期间获取的能力。对于大学生来说，就业能力是指在校期间经过学习、培训、锻炼所获取的能力。

综合相关研究可知，大学生就业能力结构共包含科学文化素质、职业素养、社交能力、身心素质、应聘能力五项内容。[①] 科学文化素质是大学生就业能力的核心内容，是大学生走向社会、立足社会、服务社会、实现自我价值应具备的最基本素质。职业素养是在工作中表现的个人品质，是大学生快速适应未来工作的必备条件。社交能力是大学生在社会实践活动中为了满足自身精神和物质需要而与他人进行相互交流与沟通的能力，是完成目标或任务的重要保障。身心素质包括强健的体魄、健康的心理、优良的思想道德，是大学生健康成长、全面发展、适应新环境、实现人生价值的重要基础保证。应聘能力包括求职信息收集、简历制作、沟通协同、面试技巧运用等能力，是成功就业的“临门一脚”。

二、大学生通用就业能力

从多数学者的研究来看，对于大学生而言，他们的就业能力除了要满足市场对人才素质的要求，还要形成具有支撑性、发展性的核心能力，具体包括如下几个方面的通用就业能力。

（一）专业能力

专业能力指从事职业和创业活动所必需的知识和技能，以及运用已掌握的知识和技能解决职业工作中实际问题的能力。专业能力是影响就业力的重要因素，就业力的高低直接影响就业结果，其中专业能力强弱与就业力高低成正比。专业能力是人们从事某一特定社

① 王君涛，沙治邦．大学生就业能力结构分析及培育路径：基于用人单位的调查研究［J］．科技促进发展，2018，14（7）：653－659．

会职业所必须具备的能力和本领。如电子信息类专业，是一门应用计算机等现代化技术进行电子信息控制和信息处理的学科，主要研究信息的获取与处理，电子设备与信息系统的设计、开发、应用和集成，是电子和信息工程方面的较宽口径专业。学生应掌握的知识和技能主要为毕业要求范围内课程的基本知识和技能，同时还应掌握与应聘岗位相关的业务方面的分析与设计、文献检索、资料查询的基本方法，具有一定的科学研究和实际工作能力。

专业能力是能力培养中最基本也最重要的能力。精通专业知识和技能是适应社会生活、对社会有所贡献所必需的素质。一般来说，就业后能否迅速适应专业工作要求、取得用人单位的领导和同事们的认同，首先与其掌握专业知识和技能的程度密切相关。专业知识和技能的水平越高，就越能胜任工作和发展工作，越有利于工作中各种关系的处理，更有利于形成良好的职业发展循环。专业能力包括以下方面：

（1）合理的知识结构。专业知识和相关知识的掌握能力历来为人们所重视，也是用人单位选人最重要的依据。只有具备广博扎实的专业知识和相关知识，在实际工作中才能驾轻就熟，得心应手，才能运用所学知识去开拓创新。但知识的学习与学习能力的培养，一定要注重知识结构。知识经济时代的核心思想是把知识作为职业发展的重要因素，这是因为一个人所具有的能力与他掌握的知识、技能是相互联系和制约的。一个人的能力直接决定其职业状态，所以最终是以知识增进职业进程的。

（2）过硬的专业技能。专业技能包括智力技能和操作技能，体现的是实际工作能力和岗位能力。①智力技能是在大脑内部，借助于内部语言，以缩减的方式对事物的印象进行加工改造而形成的，它以抽象思维为主要特征。能力的使用过程，无论是机械的还是非机械的，是自动化的还是非自动化的，是熟练的还是不熟练的，都是在智力的指导、支配和调节下进行的，包括观察力、注意力、记忆力、想象力等一般能力。智力技能的形成，对于解决生产中的难题、进行技术更新改造以及从业人员开创性个性品质的养成具有很大作用。②操作技能是由一系列外部动作构成的，是经过反复训练形成和巩固的一种合乎规则的随意行动方式。操作技能是专业技术能力的有机组成部分，也是形成专业综合能力的基础。掌握操作技能包括对动作的认识、联系从而达到协调完善三个阶段，操作技能虚拟训练总要通过认识动作样板、了解动作程序、掌握动作关键，从而理解整个动作，使之有机联系、相互协调，最后形成连锁反应，接近自动化动作，达到准确性、协调性、速度和技巧利用的定型。

（3）较高的计算机和外语水平。计算机与外语水平的高低是用人单位选择毕业生的一个重要条件。随着科学技术的日益发展和改革的不断深入，用人单位的对外交往也逐年扩大，生产技术、办公自动化程度也逐渐提高，计算机和外语已成为各种人才必备的应用工具。

（二）适应能力

适应能力的高低直接影响到就业的成败，可以说，适应能力是就业力的核心能力。适者生存，不适者淘汰，是生物界与人类社会最普遍的法则。适应在心理学上一般指个体调整自己的动机和心理状态，使之与环境条件的要求相符合。适应能力是指个体在社会组织系统、群体或经济文化因素中，其生存功能、发展目标和实现相应变化的能力。

（1）人际交往能力。人际交往能力是适应环境的关键，是求职择业中非常重要的能力。人际交往能力是指与他人相处的能力，它包括人际沟通和人际和谐两大基本内涵。人际交往或人际关系是工作、学习中人与人之间必然要发生的联系，是一种普遍的社会现象，是人与人之间心灵沟通的一种方式。是否能够正确、有效地与他人进行沟通，并协调处理好日常学习、工作和生活中人与人之间的各种关系，不仅影响到一个人对环境的适应状况，而且影响到一个人的工作效能、心理健康、生活幸福和事业成败。

（2）表达能力。表达能力是指应用语言或文字阐明自己的观点、意见或抒发自己情感的能力，它包括口头表达能力、数字表达能力、图示表达能力等形式。特别是口头表达能力，无论是在求职面试还是在对外交往中都非常重要。一个人哪怕学贯中西，满腹经纶，技能超群，但若缺乏表达能力，也难以让别人接受和欣赏。

（3）组织管理能力。尽管不是每个人将来都会从事管理工作，但每个人在工作中都不同程度地需要组织管理能力，这是现代社会对人才的基本要求。

（4）客观评价自我的能力。客观评价自我的能力是指清醒地认识自我、评价自我、定位自我的能力。在就业市场中，有些人因缺乏客观评价自我的能力，往往出现自我定位“错位”“失位”，期望值过高或过低的倾向；或高不成、低不就；或唯唯诺诺，不敢尝试，坐失良机，难以适应就业形势与就业市场的变化。这说明客观评价自我的能力对求职择业同样是十分重要的。

（5）承受一定挫折的能力。耐挫者胜，在逆境中成才大有人在。人生的成长并不都是坦途，求职择业也不会一帆风顺，在就业途中遭受挫折是正常的。遭受了挫折怎么办？怨天尤人没有用，自暴自弃只会雪上加霜，最好的办法莫过于定定神，静下心，认真思考，以积极的心态来对待挫折。如果一遇挫折就心烦气躁，头脑不冷静，乱了方寸，不知所措，则难以适应这竞争激烈和变革的时代。我们应做到无论何时何地，在何事上碰到挫折，不消沉，更不放弃，永远保持上进心和好心情，这对求职择业成功十分重要。

（三）竞争能力

竞争能力简称竞争力，它直接影响就业效果。竞争能力是就业的支撑性要素，是促进就业成功的重要力量。现代社会充满激烈竞争，竞争推动社会的发展、促进人的能力提升，竞争不可回避、不可逆转，人不进则退。面对充满激烈竞争的就业市场，如何打破就业难的坚冰，如何在激烈的就业竞争中获得自己的一席之地，要靠就业的竞争力。因此，我们不仅要敢于竞争，善于竞争，还应当培养和提高自身的竞争力，并在以下方面作出努力：

（1）思维能力。思维能力是指在表象、概念的基础上进行分析、综合、判断、推理的能力。思维能力是就业竞争力的重要组成部分，思想决定思路，思路决定出路，如何“思”，如何“想”，就是一种思维能力；在严峻的就业形势面前，在竞争激烈的就业市场中如何看、如何想、如何行，只有思路正确，才有光明出路，这都取决于思维能力。

（2）营销能力。营销能力是指一个人在现代社会生活中推销自我，获得他人信任和社会认可的能力。营销是卖的艺术，是满足他人的策略，是提高性价比的智慧。这种能力在求职择业中十分重要，可以说，求职的过程就是营销自己的过程，营销能力与求职成功率成正比。“我围绕求职应当做些什么?”“我是一个怎样的人?”“我需要什么样的职业?”“什么样的职业适合我?”“我能得到什么样的职业?”这些是构成就业营销的基本要素，只有真正弄懂了这些问题，自我推销才会成功。

（3）发展能力。发展能力是指一个人身上表现出来的发展潜力以及自我激励、自我进取、自我完善、追求卓越的能力。这种能力在就业竞争中具有十分重要的作用，它是用人单位考察的一个重要指标，既要看你学得怎么样、发展得怎么样，还要看你的进取精神、团队合作意识、责任感、生活态度，这些展现出来的都属个人的发展能力。

（4）创新能力。创新能力是指在各种智力因素和多种能力的基础上，利用多种渠道信息，创造新颖独特、具有社会价值的新理论、新思维、新设想、新工艺、新产品的能力。这是一种综合性的、高层次的思维和行动能力，是能力和素质中最关键、最重要的因素。

（5）创业能力。创业能力是指一个人在职业生涯中进行创造性劳动的能力。这里的创业，既指创办自己的企业，也指开创事业。自主创业是一项非常具有挑战性的社会活动，对创业者自身的智慧能力、气魄胆略、市场竞争力都是一种全方位的考验，它与个人的意志品质、商业意识以及性格、气质、爱好和特长等有着紧密的联系。并不是所有毕业生都适合创业，但创业能力仍是竞争力的重要内涵和显著特征，它是创业者创业成功的前提条件。

（四）情感智商

情感智商（Emotional Quotient，EQ）又称情绪智商、情绪智力，是近年来由心理学家提出的与智力和智商相对应的概念。它是人们识别自己和他人的情绪，鞭策自己进取，并驾驭自己情绪以及把握人际关系的能力。它主要是指人在情绪、情感、意志、耐受挫折等方面的品质。

情感智商是就业中非同小可的重要能力，甚至比个人的知识、技能、智慧更重要，它可以直接影响人的就业结果与事业成败。有的人认为，一个人能否在一生中取得成就，智力水平是最重要的，即智商越高，取得成就的可能性就越大。但心理学家们普遍认为，情感智商水平的高低对一个人能否取得成功也有着重大影响，有时其作用甚至超过智力水平。

有学者认为，情感智商包括以下几个方面的内容：一是认知自己的情绪。因为只有正确认知自己，才能成为自己生活的主宰。二是妥善管理自己的情绪，即能够调控自己。三是自我激励，它能够使人走出生命中的低潮，重新出发。四是认知他人的情绪。这是与他人正常交往，实现顺利沟通的基础。五是人际关系管理，即要具备领导和管理能力。

三、大学生就业影响因素分析

（一）就业率不等于就业力

对于大学生来说，就业（Employment）关注的通常是他们在特定短期内（3 个月、6 个月或大四期间）能否找到工作，进入职场。相对而言，就业力（Employability）关注的是在某一专业领域的长期职业生涯发展，甚至可转换至不同专业领域的工作能力之培养。因此，我们不能狭隘地只注重大学毕业生短期的就业，而要更加重视大学毕业生的竞争力，即使其所学在劳动市场或职场上已趋饱和，仍可产生外溢效果而有能力转移至其他专业领域就业与发展。

从劳动市场的角度来看，良好质量的高等教育可以使学生获得良好的工作，或者在劳动市场饱和未能吸收之时，也能让学生具备就业力。就业力与就业率不同，它关注质量，观测点在高校对学生能力培养所作的努力；毕业生就业率（Employment Rates）只是广泛的表征，就业力则可界定为个别学生习得的重要本质。因此，就业率不等于就业力，大学教育的目的不应过度窄化为只基于就业，否则最后可能也达不到该目的。我们应从关注大学毕业生的“就业率”扩展至“就业力”，同时，大学生就业力也可成为衡量大学绩效的一项有用指标。

（二）大学生就业的社会化发展趋势

大学生就业不只是一个学生的在校行为，更是一个社会人的社会化行为，是一个人的社会化过程中的一个关键且十分重要的环节。大学生就业择业的行为社会化意味着大学生从学校走向社会，是实际上的“去学生化”，接近和接受社会现实，真正体现出社会人的根本属性。①

大学生就业也是事关社会稳定的重要因素。大学生就业问题越来越受到全社会的高度关注，受到党和政府的高度重视。大学生就业问题牵涉全社会的政治稳定、安定团结，也

① 郝登峰，等. 大学生就业创业理论与方法［M］. 北京：人民出版社，2010：21.

涉及国家人才兴国战略、教育强国方略、人力资源强国等重大方针政策的实施成效。

大学生就业择业离不开社会的支持和参与。目前我国除了在高校设有大学生就业指导中心为学生就业提供服务，教育部门也设有专门部门跟进、落实和服务大学生的就业工作。社会上还有专门的职业中介机构为大学生提供就业指导、职业发展咨询等，以不断满足大学生的就业发展需求。

（三）社会环境对大学生就业的客观影响

高校应届毕业生这一群体是职场上的新生力量。他们面临着从校园环境到职场环境的转换，从学生角色到职业角色的转变，从学习能力到工作能力的延展，就业是其社会化过程的重要一环。如何立足职场，应对压力与挑战，保持职业可持续发展的潜力，不仅是应届毕业生迈入职场前的必备功课，也是企业在挑选人才时的考量标准。中国劳动关系学院的许涛认为制约大学生高质量充分就业的主要因素有以下三个方面：①

1. 经济新业态和就业新形态发生深刻变革冲击大学生就业

随着工业化和信息化的发展，信息技术革命对产业发展产生了广泛深入的影响，从云计算、大数据到移动互联网，尤其是电子信息产业的快速发展，催生了大量新业态。在此背景下，产业结构不断升级，不同产业进行重组，企业内部价值链与外部产业链不断融合，商业模式、产业组织和企业形态不断创新，有些行业出现新的职业形式，新的就业形态应运而生，如线上教育、远程办公、平台经济等。人们对职业的丰富性和多样性逐渐有了新的体验，改变了对过往工作经历和工作经验的观念认知。总体来看，经济新业态及就业新形态加剧了优质工作岗位的竞争，新的职业领域和新的岗位也影响和冲击着大学生对就业岗位的传统认知和对就业新形态的接受度。

2. 用人单位岗位需求的适应性变化凸显就业结构性矛盾

自大学扩招以来，高校毕业生人数持续增长，就业压力不断加大。雪上加霜的是，过去几年新冠病毒感染疫情大范围肆虐，全面冲击全球制造业、供应链等，中国经济也受到不小的影响。国际形势仍复杂多变，存在诸多不确定性，一些行业、企业的生存发展面临众多挑战。在这样的经济形势背景下，传统就业环境和就业生态受到极大挑战，就业岗位大幅减少，直接影响到高校毕业生就业。随着产业结构转型升级，一些用人单位改革岗位设置，将岗位需求、选人标准及招聘方式与市场对接，进行适应性调整。虽然经济新业态为大学生就业创业开辟了新空间，但同时也对人才的素质能力提出了新要求。由于高校的专业设置和人才培养方案需要一定的适用周期，并不能随着就业市场用人需求的变化而立即调整，这种滞后性激化了大学生求职与岗位需求之间不能完全匹配的就业结构性矛盾。

---

① 许涛．大学生高质量充分就业探究［J］．教育与职业，2022（4）：58－62.

3. 人职供求的不平衡导致大学生就业不充分

早在20世纪初，美国“职业辅导之父”弗兰克·帕森斯（Frank Parsons）提出“特质因素论”，美国职业指导专家约翰·霍兰德（John Holland）提出“人格特质类型论”。他们以心理学为依据，指出人的个体特质和工作岗位的特性，并且强调在职业决策中进行人与职业的匹配。人职供求的不平衡，既可能是数量上供大于求或者供小于求，也可能是人职供给结构的不平衡；还有可能是人职不匹配而引起的人职供求的不平衡。人职供求的不平衡使得就业不充分，是影响大学生高质量充分就业的重要因素。

近年来，我国劳动力人口不断增长，劳动力供给过剩，劳动市场出现供求不平衡。2021年，全国就业总量压力不减，需要安排就业的城镇新增劳动力在1 500万人左右。2022年，全国高校毕业生规模达到1 076万人，同比增加167万人，2023年全国高校毕业生规模达1 158万人，更是创历史新高。受经济下行压力和疫情的叠加影响，市场需求下降，很多用人单位的招聘意愿降低，新增岗位大幅减少，尤其是面向应届毕业生的就业岗位大幅缩水，给即将步入社会的高校毕业生造成极大冲击，就业难度大大增加。由于适合高校毕业生的好职位减少，大学生的就业压力进一步加大，大学生要与心仪的岗位进行精准匹配以达到高质量充分就业的难度是不言而喻的，进而导致高校考研人数再创新高，公务员招录竞争激烈。

第三节　大学生就业的主要形式与准备

一、大学生就业的主要形式

大学生的就业形式一般有单位就业和自主创业两种形式。

（一）单位就业

1. 企业就业

大多数高校毕业生一般都是选择在毕业时到企业就业。不同企业对个人长远发展的影响不同，所以毕业生选择企业就业时，需要充分了解企业的合法性以及企业的性质。一般来说，大家都比较关注企业的资本所有权或者控制权等相关问题，如企业是否为国企、民企、外企等。国有企业是指国务院和地方人民政府分别代表国家履行出资人职责的国有独资企业、国有独资公司以及国有资本控股公司，包括中央和地方国有资产监督管理机构和其他部门所监管的企业本级及其逐级投资形成的企业。按照国有资产管理权限划分，国有企业分为中央企业（由中央政府监督管理的国有企业）和地方企业（由地方人民政府监督管理的国有企业）。民营企业是指所有的非公有制企业，是除“国有独资”“国有控股”外，没有国有资本控股的其他类型企业。外资企业泛指依照我国有关法律规定，在我国境内设立的由外国投资者投资经营的企业，包括中外合资经营企业、中外合作经营企业和外商独资企业等。

2. 报考公务员

公务员是各国负责统筹管理经济社会秩序和国家公共资源，维护国家法律规定，贯彻执行相关义务的公职人员。在我国，公务员是指依法履行公职、纳入国家行政编制、由国家财政负担工资福利的工作人员。

无论是国内还是国外，在所有职业中，公务员都是“香饽饽”，广受毕业生青睐。公务员不仅工作稳定、收入有保障，而且有较高的社会地位，是社会正常运转的中坚力量之一。我国公务员由人社部国家公务员局进行管理，通过国家公务员考试进行录用，并建立相应的升降机制和退出机制。从 2002 年起，中央、国家机关公务员招考工作的时间相对固定，其报名时间在每年 10 月中旬，考试时间一般在每年 11 月的第四个周末。省级以下公务员考试时间主要以各省人事网等相关招录公务员的信息为准。地方的公务员考试时间差异很大，而且每年的招考时间会有一些变动，一些省份一年也会分春、秋季两次考试。另外，各个省市无论从考试时间和命题趋势上都越来越相似，联考趋势也越来越明显。

3. 报考事业单位

事业单位是指国家为了社会公益目的，由国家机关举办或者其他组织利用国有资产举办的，从事教育、科技、文化、卫生等活动的社会服务组织。事业单位接受政府领导，表现形式为组织或机构的法人实体。事业单位一般是国家设置的带有一定公益性质的机构，但不属于政府机构，其工作人员与公务员不同。事业单位分为参公事业单位和一般事业单位。参公事业单位是指工作人员使用事业编制，参照公务员法进行管理。参公改革之后的事业单位在省公务员招考中招考，普通事业单位在事业单位招聘中招考。一般事业单位会根据按需设岗、竞聘上岗、按岗聘用的原则确定具体岗位，明确岗位等级，聘用工作人员，签订聘用合同。

4. 参加“三支一扶”计划

“三支一扶”计划是毕业生基层落实政策，指大学生在毕业后到农村基层从事支教、支农、支医和扶贫工作。该计划的政策依据是人事部 2006 年颁布的第 16 号文件《关于组织开展高校毕业生到农村基层从事支教、支农、支医和扶贫工作的通知》，为高校毕业生到基层单位落实就业问题提供了具体的指导和保障。“三支一扶”计划自 2006 年实施以来，已累计选派超过 40 万名高校毕业生到基层服务，主要安排毕业生到乡镇从事支教、支农、支医和扶贫工作。2021—2025 年国家将实施第四轮高校毕业生“三支一扶”（支教、支农、支医和帮扶乡村振兴）计划，每年选派 3.2 万名左右高校毕业生到基层服务。

“三支一扶”的组织招募有一套详细的工作流程，主要通过“公开招募、自愿报名、组织选拔、统一派遣”的方式。每年4月底前，各地收集、汇总、上报乡镇一级教育、农业、卫生等基层岗位需求信息；每年5月底前，各地根据下达的招募计划，采取考核或考试的方式进行公开招募；每年7月底前，派遣“三支一扶”大学生到服务单位报到。

“三支一扶”的工作时间一般为2年，工作期间给予一定的生活补贴。服务期满后大学生可自主择业。对服务期满考核合格的大学生，颁发由人事部统一印制的《高校毕业生到农村基层服务证书》，作为服务期满后享受相关就业优惠政策的依据。

5. 参加大学生志愿服务西部计划

2003年，共青团中央、教育部、财政部、人力资源社会保障部根据国务院常务会议和全国高校毕业生就业工作会议精神，联合实施大学生志愿服务西部计划，招募一定数量的普通高等学校应届毕业生或在读研究生，到西部基层开展为期1～3年的教育、卫生、农技、扶贫等志愿服务工作。志愿服务西部计划从2003年开始实施，每年均会印发《计划实施方案》，设置相关工作专项，具体明确工作内容、实施步骤、招募选拔方式和保障机制等事项。该计划鼓励志愿者服务期满后，扎根基层，或自主择业和流动就业。2023年是志愿服务西部实施20周年。20年来，志愿服务西部计划累计招募派遣46.5万余名大学生志愿者在2 000多个县（市、区、旗）基层服务。

大学生志愿服务西部计划的主要目的是引导大学生到西部去、到基层去、到祖国和人民最需要的地方去建功立业，促进西部贫困地区教育、卫生、农技、扶贫等社会事业的发展；拓展大学生就业、创业的渠道，培养造就一大批既有现代科学文化知识，又有基层工作经验和强烈社会责任感的优秀青年人才，弘扬“奉献、友爱、互助、进步”的志愿精神，推动经济社会的全面发展。

共青团中央对在大学生志愿服务西部计划中服务期为1年、服务期满考核合格的志愿者，授予中国青年志愿服务铜奖奖章；对服务期为2～3年、服务期满考核合格的志愿者，授予中国青年志愿服务银奖奖章；对表现优秀者，授予中国青年志愿服务金奖奖章；对表现特别优秀者，推荐参加中国青年五四奖章、中国十大杰出青年、中国十大杰出青年志愿者、国际青少年消除贫困奖等评选。

6. 应征入伍

大学生入伍是指部队每年从在校大学生和大学毕业生中招收义务兵，报名流程有网上登记、初审初检、体检政审、走访调查、预定新兵、张榜公示、批准入伍。近年来，每年征兵分春季和秋季两征。

高校毕业生应征入伍服义务兵役，除享有优先报名应征、优先体检政审、优先审批定兵、优先安排使用“四个优先”政策，其家庭按规定享受军属待遇外，还享受优先选拔使用、学费补偿和国家助学贷款代偿、退役后考学升学优惠、就业服务等政策。

大学生士兵退役后还可享受就业安置优惠政策。一是按照国家规定发给退役金。由安置地的县级以上地方人民政府接收，根据当地的实际情况，可以发给经济补助。二是安置地的县级以上地方人民政府应当组织其免费参加职业教育、技能培训，经考试、考核合格的，发给相应的学历证书、职业资格证书并推荐就业。三是对退役大学生报考公务员、应聘事业单位职位的，其在军队服现役经历视为基层工作经历，同等条件下应当优先录用或者聘用。四是国有企业在新招录职工时，应拿出一定数量的工作岗位择优招录退役大学生士兵；基层专职武装干部重点招录退役大学生士兵。五是退役大学生参加户籍所在地省级毕业生就业指导机构、原毕业高校的招聘会，享受重点推荐、就业指导等就业服务。

7. 灵活就业

灵活就业是指相对于固定单位就业，在劳动时间、收入报酬、工作场所、保险福利、劳动关系等方面不同于建立在工商业制度和现代企业制度基础上的传统主流就业方式的各种就业形式的总称。

灵活就业分为两大类：第一类是非全日制的用工，主要包括计件工、计时工、季节工、劳务承包人员、劳务派遣人员等，在传统小企业、小作坊的工人，以及一些正规用人单位的非正式员工。第二类是自由职业者。有些学生会根据自己的专业以及个人兴趣选择自由职业，比如职业画家、设计师等。近年来，灵活就业的岗位主要集中在主播、自媒体、配音还有电竞、电商等新兴产业上。

（二）自主创业

自主创业是指大学生自己进行个体经营或者创办企业，自我雇佣，自己也是企业的主人。关于大学生创业，我们将在后面章节进行专门介绍。

二、大学生就业相关流程与准备

大学生在求职择业过程中一般会涉及学校及主管部门的工作流程、用人单位的招聘流程、大学生的求职过程与准备三方面。

（一）学校及主管部门的工作流程

就业程序不仅是就业主管部门的一般工作程序，也包括毕业生就业计划的制订执行过程。高校毕业生就业主管部门需要依据国家和地方最新的就业政策，推进大学生就业工作，整理维护毕业生数据库，发布毕业生生源信息，促进高校毕业生就业。高校毕业生就业主管部门每年都会制定本年度就业工作的实施办法，开展就业形势教育、就业指导课程及提供咨询，收集并发布需求信息，开拓就业市场，召开毕业生洽谈会，组织毕业生参加各类双向选择活动，推荐毕业生签订就业协议、劳动合同，或帮助毕业生灵活就业等。

高校毕业生就业主管部门每年都要审核学生的就业信息，列入就业建议方案并上报省

（自治区、直辖市）主管部门审核，办理有关毕业手续，签发报到证，做好毕业生离校和档案邮寄等工作。对于一些在一年半内需要调整改派的毕业生，高校主管部门还需要按要求办理改派手续。

（二）用人单位的招聘流程

用人单位的招聘流程主要涵盖以下几个层面：发布需求信息；接受应聘者投递简历；进行交流、洽谈、考核、面试；双向选择；和录用者签订就业协议、劳动合同等。

（三）大学生的求职过程与准备

毕业生的求职过程概括起来主要有五步：了解就业政策和就业形势；做好求职资料准备；收集和梳理就业信息；参加各种形式的双选会求职择业；签订就业协议。

1. 了解就业政策和就业形势

就业政策是指政府和社会群体为了解决现实社会中的劳动者就业问题制订和推行的一系列方案及采取的措施。就业政策作为国家经济政策的一个重要组成部分，除了直接解决新生劳动力初次就业和下岗失业人员的再就业问题之外，对社会经济、政治也发挥着强大的调控作用。毕业生可以深入了解相关行业、区域的就业政策，适机参与和享受国家和地方提供的具体就业服务项目。通过了解国家和地方针对毕业生的就业政策，明确备选职业岗位的就业规则和入户、住房补贴等配套政策，更加全面地去进行择业的考虑和判断。

就业形势是指毕业生就业的大背景，既包括国家政治经济和社会发展状况、毕业生就业市场的供求情况，也包括行业发展情况。毕业生可以通过了解就业形势分析和预报所透出的信息，更加理智地进行判断。近几年来，高校毕业生就业形势显得较为严峻，就业竞争激烈。一是受到疫情的影响，企业生存和发展空间受到挤压，较多企业减员，招聘需求收紧；二是近年来全球政治形势发生较大转变，贸易摩擦、贸易壁垒不断呈现，经济形势逐年下行；三是往年未就业人员逐渐增多，待业人数不断增长，留学归国就业现象明显增加，高校毕业生就业难度持续增加；四是科学技术革命进入一个新的阶段，产业、行业发展面临新的变革，对专业技术提出了新的要求，高校专业人才培养一时未能与社会需求紧密衔接。高校毕业生在就业方面迎来各种困难挑战和激烈竞争。

2. 做好求职资料准备

求职资料主要包括就业推荐表、简历、成绩单、专业与技能等级证书、各类竞赛或荣誉证书、实习实践证明等。

（1）就业推荐表。就业推荐表是毕业生双向选择就业推荐表的简称，是学校向用人单位推荐毕业生的书面材料，是用人单位选择人才的重要依据，直接关系到毕业生的切身利益。其主要包括毕业生基本情况、学业情况、个人爱好特长、社会表现及社会活动经历、在校奖惩状况、毕业生就业意愿、学校推荐意见等信息。

（2）简历。简历就是对个人学历、经历、特长及其他有关情况所作的简明扼要的书面介绍。简历是有针对性的自我介绍的一种规范化、逻辑化的书面表达。对应聘者来说，简历是求职的“敲门砖”。在简历撰写过程中，首先，第一准则是真实，切不可为了美化自己而将不实的内容写在简历中；其次，要有针对性，最好根据不同的岗位去修改自己的简历，准确匹配岗位要求，最好能将与岗位相关的经历和能力突出展示；最后，简历制作要遵循简洁、美观原则。

（3）成绩单、专业与技能等级证书、各类竞赛或荣誉证书、实习实践证明。很多同学在毕业时发现，不管是考研、出国留学，还是找工作，在校成绩都是重要参考条件之一。一方面很多公司会设置网申屏障，成绩不过关会被直接筛选掉。面试官会根据应聘者提供的成绩单去了解其专业知识结构和掌握情况，同时会判断应聘者大学期间的学习能力和自控能力等，以此预测应聘者能否更好更快地适应工作内容，并在新的工作领域有较强的内驱力。

除了成绩单，面试官还可以通过应聘者提交的专业与技能等级证书（如英语四六级、雅思、托福成绩单，计算机等级考试证书，驾驶证等）、各类竞赛或荣誉证书、实习实践证明来综合评判其个人潜力及其与岗位的匹配度。

3．收集和梳理就业信息

如今正处于信息爆炸时代，有效收集和梳理信息有利于毕业生更快更好地把握住就业机会。不论是职业目标的确定、求职计划的设计还是决策方案的选择，就业信息的收集和梳理都是基础。毕业生在求职过程中应掌握收集、梳理和转换相关就业信息的能力。求职过程中收集的信息主要有用人单位的信息、岗位信息、相近及相关行业现状和发展趋势。

现在获取就业信息的途径很多，尤其是网络上的资源十分丰富，但是每个人的时间和精力有限，不可能关注到所有的就业信息，因此需把握两个原则：一是便捷；二是权威。毕业生收集信息可通过以下途径：

（1）学校毕业生就业主管部门发布的相关信息。学校毕业生就业主管部门发布的就业信息具有精确、可靠、多样、具体等特点，主要来源于各用人单位、各地方人事部门、各类供需见面会等。

（2）各种类型双选会的信息。每年人才服务中心或就业指导中心都会举办各种不同规模、行业、区域的毕业生供需见面会，可让毕业生获取更多就业信息。

（3）各类媒体发布的招聘信息。如网络平台、报刊、广播、电视等。

（4）在实习、社会实践、社交等活动中获取的就业信息。

（5）亲朋好友介绍的相关信息。

4．参加各种形式的双选会求职择业

参加双选会是大多数毕业生求职择业的基本途径。在参加双选会中确定雇佣关系的主要流程是笔试和面试。

（1）笔试。笔试是指用人单位采用书面形式对应聘者的基本知识、专业知识、文化素

养和心理健康等综合素质进行考核和评估的方法。笔试的类型主要有以下几种：

①技术类测试。这类笔试主要针对研发型和技术类职位。用人单位为了检验应聘者的专业知识水平和相关的实际能力实施的专门测试。笔试题目主要涉及与工作相关的技术性问题，专业性比较强。

②智商测试。智商测试是一种科学测试行为，一般是对常识、理解、算术、类同、记忆、字词、图像、积木、排列、拼图、符号十一个项目分别测验，然后汇总分析，形成测验报告。智商测试的目的是考查应聘者是否具有不断接收新知识的能力。

③心理测试。心理测试是指通过一系列手段，将人的某些心理特征量化，来衡量个体心理因素水平和个体心理差异的一种科学测量方法。有效的测试可以用来判定应聘者的个性、态度、兴趣、动机、智力、意志等心理素质。通过心理测试，用人单位可以大致了解应聘者的基本心理素质和心理倾向，继而确定应聘者是否符合岗位的要求。

④综合能力测试。综合能力测试，顾名思义就是要考查应聘者各方面的综合素质及能力。该测试涉及的项目包括逻辑推理能力、数理分析能力、言语理解与表达能力、案例分析能力及写作能力、知识域等。用人单位通常会根据行业或职位的不同，对考查内容进行不同的组合。例如，IT、电子、通信、机械重工类企业在招收技术类人员时，就会着重考查逻辑推理能力、数字计算能力及行业相关综合知识。

⑤行政能力测试。这个测试是国家公务员考试重要的一部分，是用来测试应聘者与拟任职位相关的知识、技能和能力，是考查应聘者从事公务员工作所必须具备的一般潜能的一种职业能力测试。考试题型有言语理解与表达、数量关系、判断推理、常识判断、资料分析等。

（2）面试。面试是通过面谈或线上交流（如视频、电话）的形式来考查一个人的工作能力与综合素质的一种考试活动。用人单位通过面试可以初步判断应聘者能否融入自己的团队。在特定场景下，面试官主要通过交谈、观察等手段，由表及里测评应聘者的知识、能力、经验和综合素质等情况，及其与职位的匹配程度。面试是公司挑选职工的一种重要方法。

面试给用人单位和应聘者提供了双向交流的机会，能使招聘者和应聘者之间相互了解，从而双方都可更准确地作出聘用与否和受聘与否的决定。面试的类型有以下几种：

①电话面试。电话面试是指用人单位通过电话来了解应聘者的大体情况，如学历、工作经历等。应聘者在电话面试过程中需要做到通话质量佳、流利表达、心理素质稳定等。

②视频面试。视频面试是指用人单位与应聘者利用连通了互联网的电脑、视频摄像头和耳麦通过视频的方式进行即时沟通交流的面试行为。应聘者在进行视频面试时，要特别注意准备好面试设备、着装服饰以及礼貌谈吐等方面的细节问题。

③结构化面试。结构化面试是指内容、形式、程序、评分标准及结果的合成与分析等构成要素按统一制定的标准和要求进行的面试。结构化面试根据特定职位的胜任特征要

求，遵循固定的程序，采用专门的题库、评分标准和评价方法，通过考官小组与应聘者面对面的言语交流等方式，测评应聘者是否符合招聘岗位的要求。

④无领导小组讨论面试。这是一种采用情景模拟形式对应聘者进行集体面试的考查方式，考官可以通过应聘者在给定情景下的应对危机、处理紧急事件以及与他人合作的状况来判断该应聘者是否符合岗位需要。

5. 签订就业协议

毕业生顺利通过笔试、面试后，最终要和企业签订就业协议。就业协议是全国普通高等学校毕业生就业协议书的简称，也称“三方协议”，是为明确毕业生、用人单位、毕业生所在学校三方在毕业生就业工作中的权利和义务，经协商签订的协议。就业协议也是学校派遣毕业生的依据，在学生毕业离校前，学校将根据就业协议的内容开具毕业生就业报到证和户口迁移证，同时转递学生档案。如果毕业生未签订就业协议，学校将把其关系和档案转递回原籍。每位毕业生各拥有唯一编号的协议（一式三份）。

就业协议是毕业生与用人单位建立就业关系的正式凭证，也是毕业生毕业后到人事、教育等部门办理就业报到手续的必备材料之一，因此毕业生必须妥善保管。同时，就业协议是高校毕业生与用人单位订立的确立劳动关系的协议，实质上是劳动合同的一种特殊表现形式。毕业生签订就业协议一定要慎重，要注意查清用人单位是否具备合法的主体资格。只有具备合法主体资格的单位，才拥有录用、聘用毕业生的自主权。毕业生在与用人单位的洽谈中，必然会就一些具体问题进行协商，达成一致意见后，协商条款一定要在协议上明确体现或在备注栏中进行书面说明，并由双方签字盖章。明确备注协商条款有利于保护毕业生的权益，毕业生报到后还将与用人单位签订劳动合同。

三、大学生就业的相关技巧准备①

（一）明确自己的职业定位

大学生在择业之前，必须明确自己想干什么和最擅长干什么，整合自身的兴趣、特长、专业和经验，制定两个或两个以上比较适合自己的就业目标。在制定目标时，既不能好高骛远，也不要藐视自己，应分阶段进行，对职位、工资待遇等目标的设定应循序渐进。如果在此过程中感到无所适从，那就要根据自己的兴趣爱好先“拜师学艺”，积累经验，或先从事简单工作，从做一名“普通工”开始，或请家人、亲朋好友当参谋再作定夺。古人云：“骏马能历险，犁田不如牛。坚车能载重，渡河不如舟。”职业无贵贱之分，事事皆要有人为，行行都有状元出，适合自己的职业定位就是最优选择。

---

① 袁孝冲就业技巧［EB/OL］. https://business. sohu. com/a/512709716_ 120827193.

（二）多渠道捕捉就业信息

有了目标之后，我们就要广泛收集相应的就业信息，尤其是用人单位的招聘信息。要善于从网络、报刊、广播、电视，职业中介机构、劳动力和人才交流市场等收集就业信息，也可托熟人、亲戚朋友、同学多渠道获取谋职信息，为自己拓宽就业门路奠定基础。

（三）分析对比，锁定岗位

我们要从就业信息中选择自己的理想职位，然后结合用人单位的招聘要求，与自己现有的能力条件作比较，认真分析自己能否胜任。与此同时，还要通过网络途径，或通过熟人、电话咨询等方式了解用人单位的基本情况，如单位的性质、工作方法、价值观、经济效益、工资待遇等，做到“知己知彼，百战不殆”，从而更准确地锁定符合自己目标、力所能及的岗位。一般情况下，至少要锁定 2 个职位、3 个单位。

（四）做好应聘前的必要准备

锁定单位与岗位后，我们就得做些必要的应聘准备工作：

（1）撰写简历：根据应聘岗（职）位撰写简历，力求语言通俗易懂，内容简洁扼要，突出与岗（职）位相关的经历、技能和荣誉，以便顺利获得面试机会。

（2）了解企业文化：通过各种途径对用人单位的相关制度、企业目标、企业文化等进行深入了解，增强企业认同感。

（3）技能准备：面试前要抽出时间温习与应聘岗（职）位有关的基础知识和基本技能，巩固一下专业技巧，避免面试或笔试时不知所措，给人留下能力不足的印象。

（4）寻求他荐：不妨预先托人向锁定单位介绍和推荐自己。

（5）请教他人：尽可能地向锁定单位历任此岗（职）人员讨教相关工作要领和经验，特别是面试方面的相关要求。

（五）塑造职业形象

我们可以通过上网搜索和实际观察来了解应聘职业的形象，规范面试时的衣着打扮和言行，塑造职业形象。

（1）面试前，要根据应聘职位的常见社会形象对个人容貌、衣着进行适当修饰，切忌给人留下不踏实或过于夸张的感觉。

（2）面试时，要注意个人的言行举止，把握每一个细节。这是综合素质的体现，也是个人塑造形象和表现自己的机会。例如，进办公室前要敲门，看到杂物挡道要摒除，移开椅子要归位，介绍情况和回答问题时要紧扣主题，发表意见和相互交谈时要措辞恰当、多用职业语言。

（3）要充满信心，设法通过容貌气质、衣着打扮、知识能力等多种形式表现自己，让对方感觉到自己是从事这类工作的好苗子。

第四节　电子信息类专业学生就业状况与能力评价的社会调查分析
——以广东工业大学信息工程学院电子信息类专业为例

为深入了解电子信息类专业学生的就业过程和现实状态，广东工业大学委托第三方对2020届和2021届毕业生进行调查和评估，并根据调查数据结果编制《广东工业大学信息工程学院毕业生就业质量年度报告》。调查对象为广东工业大学信息工程学院所设相关专业学生，包括信息工程、电子信息工程、通信工程、集成电路设计与集成系统四个本科专业。报告内容包括毕业生就业情况、毕业生就业相关性分析、毕业生对本校人才培养的评价三部分；调研时间分别是临近2020届和2021届毕业生就业季。

一、就业形势与就业情况

（一）就业形势评价

近两年来，电子信息类专业的毕业生在市场供求关系上普遍保持稳定状态，社会需求量相对乐观。2020届毕业生就业正遇突如其来的新冠病毒感染疫情，2021届也受到疫情的延续影响。在疫情影响下，社会经济下行压力加大，大学生就业形势更加复杂和困难。广东工业大学电子信息类毕业生择业时在对所学专业就业机会的评价中，一半以上认为在疫情影响下所学专业就业形势较为乐观（包括认为“非常好，就业选择非常多”“比较好，有较大的选择余地”），三分之一左右认为在疫情影响下所学专业“就业机会一般”。具体情况见表7－1。

表7－1　在疫情影响下毕业生对所学专业就业形势评价情况

评价描述	2020届评价比例	2021届评价比例
非常好，就业选择非常多	8.11%	19.89%
比较好，有较大的选择余地	46.85%	49.72%
就业机会一般	34.68%	26.08%
就业机会比较少	7.66%	3.38%
就业机会非常少	2.70%	0.94%

（二）就业分布情况

1. 就业行业分布

学院两届本科毕业生的就业行业，五成以上集中在“信息传输、软件和信息技术服务业”，其次为“制造业”，两者合计七成以上。具体情况见表7－2。

表7－2 毕业生就业行业分布情况

毕业生就业行业	2020届占比	2021届占比
信息传输、软件和信息技术服务业	66.82%	55.94%
制造业	8.07%	16.52%
金融业	4.93%	5.80%
科学研究和技术服务业	3.59%	3.77%
电力、热力、燃气及水生产和供应业	4.04%	1.74%
交通运输、仓储和邮政业	3.59%	2.32%
公共管理、社会保障和社会组织	2.69%	5.51%
教育	1.79%	2.32%
文化、体育和娱乐业	1.79%	1.16%

2. 就业职业分布

学院两届本科毕业生所从事的职业主要为工程技术人员，占比超过70%。具体情况见表7－3。

表7－3 2020、2021届毕业生就业职业分布情况（占比前十位）

毕业生就业职业	毕业生比例
工程技术人员	70.45%
其他专业技术人员	5.45%
科学研究人员	3.18%
公务员	3.18%
商业和服务业人员	3.18%
办事人员和有关人员	3.18%
金融业务人员	1.82%
生产和运输设备操作人员	0.91%
教学人员	0.45%
经济业务人员	0.45%

3. 就业单位性质分布

学院两届本科毕业生主要流向单位类型为民营企业和国有企业，两类合计超过七成；其次为三资企业和党政机关。具体情况见表7－4。

表7－4　毕业生就业单位性质分布情况

单位性质	2020届占比	2021届占比
民营企业	40.00%	39.88%
国有企业	35.91%	34.02%
三资企业	11.36%	8.50%
党政机关	4.09%	6.16%
其他事业单位	2.27%	3.52%
科研设计单位	2.27%	2.05%

（三）就业相关性评价

1. 专业相关度

毕业生就业岗位与所学专业的相关性评价维度包括“很相关”“相关”“比较相关”“不相关”“很不相关”，专业相关度为选择“很相关”“相关”“比较相关”的人数占总人数的比例。针对毕业生的反馈分别赋予1～5分（“很不相关”＝1分，“很相关”＝5分，以此类推），由此计算其均值。具体情况见表7－5。

表7－5　毕业生就业岗位的专业相关度分布情况

相关度描述	很相关	相关	比较相关	不相关	很不相关
毕业生比例	15.07%	27.85%	34.70%	15.98%	6.39%
相关度	77.63%				
均值	3.29分				

毕业生选择从事与专业不相关工作的原因主要为“相关工作不符合自己的兴趣爱好”和“相关工作不符合自己的发展规划”。详细情况见表7－6。

表7-6 毕业生从事与专业不相关工作的原因分布情况

相关性描述	相关工作不符合自己的兴趣爱好	相关工作不符合自己的发展规划	相关工作的要求过高	相关工作的机会太少	相关工作收入待遇较低	相关工作环境不好	其他
毕业生比例	38.98%	16.95%	11.86%	11.86%	6.78%	5.08%	8.47%

2. 工作适应度与稳定性

（1）工作适应度。毕业生对工作的适应性评价维度包括“很适应”“适应”“比较适应”“不适应”“很不适应”，工作适应度为选择“很适应”“适应”“比较适应”的人数占总人数的比例。针对毕业生的反馈分别赋予1~5分（“很不适应”=1分，“很适应”=5分，以此类推），由此计算其均值。毕业生对所从事工作的适应度为96.79%，其中“很适应”所占比例为15.14%，“适应”所占比例为43.58%。均值为3.69分，偏向“适应”水平。具体情况见表7-7。

表7-7 毕业生工作适应度分布情况

适应度描述	很适应	适应	比较适应	不适应	很不适应
毕业生比例	15.14%	43.58%	38.07%	1.83%	1.38%
适应度	96.79%				
均值	3.69分				

（2）工作稳定性。在择业期，90%左右的毕业生均反馈其未更换过工作单位，毕业生就业稳定性较高，具体情况见表7-8。毕业生选择离职的原因主要为“发展前景有限”，其他相关情况见表7-9。其中，离职率为更换工作单位1次及以上的人数占比；稳定率为未更换过工作单位的人数占比。

表7-8 毕业生更换工作单位的情况

更换工作单位次数	0次	1次	2次	3次及以上
毕业生比例	89.67%	9.86%	0.47%	—
稳定率	89.67%			
离职率	10.33%			

表 7－9　毕业生更换工作原因分布情况

更换工作原因	发展前景有限	工资福利较差	工作内容不喜欢	单位氛围不好	其他
毕业生比例	45.83%	25.00%	16.67%	8.33%	4.17%

3. 职业期待吻合度与发展评价

（1）职业期待吻合度。毕业生所从事工作与自身职业期待的吻合情况评价维度包括“很符合”“符合”“比较符合”“不符合”“很不符合”，职业期待吻合度为选择“很符合”“符合”“比较符合”的人数占总人数的比例。针对毕业生的反馈分别赋予 1～5 分（“很不符合” =1 分，“很符合” =5 分，以此类推），由此计算其均值。毕业生所从事工作与自身职业期待的吻合度接近 90%，均值为 3.51 分，其他相关情况见表 7－10。毕业生反馈所从事工作与自身职业期待不吻合的原因主要为“工作不符合自己的职业发展规划”。具体情况见表 7－11。

表 7－10　毕业生职业期待吻合度分布情况

吻合度描述	很符合	符合	比较符合	不符合	很不符合
毕业生比例	12.04%	38.89%	38.43%	9.26%	1.39%
吻合度	89.35%				
均值	3.51 分				

表 7－11　毕业生所从事工作与自身职业期待不吻合的原因分布情况

与期待不吻合原因	工作不符合自己的职业发展规划	工作不符合自己的生活方式	工作不符合自己的性格	工作不符合自己的兴趣爱好	其他
毕业生比例	41.18%	17.65%	17.65%	17.65%	5.88%

（2）职业生涯规划制订与实现情况。明确的职业生涯规划目标有利于大学生自我定位，发掘自我潜能，提高综合素质，增强社会竞争力。超过 90% 的毕业生反馈自身有明确的职业生涯规划目标，80% 以上的毕业生反馈在目前落实的单位可以完全实现或部分实现自己的职业生涯规划。具体情况见表 7－12。

表 7－12　毕业生职业生涯规划制订与实现情况

职业生涯规划描述		毕业生比例
制订情况	有明确的规划	93.46%
	还没有明确的规划	6.54%
实现情况	完全实现	8.88%
	部分实现	72.90%
	不能实现	11.68%

（3）未来发展空间评价。五成以上毕业生认为在工作单位未来“发展空间很大”和“发展空间较大”，发展潜力接近90%（认为“发展空间一般”以上的比例）。均值为3.57分（“发展空间很大”=5分，“发展空间很小”=1分，以此类推）。具体情况见表7－13。

表 7－13　毕业生在工作单位未来发展空间的评价情况

发展空间描述	发展空间很大	发展空间较大	发展空间一般	发展空间较小	发展空间很小
毕业生比例	14.42%	42.79%	32.09%	6.98%	3.72%
发展潜力	89.30%				
均值	3.57分				

二、就业途径与择业阻碍

（一）毕业生就业信息来源与途径选择

1. 毕业生就业信息来源

校园招聘会/学校线上招聘会、双选会（71.43%），学校发布的招聘信息（53.57%）和校外各类招聘网站（50.45%）为毕业生获取就业信息的主要来源，其次为校外招聘会、学生直接向用人单位申请、学校老师推荐等渠道。具体情况见表7－14。

表 7－14　毕业生就业信息来源分布情况

就业信息来源	毕业生比例
校园招聘会/学校线上招聘会、双选会	71.43%
学校发布的招聘信息	53.57%
校外各类招聘网站	50.45%
校外招聘会	26.34%

（续上表）

就业信息来源	毕业生比例
学生直接向用人单位申请	21.43%
学校老师推荐	19.64%
就业实习/见习	16.07%
家庭或其他社会关系推荐	10.27%
其他	6.70%

注：该题目为多选题，因此选项的百分比之和不是100.00%。

2. 毕业生落实工作途径

毕业生落实工作来自学校渠道的占比达46.71%，集中于校园招聘会/学校线上招聘会、双选会（30.59%）；来自社会渠道的占比为53.29%，集中于校外各类招聘网站（21.71%）。具体情况见表7－15。

表7－15　毕业生落实工作途径分布情况

落实工作途径		毕业生比例
学校渠道	校园招聘会/学校线上招聘会、双选会	30.59%
	学校发布的招聘信息	12.50%
	学校老师推荐	3.62%
社会渠道	校外各类招聘网站	21.71%
	学生直接向用人单位申请	13.16%
	校外招聘会	5.92%
	其他	4.93%
	家庭或其他社会关系推荐	4.61%
	就业实习/见习	2.96%

（二）毕业生择业阻碍

通过调查可知，毕业生在择业过程中遇到的阻碍主要为：实习/实践经验缺乏；知识、技能/成绩达不到要求；求职方法、技巧缺乏；因疫情影响，求职进度有所延期。具体情况见图7－5。

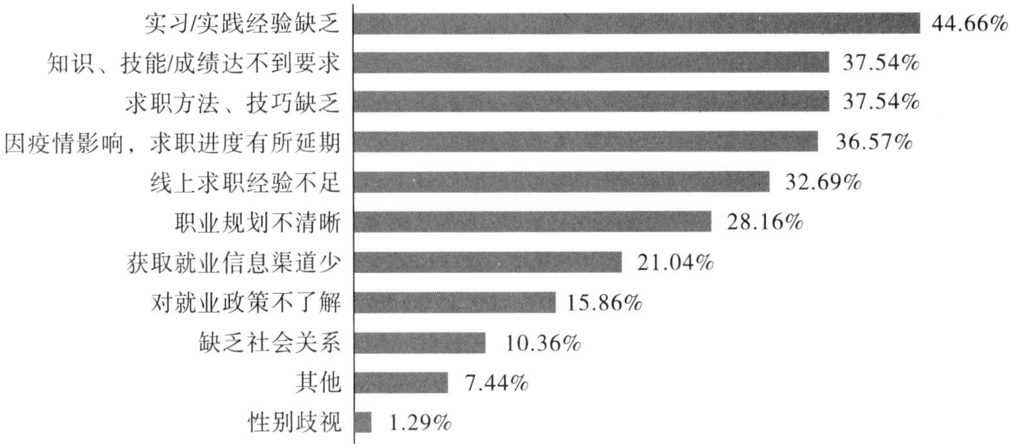

图7－5　毕业生择业阻碍分布情况

三、就业能力/素质评价

毕业生就业能力/素质测量包含个性特征、自我管理能力、思维分析能力、工作执行能力四方面。毕业生就业能力/素质评价维度包括“表现很好”“表现好”“表现较好”“表现不好”。针对毕业生的反馈分别赋予1～4分（“表现不好”=1分，“表现很好”=4分，以此类推），由此计算其均值。

（一）个性特征评价

毕业生对自身个性特征各方面表现的评价均处于较高水平，其中位居前五的依次为职业道德（3.10分）、责任意识（3.09分）、敬业精神（3.08分）、亲和力（3.01分）、踏实肯干（3.00分），处于或偏向“表现好”水平。具体情况见图7－6。

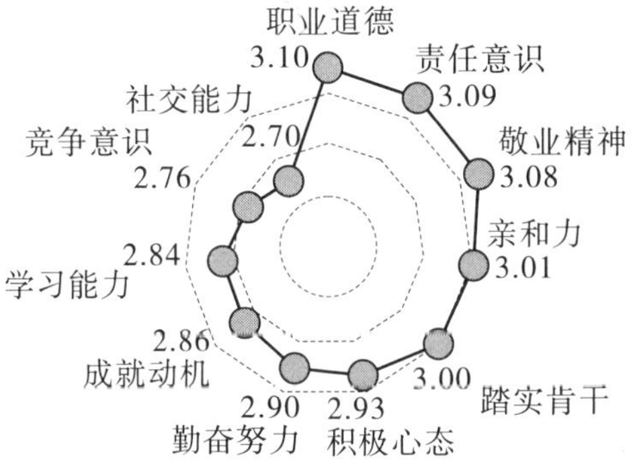

图7－6　毕业生对自身个性特征表现的评价情况

（二）自我管理能力评价

毕业生对自身觉察反省能力（2.87 分）表现的评价最高，之后依次是心理调适能力（2.84 分）、情绪控制能力（2.83 分）和压力管理能力（2.82 分），偏向“表现好”水平。具体情况见图 7-7。

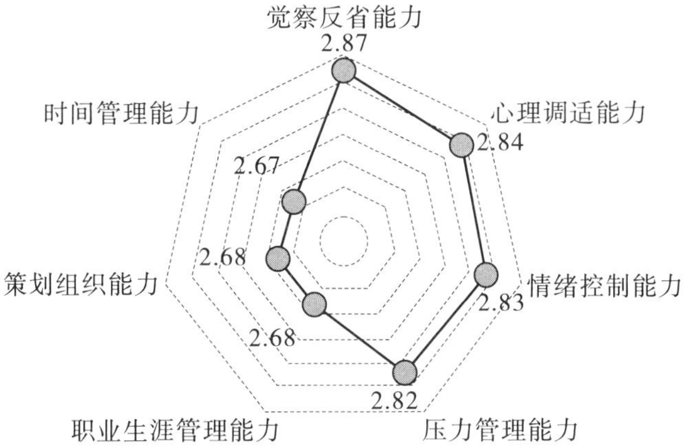

图 7-7　毕业生对自身自我管理能力表现的评价情况

（三）思维分析能力评价

毕业生对自身思维分析能力各方面表现的评价均处于 2.70 分以上（4 分制），偏向“表现好”水平；从高到低依次为逻辑推理能力（2.93 分）、理解领会能力（2.90 分）、分析判断能力（2.89 分）、独立思考能力（2.88 分）、创新思维能力（2.72 分）。具体情况见图 7-8。

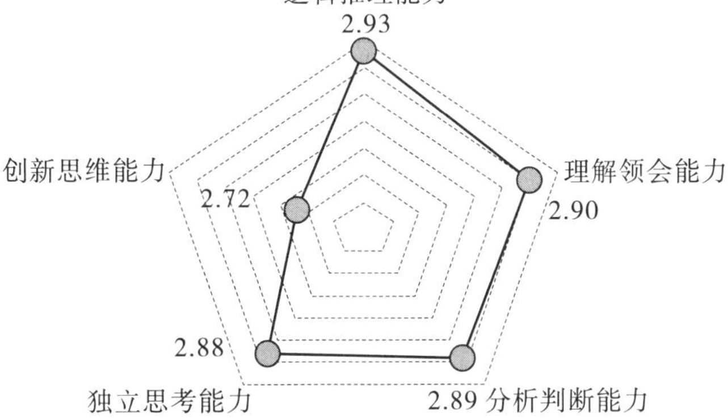

图 7-8　毕业生对自身思维分析能力表现的评价情况

（四）工作执行能力评价

毕业生对自身工作执行能力各方面表现的评价均处于2.40分以上（4分制）。位居前五的依次为团队协作能力（2.92分）、任务执行能力（2.90分）、信息收集整理能力（2.87分）、计算机应用能力（2.83分）、组织协调能力（2.73分），偏向“表现好”水平。具体情况见图7-9。

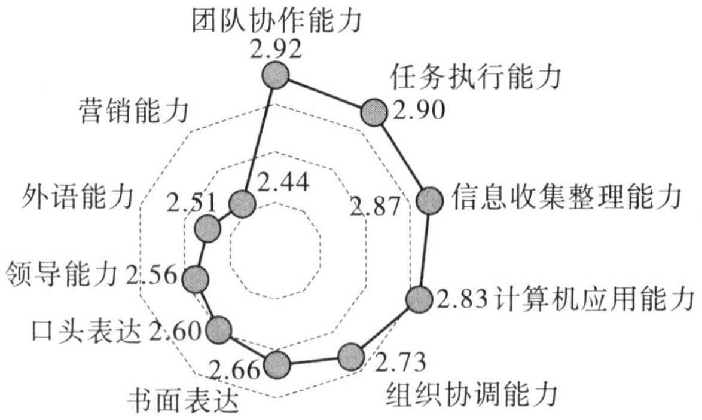

图7-9 毕业生对自身工作执行能力表现的评价情况

第八章

教育生态发展下的电子信息人才创业能力提升

随着高校教育改革的不断深化，培养具有较强创业能力的优秀人才越来越受到重视。大多数高校都把创业教育纳入整体教育体系，不断拓展创业教育领域，积极探索更加科学和有效的教育模式，提升创业教育的整体水平。① 2021年10月，国务院办公厅印发了《国务院办公厅关于进一步支持大学生创新创业的指导意见》（国办发〔2021〕35号），指出要加强大学生创新创业服务平台建设，“打造‘城校共生’的创新创业生态，推动中央企业、科研院所和相关公共服务机构建设创业创新培育中心、互联网双创平台、孵化器和科技产业园区”，进一步推动我国创新创业教育生态系统的研究与实践。

从生态学视角看，高校创业教育并非独立于社会系统中，它与周围环境进行物质、能量和信息等的交换，并与其他要素组成动态开放的关系网络。② 高校创业教育生态系统既是社会创业生态系统的组成部分，也是以高校为中心的相对独立系统，以培养创业型人才为目标，由高校、政府、企业等多元主体，以及课程、项目、资源、政策等多要素构成的自我调节、可持续发展的育人系统。③

第一节　创业的概念内涵及其价值意义

一、创业的概念内涵

（一）创业的基本概念

创业一词由“创”和“业”组成，“创”是开拓、创新，“业”有基业、守业之意。中国古代有许多关于“创业”的描述，如诸葛亮在《出师表》中有“先帝创业未半而中道崩殂”之语，其中“创业”既是帝王之业，也指家国之业。如《资治通鉴·唐纪》中“然创业之难，既已往矣，守成之难，方当与诸公慎之”的“创业”之意为“创立国家基业”。创业一词出现时间较早，我国各个历史时期对创业的认知各不相同。《现代汉语词典》（第7版）中对“创业”的解释为“创办事业”。从一般理解来看，创业有广义和狭义之分：广义的创业泛指人们以开创性行为推动事业发展的活动过程，即创立一份事业的活动；狭义的创业是指创立新企业的过程，即通过新产品、新服务来创造新价值的商业活动过程。

创业是一个经济学术语，与企业（enterprise）属于同一词源。国内外大量研究者和研

① 何姗姗．基于创客教育的高校创业教育生态构建［J］．创新创业理论研究与实践，2022，5（14）：188－190，198．

② 窦亚飞．高校创业教育生态系统：概念模型、演化机理与构建策略［J］．黑龙江高教研究，2022，40（6）：107－113．

③ 刘海滨．高校创业教育生态系统构建策略研究［J］．中国高教研究，2018（2）：42－47．

究机构对此进行了论述。总的来看，“创业”是一个复杂的、多层面的概念，其内涵随着社会发展而不断深化。熊彼特（Schumpeter）认为，创业的过程就是创新的过程，创新者就是创业者。创业者通过创新使自由市场经济的内在矛盾得以克服，从而促使经济得以增长。[①]“现代管理学之父”彼得·德鲁克（Peter Drucker）在《创业精神与创新：变革时代的管理原则与实践》中提出，创业者通过发现和追求机遇实现创新，这就是创业形成的过程；创业不但为自己创造了财富，还为整个社会创造了财富。彼得·德鲁克从创新说视角探讨了创业的基本概念，认为创新赋予了创业新的能力，使之成为创造财富的活动。[②] 张健等指出“创业是一个跨越多个学科领域的复杂想象，不同学科都从其独特的研究视角进行观察和研究，这些学科包括经济学、心理学、社会学、人类学、管理学等，而在各个学科领域又衍生出不同的创业研究方向”。[③] 唐纳德·F. 库拉特科（Donald F. Kuratko）和理查德·M. 霍杰茨（Richard M. Hodgetts）认为创业是一个动态过程，其必要因素包括“承担由于投入时间、权益资本或职业生涯而引起的可预测风险的意愿；组建一个高效的创业团队的能力；创造性和掌握所需要资源的技能；建立完善的商业计划的基本技能，以及当一般人只能看到矛盾和混乱时，具有识别机会均等的洞察力”。该定义强调了创业的动态性和创造性，但没有涉及创业中的机会、风险等要素。宋克勤在《关于创业团队问题的思考》一文中认为，创业是基于共同奋斗理念、共同价值目标的创业团队创造价值的过程。[④]“创业教育之父”杰弗里·蒂蒙斯（Jeffry A. Timmons）等在《创业学》中将创业看作一种机会驱动行为，认为创业是一种思考、推理与运气相结合的行为方式，创业者需要有很好的机会和运气，通过自身努力，付出时间和精力，承担财务风险、社会压力，才能得到财富，实现经济独立和个人价值，即创业活动是建立在运气和机会基础之上的机会、利益、方法的平衡过程。[⑤] 罗伯特·A. 巴隆（Robert A. Barron）和斯科特·A. 谢恩（Scott Shane）提出了一个更为广泛的定义。他们认为创业属于商业领域，致力于理解创业创造新事物（包括新产品或服务、新市场、新生产过程或原材料、组织现有技术的新方法）的机会是如何出现并被特定个体所发现的，这些人如何运用各种方法去利用或开发它们，然后产生各种结果。[⑥] 根据这一定义，创业不仅仅是创建一个新企业，还包括在新企业创立以后能够成功地经营下去。在巴隆和谢恩的这一定义中，主要强调了机会的识别和行为的实施。布鲁斯·R. 巴林格（Bruce R. Barringer）和R. 杜安·爱尔兰（R. Duane Ireland）

---

① Schumpeter J A. The theory of economic developmen. Cambridge: Harvard University Press, 1934.

② 德鲁克. 创业精神与创新：变革时代的管理原则与实践［M］. 柯政，译. 北京：工人出版社，1989.

③ 张健，姜彦福，林强. 创业理论研究与发展动态［J］. 经济学动态，2003（5）：71－74.

④ 宋克勤. 关于创业团队问题的思考［J］. 经济与管理研究，2004（2）.

⑤ 蒂蒙斯，斯皮内利. 创业学［M］. 周伟民，吕长春，译. 6版. 北京：人民邮电出版社，2005.

⑥ 巴隆，等. 创业管理：基于过程的观点［M］. 张玉利，谭新生，陈立新，译. 北京：机械工业出版社，2005.

认为创业是个人不考虑当前所控制的资源而追求机会的过程。创业行为的本质在于识别机会并将有用创意付诸实践。创业行为所要求的任务既可由个人也可由小组来完成，并需要创造性、驱动力和承担风险的意愿。在巴林格和爱尔兰的这一定义中，同样强调了创业的动态实践过程，所不同的在于他们还强调了机会识别和风险承担的要素。① 侯文华在《大学生创新创业教育教程》一书中认为，创业是资源整合、机会发现、创业者联合的创新型活动，是新公司或新组织创建的过程，可分为生存型创业和机会型创业两种类型。②

因研究视角和关注度各不相同，学者们对创业的概念界定也不相同，至今也没有形成统一的内涵共识，但这丝毫没有影响学者们对创业领域的研究热情。综合以上相关学者的定义，我们不难把握“创业”这一概念的几个核心要素：提出创意、组合资源、机会识别与开发、实施创业、承担风险、管理企业、获得回报等。

（二）创业管理理论模型

1. 蒂蒙斯创业管理模型

蒂蒙斯（Timmons）于1999年在《新企业的创建》（*New Venture Creation*）一书中提出了一个创业管理模型③，见图8－1。他认为，成功的创业活动必须对机会、资源和创业团队三者进行最适当的匹配，还要随着事业的发展而不断进行动态平衡。蒂蒙斯创业管理模型认为创业是一种高度动态的过程，把机会、资源和创业团队看作创业过程最重要的驱动因素。机会是创业过程的核心要素，创业的核心是发现和开发机会，并利用机会实施创业。识别与评估市场机会是创业过程的起点，也是创业过程的一个关键阶段。资源是创业过程不可或缺的支撑要素，为了合理利用和控制资源，创业者往往要制定设计精巧、用资谨慎的创业战略，这种战略对创业具有极其重要的意义。创业团队则是实现创业这个目标的关键组织要素。在蒂蒙斯创业管理模型中，机会、资源和创业团队这三个创业核心要素构成一个倒立三角形，创业团队位于这个倒立三角形的底部。在创业初始阶段，机会较大，而资源较为稀缺，于是三角形向左边倾斜；随着新创企业的发展，可支配的资源不断增多，而机会可能变得相对有限，从而导致另一种不均衡。创业者必须不断寻求更大的机会，并合理使用和整合资源，以保证企业平衡发展。机会、资源和创业团队三者必须不断动态调整，以最终实现动态均衡。

---

① 巴林格，爱尔兰．创业管理：成功创建新企业［M］．张玉利，王伟毅，杨俊，译．北京：机械工业出版社，2006.

② 侯文华．大学生创新创业教育教程［M］．北京：科学出版社，2012.

③ TIMMONS J A. New venture creation［M］. 5th ed. Singapore：McGraw-Hill，1999.

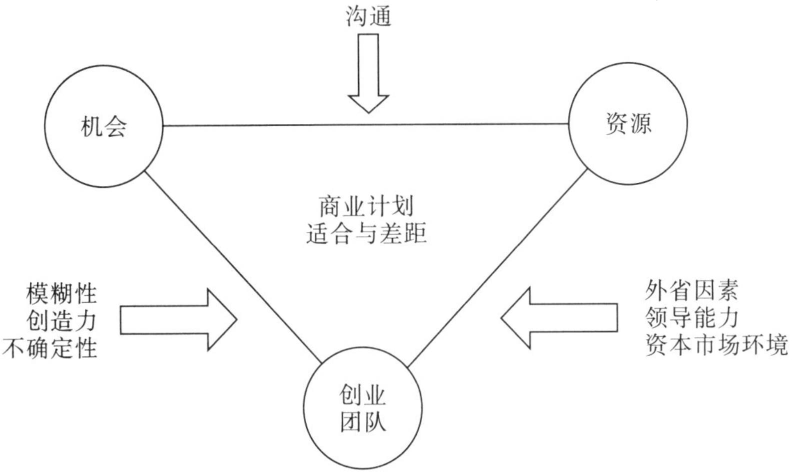

图 8－1　蒂蒙斯创业管理模型

2．盖特纳创业管理模型

威廉·B. 盖特纳（William B. Gartner）于 1985 年在其名篇《一个描述新企业创建现象的概念框架》（*A Conceptual Framework for Describing the Phenomenon of New Venture Creation*）中提出了一个描述新企业创建现象的概念框架，进而构建了颇具特点的创业模型①，见图 8－2。他用创建新企业的个人（创业者）、创建新企业的类型（组织）、新企业所面临的环境和创建新企业的过程四个变量来构建创业模型，认为任何新企业的创建都是这四个维度相互作用的结果。其中，个人（创业者）应该具有取得成就的愿望、敢于冒险、阅历

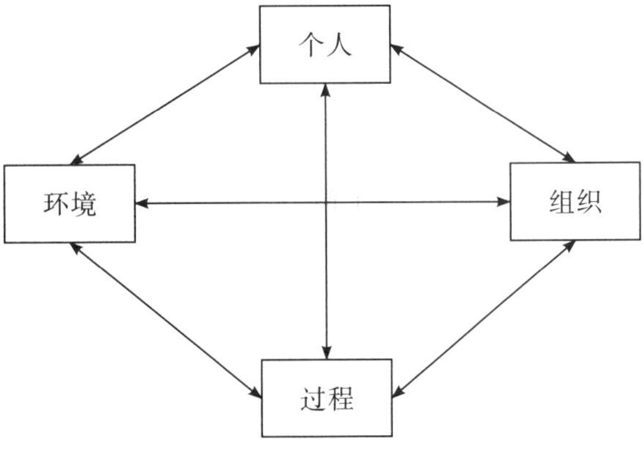

图 8－2　盖特纳创业管理模型

① GARTNER W B. A conceptual framework for describing the phenomenon of new venture creation [J]. Academy of management review，1985，10 (4)：696－705.

丰富等特质；创业过程主要包括创业者发现商业机会、整合资源、建立组织、生产产品或提供服务以及回报社会等环节；创业环境主要包括技术因素、市场因素、政策因素和资源因素等；组织则包括内部组织机构以及组织战略选择等。盖特纳创业管理模型的特点在于：它不仅可用来解释新企业的创建过程，也适用于解释单个创业者的创业行为。这个模型不但能够回答“如何创建新企业”这个问题，而且可以用来指导新创企业的发展。

3．萨尔曼创业管理模型

萨尔曼（Sahlman）在《关于商业计划——创业风险事业的若干思考》（*Some Thoughts on Business Plan*：*The Entrepreneurial Venture*）一书中提出了自己的创业模型，见图 8－3。萨尔曼认为，在创业过程中，为了更好地开发商业机会和创建新企业，创业者必须把握人（People）、机会（Opportunity）、外部环境（External Context）和交易行为（Deal）四个关键要素。[①] 在萨尔曼创业管理模型中，创业过程是四个关键要素相互协调、相互促进的过程。该模型十分强调环境的重要性，认为其他三个创业要素受环境的影响，并且会反过来影响环境。萨尔曼创业管理模型的核心思想是要素之间的协调性，也就是人、机会、交易行为与外部环境必须相互协调，才能共同促进创业成功。

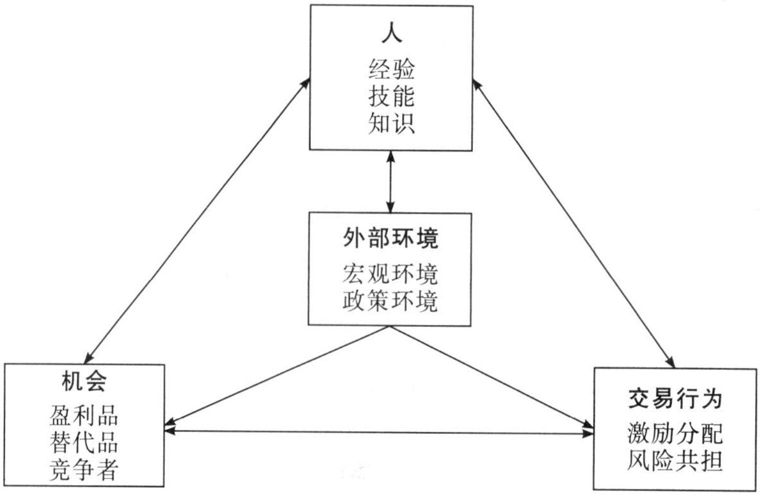

图 8－3　萨尔曼创业管理模型

4．威克姆创业管理模型

威克姆（Wickham）在其论文《战略型创业》（*Strategic Entrepreneurship*）中提出了基于学习过程的创业模型[②]，见图 8－4。该模型的含义包括：①创业活动包括创业者、机会、组

① SAHLMAN W A. Some thoughts on business plan：the entrepreneurial venture［M］. NY：HBS Publication，1999.

② WICKHAM P A. Strategic entrepreneurship［M］. NY：Pitman Publishing，1998：30－32.

织和资源四个要素，这四个要素互相联系；②创业者任务的本质是有效处理机会、资源和组织之间的关系，实现要素间的动态协调和匹配；③创业过程是一个不断学习的过程，而创业组织是一个学习型组织。应通过学习，不断变换要素间的关系，实现动态性平衡，成功完成创业。

根据威克姆创业管理模型呈现的创业过程，创业者处于创业活动的中心。创业者在创业中的职能体现在与其他三个要素的关系上，即识别和确认创业机会、管理创业资源、领导创业组织。该模型还揭示了资源、机会、组织三个要素之间的相互关系。另外，该模型揭示了创业组织是一个学习型组织。也就是说，组织不仅要对机会和挑战作出反应，还要根据这种反应的结果来调整和修改未来的行为，即组织的资产、结构、程序、文化等要随着组织的发展而不断改进，组织在不断的成功与失败中学习与锻炼，从而得以发展。

威克姆创业管理模型的特点主要在于把创业者作为调节其他创业要素之间关系的中枢，承担着确认机会、管理资源和带领团队实施创业活动的职能。在这个过程中，组织不断学习，而创业者根据机会来动员所需的资源，领导组织适应机会的变化，最终取得创业成功。

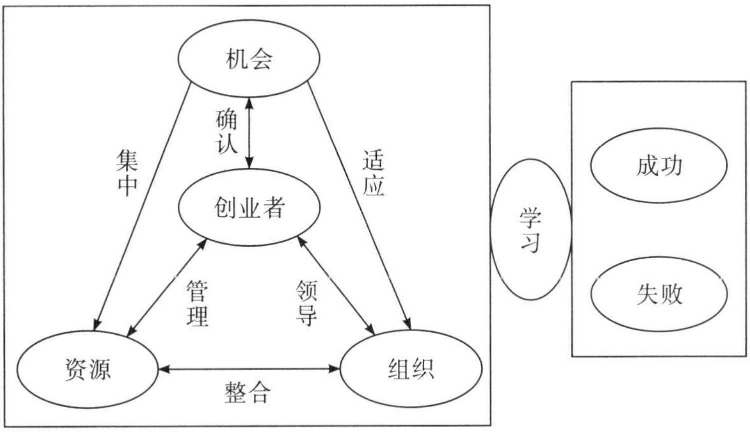

图 8－4　威克姆创业管理模型

5. 克里斯丁－朱利安创业管理模型

克里斯丁（Christian）和朱利安（Julien）认为创业管理应该聚焦于创业者与新事业之间的互动，并以此为核心来开展创业活动，强调创业者与新事业是创业模型的两个主要元素[①]，见图 8－5。他们把如何创立新事业、随时间而变的创业流程管理和影响创业活动的外部环境这三个问题看作创业管理的核心问题。此模型认为，在个人与新事业的互动

① CHRISTIAN B, JULIEN P A. Defining the field of research in entrepreneurship [J]. Journal of business review, 2000, 16: 165－180.

随着时间的变迁，新创企业会根据一定的流程演进与发展。在企业发展的整个流程中，外部环境不断对企业产生影响，使创业者与新事业之间的关系不断复杂化。因此，创业流程管理也会日趋复杂，并在一定程度上成为创业者—新事业、时间和环境的函数。克里斯丁－朱利安创业管理模型与蒂蒙斯创业管理模型一样，非常重视创业者的作用，把创业者视为创业活动的灵魂和推手，强调培养创业者的创业才能是创业管理工作的重要组成部分，充分证明通过系统的创业管理教育和创业实践可以培养创业者的能力。

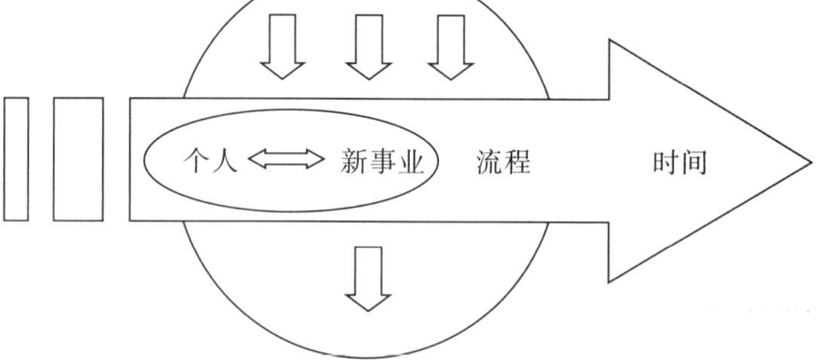

图 8－5　克里斯丁－朱利安创业管理模型

二、创业行为的概念内涵

（一）创业行为解读

在《大辞海·心理卷》中，“行为”是指有机体对所处情境的所有反应的总和，包括所有内在的和外在的、生理性的和心理性的反应。心理学的不同分支学科研究行为的角度不尽相同。生理心理学主要从激素和神经的角度研究有机体行为发生的生理机制；认知心理学主要从信息加工的角度研究有机体行为发生的心理机制；社会心理学则从人际互动的角度研究有机体行为与群体行为的心理机制。行为依据产生的时间和原因分为本能行为和习得行为；依据参与者的多少分为个体行为和群体行为；依据行为的功能分为摄食行为、躲避行为、性行为和探究行为；依据行为的显露程度分为内隐行为和外显行为。

从行为学角度来看，人们的行为形成源于自身的主观意愿。对于创业主体来说，创业行为的形成决定于创业主体的意愿，从而完成创业决策的过程。国内外学者对创业行为概念的界定并没有达成一致。博德（Bird）与加特纳（Gartner）等将创业行为视为在新企业孕育过程中，创业者或创业团队实施的与新企业生存及成长相关的机会开发行动或行为，而不包含维持或变革既有组织的运营行为。[①] 克鲁格（Krueger）等认为创业行为是突破当前资源限制来追求创业机会的过程。[②] 卡特（Carter）等则将创业行为视为一个新企业的创立过程，具体包括将一项商业计划落实的过程中的所有实践。[③] 蒂蒙斯（Timmons）等认为创业行为的本质是对机会的识别和利用，强调创业机会在创业行为中的作用。[④] 沙恩（Shane）等与史密斯（Smith）等认为创业是一个全面整合的过程，涉及个人寻找、发现和评价创业机会的所有活动。[⑤] 斯坦博格（Sternberg）等指出创业具有广义和狭义两重概念：就广义概念来说，创业行为就是“寻找并把握经济系统中的机会”，即个体只要参与建立企业的过程，不论是否企业的所有者，都发生了创业行为；就狭义概念来说，个体的创业行为是“个体的一种主动创立并运营企业且主动承担该过程中的收益与风险的行为”。[⑥] 拉扎尔（Lazear）、麦克马兰（McMullen）等与霍尔库姆（Holcomb）等则认为创业行为是一个围绕特定理念和目标，综合统筹人力、资本和信息等所有必要元素，生产新产品或者降低原有产品成本的过程。[⑦] 张玉利等指出，创业行为的实质是创业资源的整合行为，是创业者利用、积累和扩大其资源禀赋的过程，会受到创业动机和创业机会感知的影响。[⑧] 钱永红也从广义和狭义两个视角来定义创业行为。广义视角认为，企业的创立和成长全过程都属于创业行为；狭义视角认为，创业行为仅指创业者从感知创业机会、整合创业资源到企业最终创立的过程。[⑨] 闫华飞等认为创业行为是个体在产生一定

---

① BIRD B. Implementing entrepreneurial ideas: the case for intention [J]. Academy of management review, 1988, 13 (3): 442 - 453; GARTNER W B, BIRD B J, STARR J A. Acting as if: differentiating entrepreneurial from organizational behavior [J]. Entrepreneurship theory and practice, 1992, 16 (3): 13 - 31.

② KRUEGER N F, BRAZEAL D V. Entrepreneurial potential and potential entrepreneurs [J]. Entrepreneurship: theory and practice, 1994, 18 (3): 91 - 104.

③ CARTER N M, GARTNER W B, REYNOLDS P D. Exploring start - up event sequences [J]. Journal of business venturing, 1996, 11 (3): 151 - 166.

④ TIMMONS J A, SPINELLI S. New venture creation: entrepreneurship for the 21st century [M]. New York: McGraw-Hill, 1999.

⑤ SHANE S, VENKATARAMAN S. The promise of entrepreneurship as a field of research [J]. Academy of management review, 2000, 25 (1): 217 - 226; SMITH K G, DI GREGORIO D. Bisociation, discovery and the role of entrepreneurial action [J]. Strategic entrepreneurship: creating a new mindset, 2002, 129: 150.

⑥ STERNBERG R, WENNEKERS S. Determinants and effects of new business creation using global entrepreneurship monitor data [J]. Small business economics, 2005, 24 (3): 193 - 203.

⑦ LAZEAR E P. Entrepreneurship [J]. Journal of labor economics, 2005, 23: 649 - 680; HOLCOMB T R, IRELAND R D, HOLMES JR R M, et al. Architecture of entrepreneurial learning: exploring the link among heuristics, knowledge, and action [J]. Entrepreneurship theory and practice, 2009, 33 (1): 167 - 192.

⑧ 张玉利，陈立新. 中小企业创业的核心要素与创业环境分析 [J]. 经济界, 2004 (3): 29 - 34; 张玉利，李乾文，李剑力. 创业管理研究新观点综述 [J]. 外国经济与管理, 2006, 28 (5): 1 - 7.

⑨ 钱永红. 创业意向影响因素研究 [J]. 浙江大学学报（人文社会科学版）, 2007, 37 (4): 144 - 152.

创业意图以及能够获得一定创业机会的基础上，为实现创业这一目标而开展的一系列行为。①

（二）创业行为理论模型

1. 杜特里奥等创业行为模型

杜特里奥（Doutriaux）等指出影响企业成功的因素有外部环境、创业者或创业团队、初期策略。其中，外部环境是针对其与创业行为的契合程度以及对创业行为的支持程度；创业者或创业团队是针对其特质，主要指其过去的实践经验、特长、个体人口学变量因素等要素。② 该模型见图 8－6。

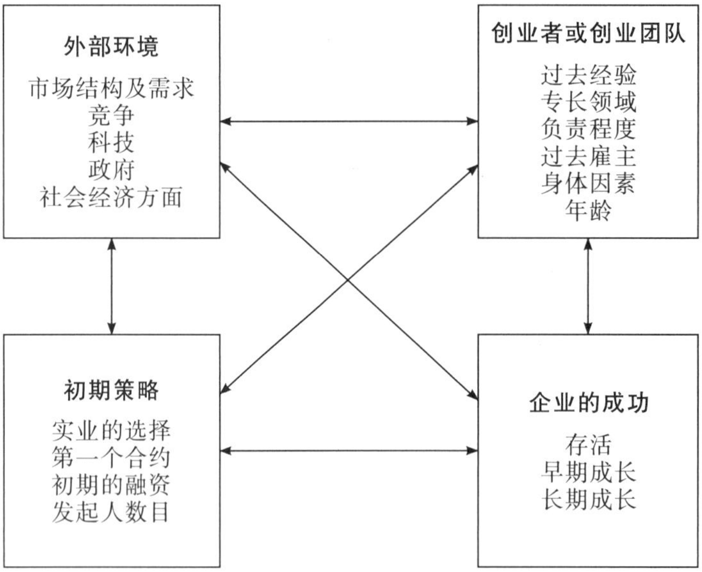

图 8－6 杜特里奥等创业行为模型

2. 蒂蒙斯等创业行为模型

蒂蒙斯（Timmons）等提出的创业行为模型强调成功的创业行为必须将机会、资源与团队三者有机结合、适当搭配并形成动态平衡，创业计划才能顺利实施，见图 8－7。③

---

① 闫华飞，胡蓓. 产业集群内创业知识溢出机理研究：创业者的视角［J］. 科技管理研究，2014，34（1）：159－162.

② DOUTRIAUX J，DEW G. Motivation of academic entrepreneurs and spin-off development：analysis of regional and university effects through case studies［J］. Frontiers of entrepreneurship research，1992：231－232.

③ TIMMONS J A，SPINELLI S. New venture creation：entrepreneurship for the 21st century［M］. New York：McGraw-Hill，1999.

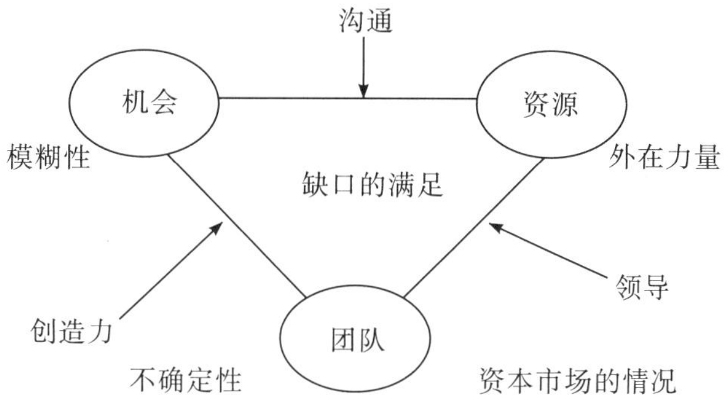

图 8－7　蒂蒙斯等创业行为模型

3. 布赖斯创业行为模型

布赖斯（Brice）认为创业意向引发创业行为，并提出相应的理论模型，见图 8－8。①

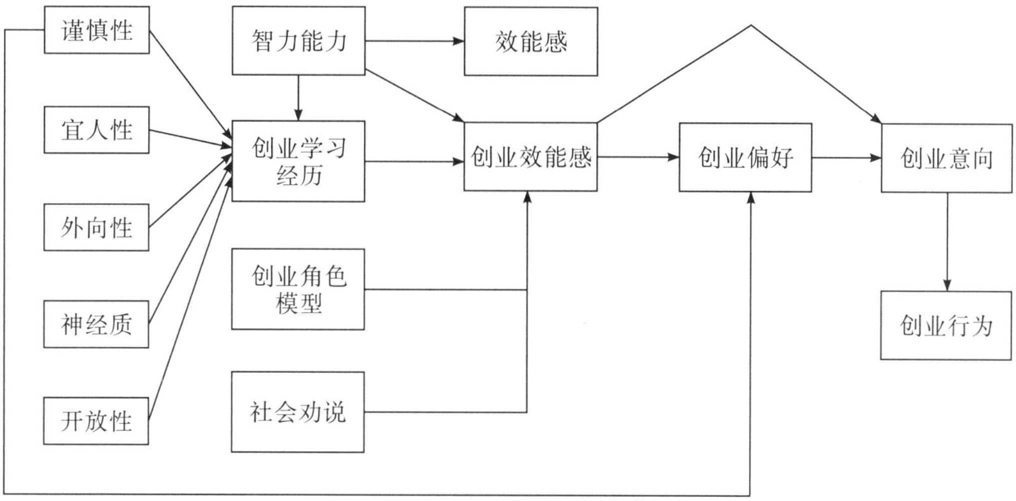

图 8－8　布赖斯创业行为模型

4. 其他创业行为模型

张玉利和杨俊以机会感知、创业团队和资源获取为创业内核，以个人特质、文化环境和经济环境为影响创业的外生因素，构建了创业行为模型，见图 8－9。②

① BRICE J. The role of personal dimension and occupational preferences on the formation of entrepreneur intention [R]. Unpublished doctorate dissertation, Department of Management and Information Systems, Mississippi State University, 2002: 1－469.

② 张玉利，杨俊. 企业家创业行为的实证研究 [J]. 经济管理，2003 (20): 19－26.

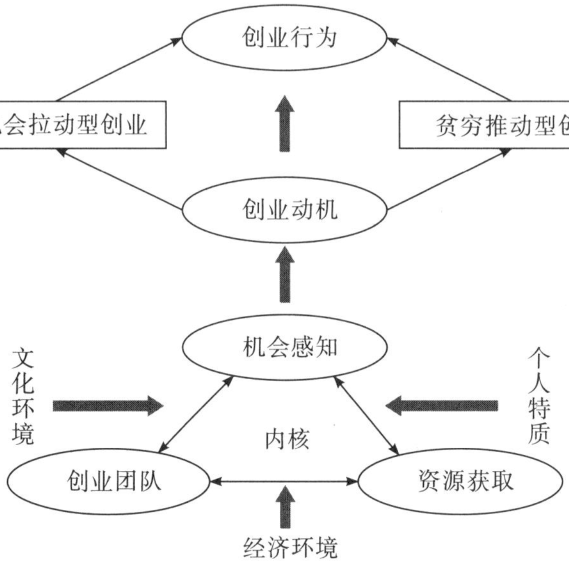

图 8－9　张玉利和杨俊创业行为模型

杨俊从创业逻辑进程出发，揭示了创业行为所包含的关键任务及其相互关系，并提出以下模型，见图 8－10。[①]

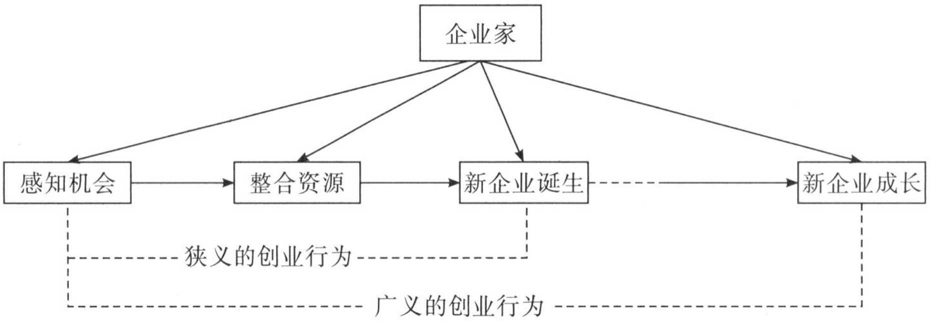

图 8－10　杨俊创业行为模型

闫丽平关注个体创业行为的时间动态特征，探讨了创业行为的影响因素以及对创业绩效的影响，并提出以下模型（见图 8－11）。[②]

① 杨俊．基于创业行为的企业家能力研究：一个基本分析框架［J］．外国经济与管理，2005，27（4）：28－35.

② 闫丽平．基于时间动态特征的创业行为研究［D］．天津：南开大学，2012.

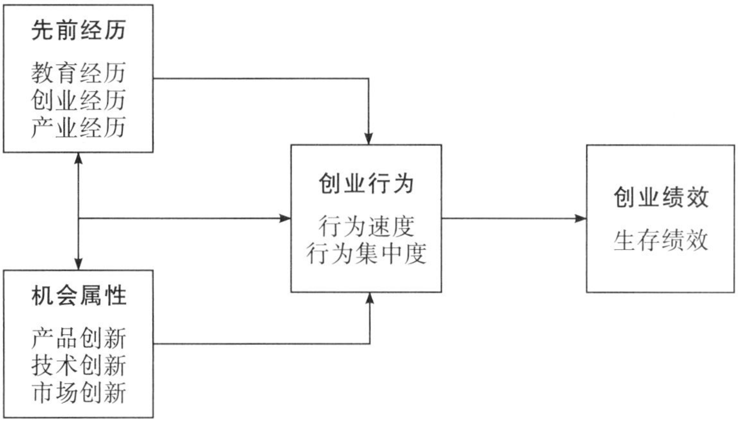

图 8-11　闫丽平创业行为模型

基于阿杰恩（Ajzen）提出的计划行为理论，蒋海燕提出了与创业行为相关的 TPB 模型（见图 8-12）。①

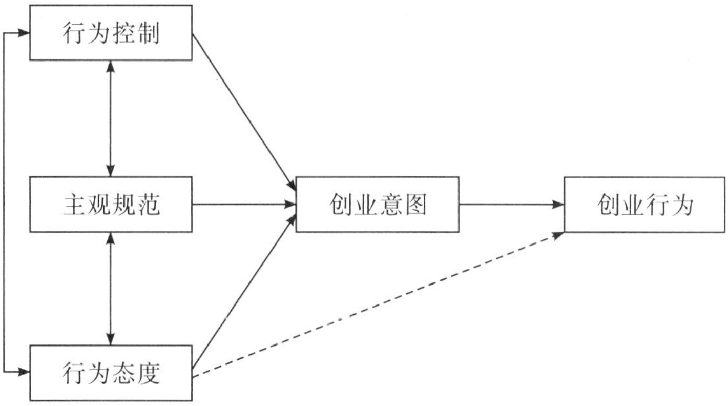

图 8-12　蒋海燕创业行为模型

屈佳英等通过梳理相关文献，构建了网络创业教育对大学生早期网络创业行为的影响的理论模型，见图 8-13。②

---

① AJZEN I. The theory of planned behavior [J]. Research in nursing & health, 1991, 14 (2): 137-144; 蒋海燕. 基于个人社会网络的女性创业意向影响因素研究 [D]. 长春: 吉林大学, 2013.

② 屈佳英, 张聪群, 时运涛. 网络创业教育对大学生早期网络创业行为的影响研究 [J]. 科技与管理, 2015, 17 (6): 108-114.

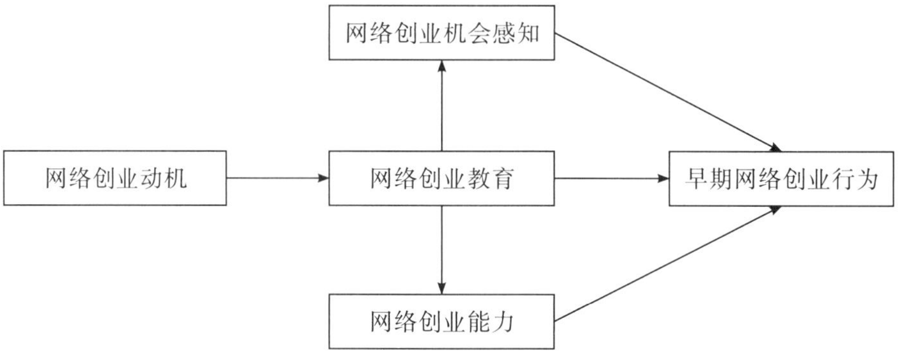

图 8－13　屈佳英等创业行为模型

三、创业教育的概念内涵

创业教育起源于美国，通过在中学、大学开设创业教育类课程，政府出台相关优惠政策支持创业，大力开展创业教育。① 创业教育是提升学生的创业知识、技能、态度以及个人素质的教育与学习活动。创业教育也被定义为改变个人最初拥有的技能、价值观、态度和知识的努力，以促进商业风险的孵化和后续维护的过程。2013 年，美国著名的创业教育研究机构考夫曼基金会对创业教育给出了一个操作性较强的定义：创业教育是一个过程，它向被教育者传授一种概念与技能，以识别那些被别人忽视的机会，以及令他们在别人犹豫不决时有足够的洞察力与自信心付诸行动。布森尼兹（Busenitz，2014）提出创业教育内容包括在风险面前的机会识别与在资源整合的前提下创办一个企业，也包括对企业管理过程的介绍，比如商业计划、市场营销等。可以看出，创业教育所指向的教育对象是各类受教育者。

我国开展创业教育研究的时间也较早，1990 年我国著名学者毛家瑞等人就开始了关于创业教育理论和实践的分析和研究。他们提出“创业教育是指为培养我国新一代年轻人的创业意识和创业能力，使其成为我国社会发展所需的人才保障的教育，是不同于我国普通教育和职业化教育的一种新的教育理念和教育模式”②。我国著名学者顾明远则认为“创业教育就是培养学生的创业意识和能力，使学生化被动为主动，在缺乏就业机会的社会背景中敢于创业，为自己也为他人谋取职业岗位和利益”③。卢晓中则强调：“所谓创业教育，就是使学生对创业的基本要求和基本素质有一定了解并有所掌握，并赋予学生创业所

① 童晓玲，冯艳飞．研究型大学创新创业教育影响因素实证分析［J］．武汉理工大学学报，2013（4）：628－632.

② 彭钢．创业教育学［M］．南京：江苏教育出版社，1998：12.

③ 顾明远．高等学校要向学生进行创业教育［J］．中国大学教学，2002（10）：15－16.

需的品质、精神的教育。”[1] 还有学者认为“创业教育是使学生的综合素质得到进一步的开拓和完善，使其创业素质得到发展，创业能力得到培养，创业意识更加敏锐的教育”[2]。曾湘泉等人认为“创业教育无论是对学生创业意识的养成还是对学生创业水平的提高，都有十分重要的推动作用，可以说它是创业者创业的理论保障”[3]。王占仁指出中国创业教育发端于1988年，直接榫接创造教育，是本土创造而不是“舶来品”[4]。李艳艳、李波认为创业教育是指以课程教学与实践活动为主要载体，培养学生未来从事创业实践活动所必需的创业意识、创业知识、创业能力，并将其内化为大学生创业素质而进行的一种教育[5]。

创业教育是培养受教育者在社会经济、文化等领域进行创新，开拓新的发展空间，满足自身发展需求并为他人提供机遇的探索性行为的教育活动。创业教育作为一种培养具有创新、创造能力的高层次人才的培训体系，其首要的学科特征主要有这几种：帮助学生建立创新意识，也就是建立合理的创业、就业认知，把个人能力、技能、特长等与社会需求和国家需要相联系，开创新的职业和岗位，从而使自身价值得到充分显现；培养学生的创业精神，即令学生在困难的环境中能树立坚强意志，面对挫折时能理智分析和应对；传授学生创业知识和培养学生的创业能力，即丰富学生的创业知识，并通过实习、实训、创业实践等形式，使学生的创业能力得到潜移默化的发展和提高；培养学生的创业素质和品质，包括艰苦奋斗、勇于创新等，依靠不同的教育方式和培训手段，使学生的创业素质和品质更加根深蒂固。可以看出，创业教育是对教育功能的重新定位，是对教育本质以及规律的不断深化；创业教育是满足社会现实需求的有效方式，以创业带动就业是国家推进创业教育的直接目标；创业教育为大学生开辟了新的社会化途径。

四、大学生创业的价值意义

创业的本质是基于创新行为的机会识别与价值创造能力的提升过程。作为创业的主体部分，大学生创业因知识储备足、创新能力强、科技含量高等优势，已成为促进经济发展速度增长和质量提升的助推器，也成为维护社会稳定、增强社会凝聚力的润滑剂。大学生是国家宝贵的人才资源，也是创新创业的生力军。大学生创业对于推动国家、社会、高校、个人的发展都具有重要价值意义。

---

① 卢晓中. 当代高等教育理念及对中国的影响 [M]. 上海：上海教育出版社，2001：15.

② 教育部中外大学校长论坛领导小组. 大学校长视野中的大学教育 [M]. 北京：中国人民大学出版社，2005：59.

③ 曾湘泉，等. 变革中的就业环境与中国大学生就业 [M]. 北京：中国人民大学出版社，2004：86.

④ 王占仁. 中国创业教育的历史发端与科学表述论析 [J]. 东北师大学报（哲学社会科学版），2015（4）：181－186.

⑤ 李艳艳，李波. 我国高校创业教育课程设置研究综述 [J]. 临沂大学学报，2014，36（3）：22－25.

（一）大学生创业有助于推动创新型国家的建设发展

创新是一个民族进步的灵魂，是一个国家兴旺发达的不竭动力。青年大学生是中国最具活力的群体，青年期是一个人做事创业热情最高的时期，其创新创业的能力最为强盛。朝气蓬勃的青年科技创新人才不仅是国家创新的活力所在，更是我国科技发展的希望。大学生要勇于创新创业，开发自身的创新潜能，增强自身的创新思维和创新能力。创业是大学生提高创新意识、培养创新精神的一种有效途径。在创业过程中，大学生学会逻辑分析，全方位思考，面对问题不断改进、不断创新，提高了思维的活跃性。大学生的创业活动也有利于培养勇于开拓创新的精神，把就业压力转化为创业动力，把社会就业难题转化为创新机遇，培养出越来越多的新型产业创业者。

21 世纪的竞争是经济和综合国力的竞争，实际是科技和教育的竞争，归根到底是高素质人才的竞争。高校是人才培养的摇篮。培养和造就基础宽厚、富有创新精神、能够应付未来社会发展和挑战的人才，是各类高校在教育创新中担负的首要任务。大力培养大学生创新创业能力是建立高校创新体系的关键性环节和基础性内容，能有效地支持和推动国家创新体系的建立，对建设创新型国家起到积极的作用。

（二）大学生创业有助于推动经济发展和社会进步

如今是信息时代，信息技术、能源环保、生物科学、高端制造和新材料产业的发展，使得各种新兴产业不断涌现，为社会提供了大量就业机会，也给大学生带来了大量发展机会。创业无疑会加速大学生就业，促进知识尽快转化成生产力，在一定程度上节约自然资源和社会资源。大学生创业成功，更能推动当今社会的发展，促进产业结构深化改革和社会经济发展。

信息时代也是知识经济时代。与其他社会群体相比，大学生接受过专业教育，知识水平较高，是主要的知识资本拥有者，他们思维活跃，创业热情高涨，接受新兴事物的速度非常快，社会适应能力相对较好。与此同时，新兴产业的出现，为大学生在信息时代下创新创业的开展提供了更多发展方向，大学生可以结合新兴产业匹配的项目，明确创业方向，实现自身目标，推动我国经济发展和社会进步。

（三）大学生创业有助于缓解高校毕业生就业形势

近年来，我国总体就业形势比较严峻，随着高校不断扩招，毕业生的数量在逐年增加，2017 年我国高等教育毛入学率已达到 45.7%，2020 年我国高校毕业生人数达 874 万人，越来越多的大学毕业生面临“就业难”的压力。自新冠病毒感染疫情发生以来，高校毕业生的就业形势更是越来越严峻。国家高度重视高校毕业生的就业工作，中央和地方政府相继出台了一系列鼓励大学生自主创业的优惠政策，例如，减免大学生创业的相关费用，为大学生提供后续的创业指导、资讯帮助等服务，让大学生能得到全面周到的创业支持。2019 年两会首次将就业优先政策置于宏观政策层面，推进大学生创新创业，对于缓解当前严峻的毕业生就业形势具有重要意义。大学生自主创业不是单打独斗，而是团队合作，协同作战。创业不但能解决自身就业问题，还能带动就业，产生社会效益。根据创业数据调查，平均一个毕业生自主创业，能够带动 8 个就业岗位。大学生创业不仅服务社会，创造经济效益，更增加社会效益。自主创业应作为未来大学生的就业途径之一，它将开辟新的就业渠道，在解决自身就业问题的同时也为社会创造了新的就业机会，有利于缓解国家的就业压力，积极推进就业。从可持续发展的角度来看，以创业扩大就业，从而创造出更多的价值和财富，能实现扩大就业和经济发展的协调互动。

（四）大学生创业有助于促进大学生自身成长成才

大学生创业可以为自身奠定成长成才的基石。首先，创业能够提升大学生的精神素养。大学生在创业过程中培养了在逆境中克服困难的智慧和吃苦耐劳的能力，促使他们形成创新、独立、坚毅、乐观、担当等优秀品质，还帮助他们树立正确的职业观，有助于整体上提高大学生的思想道德素质。其次，创新创业能够优化大学生的知识结构。在知识经济快速发展的背景下，创业者不仅需要良好的创业精神和能力，还需要具备丰厚的创业知识；这些知识不仅包括专业知识，还涉及经营管理知识、市场经济知识等。大学生在创业的过程中可以学习到系统的创业知识，实现自己的职业理想。最后，创业有助于大学生在实践当中求真知，增长自身的才干，实现人生价值。创业实践可以帮助大学生形成自信、自强、自主、自立的创业精神，加强大学生的事业心和责任心，培养大学生迎难而上的勇气和开拓进取的精神，促进大学生积极主动地适应社会、融入社会。

五、高校创新创业教育的价值定位

推进高校创新创业教育是提升大学生培养质量的内驱力，是推动社会经济发展的原生力，是实施创新驱动发展战略的新动力。[①] 高校创新创业教育是结合当下国家经济发展，实施“大众创业、万众创新”发展战略而形成的一种教育理念、模式与形式。创新创业教育通过扎扎实实的人才培养改革，旨在培养具有个性、创新性、实践经验与国际视野的新型人才，着重培养学生创新意识与创业能力、适应社会变革的能力、引领未来的能力。与传统教育内容不同，很多高校创新创业教育的内容凸显理论性、实践性和前沿性，既教授学生基本的创新创业知识，又帮助学生了解最前沿的创新创业实践；既教会学生必备的创新创业知识、技能，又完善学生的创业心理与情感；既开展传统的课堂组织教学形式，又

① 杜建群，杜尚荣．大学生创新创业课程的价值取向与目标定位［J］．教育研究，2018（5）：63－66.

采用实践体验式教学。在对学生的评价上，改变以往简单的考试测评式的结果评价方式，采用全程参与式的过程评价方式。作为一种新型的教育形式，创新创业教育的内涵、目的、内容和评价具有一定的理论超前性和实践示范性，按照现有的教育设想和框架在高校中实行下去，对于高等教育内容的完善、高校人才培养模式的变革、高等教育质量的提升、产教深度融合战略的落地都具有十分重要的价值和意义。

（一）推进创新创业教育是完善现有高等教育内容的重大举措

传统的大学教育是以专业教育为主的高等教育，以专业为起点，构建起人才培养的基本框架，包括人才培养理念和方案、课程体系、实践教学等，向学生传授未来从事某一岗位工作所需要的专业知识、专业技能和专业精神。就学生的发展需求而言，仅仅学习专业教育的内容是不够的。专业教育是以知识的传授为途径和手段的，这种知识具有较强的理论概括性，难以指导学生更好地开展实践；这种知识的单向传授缺乏必要的创新性处理，难以向学生传授创新精神。事实上，很多大学生接受大学教育的目的是其未来能够在社会上创业或者在某一个领域实现创新。

现有大学本科教育的内容虽然满足大学生创新创业的部分需求，但是这种满足是十分有限的。在国家“大众创业、万众创新”发展战略推动下，需要有成体系的新型教育理念、模式和形式来满足学生的发展诉求。持续推进创新创业教育，是完善现有高等教育内容的重大举措，是新形势下高校作出的主动选择。将创新创业教育内容纳入高等教育内容，有助于弥补现有大学教育的不足，以满足学生的发展需要。

（二）推进创新创业教育是改变现有人才培养模式的有效探索

传统的大学教育所构建的人才培养模式，是在以往经济发展现实中逐渐确立起来的，突出学科专业背景，强调对学生进行学科知识的传授，着重对学生进行整齐划一的培养，具有严格、专业的封闭性。在这样的人才培养模式下，很多高校培养的毕业生总体呈现出理论性强、实践性弱，知识相似、能力相仿，共性太多、个性不足，视野有限、眼界过低等特点，虽然能适应工作岗位的基本要求，但是其自身的创新意识、能力和动力明显不足。进入新的发展阶段，中国的发展对于人才的要求更高了，对于具有个性、创新性、实践经验与国际视野人才的需求不断增长，现有人才培养模式难以有效地确保高质量人才的供给。在这种情况下，持续推进创新创业教育是改变现有人才培养模式的有力探索。将创新创业教育的内涵、目的、内容和评价在大学教育中落地，有助于改变现有人才培养的困境，改变现有高校培养毕业生的结构，实现高校人才供给与经济社会发展需求的有效对接。

（三）推进创新创业教育是提升普及化高等教育质量的重要途径

我国高等教育发展经历精英化和大众化阶段后，已进入普及化阶段。在高等教育不同的阶段，其发展结构是具有明显差异的，尤其是其所对应的教育理念、学习方式、学生需求与质量意义。高等教育进入普及化阶段，生源结构发生了明显变化，对于教育的要求也将变得更加个性化和多元化。因此，形成与普及化高等教育相对应的本科人才培养理念和模式就显得尤为必要。推进创新创业教育，能够很好地对接高等教育普及化发展的现实，以创新创业为抓手，对学生进行深入持久而有效的教育。个性化兼具实践导向的创新创业教育，将在很大程度上实现学生的个性化发展，满足学生知识学习和能力发展的需求，开阔学生创新创业的视野，帮助学生更好地面对社会的挑战，更主动地抓住发展的机遇。创新创业教育的持续推进，有助于提升普及化高等教育的质量，壮大高等教育的内部发展力，增加高等教育的外部吸引力，有助于促进高校在普及化高等教育阶段人才培养质量的提升。

（四）推进创新创业教育是落实产教深度融合战略的基本体现

传统大学教育注重学生在高校之内的培养，着重对学生进行知识的传递，很少与社会开展稳定的交流、合作与融合，忽视了对学生进行全面的社会技能的传授，造成高校人才培养内部供给与社会外部需求之间的断裂与错位，很多高校毕业生在就业时出现“适销不对路”的情形，根本原因在于高校与产业之间互动过少，融合不够。进入新的发展阶段，产教深度融合战略已经成为高校的重要发展战略。

持续推进创新创业教育，是落实产教深度融合战略的基本体现。创新创业教育是高校人才培养与社会人才需求之间的联结点和纽带，通过开展高质量的创新创业教育，能够很好地与产业、行业和企业的资源进行对接，将产业的资源用于教育教学实践活动，充实创新创业教育的内容、方式和形式，促进高校学生与社会的有机互动，促进产业与高校人力、智力、物力资源的充分融合，能更好地实现产业原创技术的产出以及原有技术的升级、换代。

六、创新创业教育融入新工科建设的时代要求

以信息化、智能化为主要特征的科技革命与高等教育改革形成交汇点，创新已成为主导发展、推动经济社会深刻变革的第一动力。《关于深化教育体制机制改革的意见》明确提出“创新创业教育要贯穿人才培养全过程”，体现了创新创业教育在高校人才培养模式中的重要地位，体现了创新精神、创业思维和创新创业能力是高校人才培养结构中的关键要素。新工科建设是高等工程教育为主动适应新经济发展和产业转型升级需求，基于对抢占全球竞争优势和前瞻性引领未来产业发展思考进行的深刻变革和全面创新。在当前经济形态下，以创新创业教育为导向的新工科建设，推动新时代工程技术人才培养目标和理念的纵深改革，是适应时代发展、促进经济提质增效升级的必然选择。将创新、创业、创意理念

融入工程教育全过程，是提升工程技术人才培养质量和强化学生主动适应变化、解决问题能力的重要手段，也是加快推进高等工程教育改革和促进大学生创业就业的重要路径。①

虽然创新创业教育已在全国高校范围全面铺开，但实际上能有效调动专业教师主动参与的实效甚微。很多工科教师并未参透创新创业的内在辩证关系，把创新等同为纯粹的“科技创新”，忽视了“双创”融合的思想意识创新，把创业归为管理学科的课程范畴；片面地将创新创业教育看作讲授几门课程和举办几场活动的简单结合，认为与学科研究、专业教学没有关联，导致创新创业教育与专业教育、知识教育之间相互割裂。② 相比之下，欧美发达国家高校对“双创”教育与工程教育的融合进行了更深入且具实效的探索实践，在各个学科的专业教育教学过程中融入创新创业教育的理念与实践。③ 斯坦福大学通过开设跨学科创业教学课程、鼓励科技创新成果创业和传播创新创业教育成果相结合的技术创业计划（STVP）④，建立面向全校开放的“磁石模式”创新创业教育，实现了聚焦科技创业、跨学科融合、全过程贯穿的创新创业教育实践。美国欧林工学院提出了工程教育的三角理念，构建了“工程教育”“创业教育”“人文社会艺术教育”交叉融合的教育理念和实践模式。⑤ 而当前我国将创新创业教育融入新工科建设的跨学科教育改革仍然处在“摸石头过河”的探索阶段。国外高校探索实践的成功经验，可以为我国新工科建设提供富有启发性的参照与借鉴。

美国《教育2020年的工程师：改革工科教育、迎接新世纪》指出，高等教育只有将创新创业教育融入工科教育，才能为国家创新和经济发展培养适应需求的新型工程人才。⑥“美国工程教育学会”成员大学50%以上在工程教育中开设了创新创业教育课程或项目，25%以上设有创新创业辅修专业。⑦ 卡洛斯（Carlos）通过调研发现，工科学生的创业概率和成功率都比商业管理专业学生高。⑧ 瓦德瓦（Wadhwa）等研究显示，在美国大型技术

---

① 阮俊华. 面向工程类学生开展创业教育的意义与路径探析［J］. 高等工程教育研究，2016（5）：44－48，60.

② 王焰新. 高校创新创业教育的反思与模式构建［J］. 中国大学教学，2015（4）：4－7，24.

③ 包水梅，杨冬. 美国高校创新创业教育发展的基本特征及其启示：以麻省理工学院、斯坦福大学、百森商学院为例［J］. 高教探索，2016（11）：62－70.

④ 李正，钟小彬. 美国斯坦福大学技术创业计划探析［J］. 高等工程教育研究，2013（3）：107－114.

⑤ 徐小洲，臧玲玲. 创业教育与工程教育的融合：美国欧林工学院教育模式探析［J］. 高等工程教育研究，2014（1）：103－107.

⑥ JULIEN P Y. Review of “educating the engineer of 2020：adapting engineering education to the new century” by the national academy of engineering［J］. Journal of hydraulic engineering，2007（11）：1296.

⑦ SHARTRAND A，WEILERSTEIN P，BESTERFIELD-SACRE M，et al. Technology entrepreneurship programs in U. S. engineering schools：course and program characteristics at the undergraduate level［R］. Washington D. C.：ASEE Annual Conference and Exposition Proceedings，2010.

⑧ CARLOS A P. Is business creation the mean or the end of entrepreneurship education：a multiple case study exploring teaching goals in entrepreneurship education［J］. Journal of technology management & innovation，2013，8（1）：1－10.

公司的创始人中，有55%拥有科学、工程、技术和数学学位，而商业管理、会计或金融专业的仅占33%。[①] 根据 Osage University Partners（OUP）2017 年美国大学创业调查报告，创业企业 CEO 基本上是理工科，其中电子工程专业输出比例最高（近45%），而商科背景CEO 不到15%。此外，有关数据显示，美国大学生中有20% ~30%毕业后选择自主创业。据《2019 年中国大学生就业报告》统计，我国大学生 2018 年创业成功率总体上不到5%，且在这当中基于技术创新的创业企业更是少数。这些巨大的数据差距一定程度上与国内轰轰烈烈的创新创业教育活动形成了巨大反差，这恰恰也反映了新工科建设面向产业需求，融入创新创业教育的必要性和迫切性。[②]

第二节　创业的发展演进与创业者的能力构建

一、创业理论的演进：从特质论、行为论到认知论

关于创业理论的研究发展，经历了从早期单纯关注“谁是创业者”转向“创业者做什么，如何做”，直到近几年深化为研究“创业者为何这么做”，即创业行为背后的认知与思维，进一步逼近创业实践的客观本质。

（一）特质论

随着社会经济职能分工的深化，从 20 世纪 50 年代开始，经济学家与管理学家便已关注创业者这一独立群体，聚焦于对他们个性、品质、心理或性格等属性的统计描述，认为创业者的这些特征是区别于常人的优秀特质，形成了特质论。这种特质是决定创业成功与否的关键因素。在这基础上产生了创业者资源禀赋理论与创业胜任力模型。在 20 世纪 80 年代前，特质论主导创业研究，创业者特质作为影响整个创业活动的主导逻辑，甚至被简化为解释创业意图和绩效的自变量。特质论研究由于在理论基础和方法论上仅依靠经验数据来判断创业者的性格特质组合，忽略了理论基础的构建，自诞生开始就深受质疑，并未形成相对一致的观点，有的甚至彼此矛盾，因此无法解释现实中的创业现象及指导创业实践，受到严重挑战。

---

① WADHWA V, FREEMAN R B, RISSING B A. Education and tech entrepreneurship [J]. Innovations, 2010, 5 (2): 141 – 153.

② 许涛，严骊，殷俊峰，等. 创新创业教育视角下的“人工智能 + 新工科”发展模式和路径研究 [J]. 远程教育杂志，2018 (1): 80 – 88.

（二）行为论

由于特质论研究结果的不一致性，学者们开始意识到：创业不仅是一个连续的演化过程，更是众多因素动态、复杂的整合与进化过程。20 世纪 80 年代后，创业过程与行为研究迅速取代特质论并成为主流，强调后天积极、关键行动的核心作用，认为通过制定创业战略、构建与开发创业网络、挖掘与搜索内外部资源及创业学习等关键行为，才有可能更多地识别与发现创业的机会并进行开发活动。基于行为过程的创业研究主要从两个重要方面进行深化：一方面，从创业实践的价值创造过程挖掘创业者行为的共性与合理性，探索创业企业生成过程的影响因素、环境与关键行为之间的复杂作用关系。另一方面，从创业过程中的独特行为和所遵循的逻辑中提炼与总结创业过程的特殊机理，提出创业研究领域新的理论构念，主要集中在即兴而作、手段导向、资源拼凑等。以创业机会为核心、以创业过程为主线的研究主流思路得到了国内外创业研究学者的普遍认同，创业研究开始从现象归纳转向理论构建和检验，形成了“要素（禀赋）—行为—绩效”的分析框架，在研究设计和理论深度挖掘等方面取得了前所未有的进展，将创业理论研究推进到一个新的高度。

行为论的前提假设是在特定情境下遵循特定行为组合过程更有助于创业成功，但现实中却发现相似行为组合仍会导致不同结果，且行为过程往往呈现个性化特征。学者们又从失败归因的视角来规避陷阱与风险，总结出创业失败的主要原因，然而创业者们似乎还是在不断地重蹈覆辙，仍然缺乏针对创业者具体行为的指导性研究框架。

（三）认知论

近几年来，创业研究正在经历与特质论向行为论转型相类似的深化过程。情境是创业活动与决策的前提，往往具有较高的不确定性、模糊性、资源约束、时间压力等主要特征。因此，通过将创业过程行为组合规范化来提炼创业活动规律的思路难以实现。不少学者的研究表明，成功的创业者尽管在行为上存在差异，但似乎具备更高认知适应性能力的创业者更容易成功。创业活动的独特性本质上是创业情境特殊性诱发的独特认知和思维过程，并非来自行为表现。创业研究从关注创业活动如何开展，深化为研究创业者行为背后的认知成因，致力于识别与归纳合理共性、可传播与学习的创业认知与决策过程特征，探索情境如何影响创业认知与决策，进而探索对创业行为的作用机制导致的行为结果差异，形成创业研究的认知论。

20 世纪 90 年代，认知心理学与社会心理学的发展为创业研究提供了新的视角与动力。创业认知研究是对特质论的反思与深化。早期创业认知研究延续特质论的研究思路，试图寻求创业者与管理者在创业认知上的差异，关注创业意图成因，即“为什么有人会选择成为创业者”。随后，基于创业情境独特性比较创业者和管理者来概括和归纳创业认知独特性，发现虽然两者在风险偏好、创造性、成就欲望等人格特质方面不存在差异，但他们在思维方式和认知风格等方面却存在明显差异，认知结构和认知过程差异是导致创业者与非创业者差异的根本原因，通过分析创业者独特的思维和行为方式可以更好地理解其创业行为过程。创业者在决策过程中更多地使用直觉、认知偏差等非线性思维，这有助于创业机会的发现与开发，新创企业的成长来自创业者认知的升级。创业认知的独特性来自创业情境而不是创业者，这被国内外创业研究学者普遍接受。在这一现实问题的引导下，元认知理论被引用到众多创业研究中，在此基础上，海尼（Haynie）和谢帕德（Shepherd）提出了认知适应性（反映创业者与情境互动调整认知策略的能力）概念，并编制测量量表。主流研究转向基于特定情境的创业者认知与行为互动的理论发展阶段：以创业者认知过程为核心，一方面致力于探索成功创业者基于特定情境的创业认知作用于创业过程中关键行为的机理及其边界条件；另一方面关注创业失败等极端情境对于创业者认知特征及其有效性的影响机制，形成以“情境—思维—行为”为主线的研究框架与三个主流视角：一是基于创业行为的认知机制与成因研究；二是基于创业情境的认知决策过程机理；三是基于创业者及其团队的异质性提炼具体创业情境诱发的独特、典型的创业思维。①

二、创业研究发展两大经典主题：资源观与机会观

在创业研究过程中，资源与机会逐渐被认为是创业活动的两个最本质要素，这不仅得到学者们的一致认同，也是创业实践者的普遍认知。资源观与机会观被认为是创业学领域的两大核心观点。

（一）资源观

“新生弱性”与“小而弱性”是新创企业普遍面临的双重劣势，资源成为新创企业生存与成长的关键，探究创业者如何识别、获取、组织与利用资源不仅是创业研究的重要内容，更是创业实践者关注的核心内容。梳理资源观的演化发现，资源观的研究存在两条核心路径：一是新创企业实践视角资源行为的演化；二是资源理论研究的发展。资源行为的演化经历了资源识别、获取、整合、利用四个阶段。资源理论研究的发展则经历了资源基础、资源依赖、资源拼凑和资源协奏理论。

（1）资源识别。创业者在创业过程中需要识别哪些资源对创业活动起关键与核心作用，资源基础理论（Resource-Based View，RBV）关注创业者的内部资源禀赋与积累，认为稀缺的、有价值的、难以模仿的和不可替代的异质性资源是企业成长的核心资源。

---

① 胡望斌，焦康乐，张亚会．创业认知能力：概念、整合模型及研究展望［J］．外国经济与管理，2019，41（10）：125－140．

（2）资源获取。新创企业受资源禀赋和创业情境等方面的约束，往往只能依赖外部资源的获取。资源依赖理论（Resource Dependence Theory，RDT）认为企业必须与所生存的环境中的因素互动，作为一个开放的系统，企业应从外部获取足够的资源，以保证企业正常运转。情境开始进入创业研究的视野，资源获取与企业绩效的研究受到学者重点关注。

（3）资源整合。从理论上讲，新创企业的双重劣势会使其外部资源获取难度加大，但现实中的一些新创企业却实现了很好的成长，甚至颠覆原有行业。2003 年美国创业教授（Teb Baker）将资源拼凑理论引入创业理论研究，重新思考现有资源的价值，通过“将就”与“重构”突破资源约束，不再一味地强调资源的固有属性及其应有的价值，而是以建构主义视角沟通资源与使用价值的关系，实现从如何获取核心资源转向如何创造性使用现有资源。当今互联网与大数据时代为新创企业资源拼凑实施提供了千载难逢的机会，新兴转型与后发追赶国家应充分利用这一战略实现创新超越。①

（4）资源利用。资源只有被利用才能实现其价值并促进绩效的提升。随着新创企业的成长，其所面临的资源情境以及资源行动的重心会发生转移，资源行动会从简单的资源拼凑到资源编排直至资源协奏演化，从聚焦于创业情境到发展情境，从创造性使用资源到价值创造，实现资源行为与情境匹配从初级阶段向高级阶段演化。

（二）机会观

机会被视为创业活动的前提与核心，也被认为是创业学成为独立学术领域的核心范畴。以机会为主线的研究成为创业研究的重要议题，并得到学者们的广泛认同。现有对创业机会的定义主要是从市场与创业主体特征两个视角来进行的，市场需求为机会的产生提供了可能，创业主体特征是识别与发展机会的重要因素。个人特质、先前知识和社会网络均是创业者识别、开发和利用机会的重要影响因素。随着研究的深入，对创业机会的关注焦点从机会的产生动因转向产生过程。对创业机会的产生过程形成了以下研究视角：

第一，基于创业行动理论的机会产生过程。奇亚森和桑德斯（Chiasson & Saunders，2005）颠覆了经典创业理论中创业者与创业机会二分的假设，提出机会识别——构建二元互动模型。他们认为，虽然社会情境是创业机会存在的客观基础，但只有通过创业者的认知与行为才能形成创业机会。机会不是独立存在的，而是在创业者有目的行动与社会结构独特共演的过程中形成的。行动理论重点解释了创业者与创业机会之间的动态循环互动关系与过程，弥合了创业机会与创业过程之间的断层。

第二，基于认知视角的机会产生过程。近年来，认知视角为机会识别研究打开了一个

① 秦剑. 基于创业管理视角的创业拼凑理论发展及其实证应用研究［J］. 管理评论，2012，24（9）：94－102.

新的窗口。巴伦和华德（Baron & Ward，2004）主张通过研究创业者的线性和非线性思维方式来分析机会识别的认知加工过程。在高度复杂不确定的创业情境下，创业者更倾向于利用非线性思维进行创业决策。灵活运用这两种思维方式能够更有效地进行机会识别与评估，创业者的思维方式或认知风格对机会识别起重要作用。莎拉瓦西（Sarasvathy，2001）提出的效果推理被认为是创业机会开发的重要手段。他认为，创业者面对的是不确定与动荡的环境，很难预设目标，只能根据现有的资源和利益相关者的诉求不断调整目标。认知从根本上是具体化和情境化的，强调人与情境互动的重要性。创业初始如果没有明确的战略目标与清晰的思路很难获得成功。究其原因，这类创业很难获得潜在利益相关者（如资本、合作伙伴等）的关注与认同。因此，效果推理的适用会受到不同经济发展阶段、制度、文化的影响。效果推理与因果推理并不是相互替代，而是互补与融合。古斯塔夫森（Gustafsson，2006）在哈蒙德（Hammond，2000）的认知续线体理论和莎拉瓦西等（Sarasvathy et al.，2003）的创业机会分类学说基础上进行扩展，从情境的不确定性及认知思维模式两个维度与创业机会（机会识别、机会发现、机会创造）进行匹配。机会识别容易在低不确定性与线性思维中产生；机会发现容易在中等的不确定性与准理性行为中产生；机会创造容易在高不确定性与非线性思维中产生。

第三，基于创业生态系统视角的机会产生过程。无论是“发现论”还是“创造论”，都聚焦于创业者、新创企业及外部环境等独立要素，忽视了创业机会所处情境中各种要素之间的互动关系。“发现论”与“创造论”的融合已成为创业机会产生过程研究的新趋势，这种融合包含创业生态系统中多元化的创业主体与各种要素（潜在利益相关者、市场、情境等）的互动结果。建构主义理论认为，创业机会是社会共同建构的，创业者在创建企业和机会识别过程中必然与所依赖的情境主体开展互动，各主体能够共同创造机会。机会共创成为创业机会研究的前沿与热点。创业机会共创是创业者及其利益相关者与创业环境共同针对创业机会进行一系列反复互动活动，进而影响要素或产品市场竞争不完全性的动态演化过程。机会共创理论从机会产生主体与机会属性两个方面整合了“发现论”与“创造论”，强调机会并非只是环境的客观形成或主体的主观创造，而是市场或创业者等各种要素的共同创造；认为机会存在于创业主体与情境的关系之中，是各要素之间互动关系动态演化的结果。

纵观上述研究观点可以看出机会产生从识别、发现、创造到共创的行为与各要素之间的互动轨迹与实现路径的演化过程（如图 8 – 14 所示）。

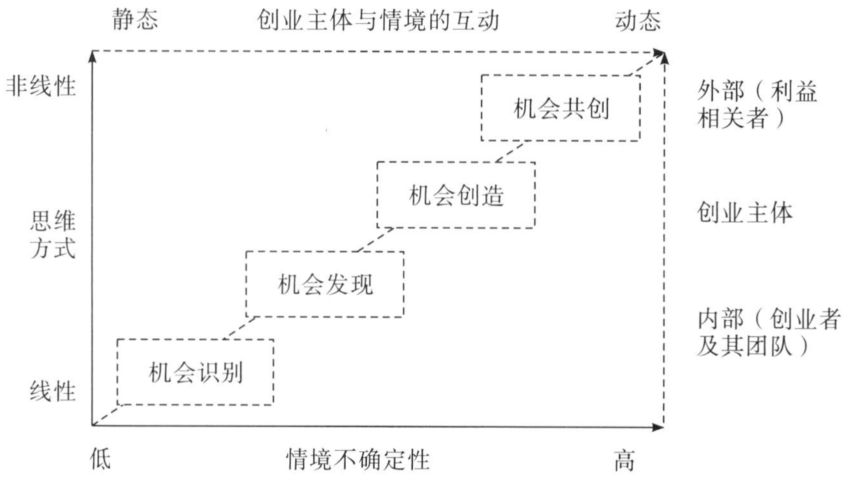

图 8－14 创业生态系统视角下创业机会判断的互动与演化

创业机会是在不确定的情境条件下创业生态系统中各要素反复互动的结果，在这个系统中，存在至少五种基本的互动关系：机会（识别、发现、创造、共创）之间的互动，创业主体（创业者、创业团队、利益相关者等）之间的互动，创业主体与机会的互动，创业主体与情境的互动，创业认知风格（线性与非线性思维）之间的互动。

（三）资源与机会一体化

虽然主流观点认为机会是创业的核心，资源是机会的基础，但已有研究更多侧重其中一个视角进行分析，并无一例外认为社会网络是资源与机会开发的关键变量，尤其是在转型情境下创业，社会网络的作用尤为突出。随着对转型经济情境创业研究的深入，资源与机会的“矛盾”突出，无法实现有效对接，两者作为创业活动的必要元素难以分割，成功的关键在于如何将机会与资源相匹配。机会和资源的反复交互和博弈推动创业活动不断发展，而机会和资源的匹配与互动过程也成为创业研究最为显著的特色之一。赵兴庐等（2017）提出“机会—资源”的双元动态平衡，认为创业是基于特定情境的创业者、创业机会与创业资源三者的互动与平衡过程。葛宝山等（2015）将机会开发行为的识别、评价和利用三个子阶段与资源开发行为的三个子阶段进行匹配，提出机会与资源一体化开发行为概念。蔡莉、鲁喜凤（2016）考虑情境的因素，构建了“资源与机会整合”驱动创业行为的过程模型，认为机会与资源一体化不仅是简单的资源开发与机会开发的各阶段匹配和相互影响，更是两者有机结合，相互嵌入，即转型经济背景下创业过程中机会开发与资源开发始终相伴相随。

三、我国大学生创业政策的历史沿革

创业是一个复杂的过程，要受到各种因素的影响。大学生群体参与创业虽具备优势与必要性，但存在欠缺实践能力、缺乏启动资金、技术转化能力有限、社会阅历薄弱等明显不足，政策精准扶持是解决大学生创业短板的关键。[①] 大量案例表明，创业政策对创业动机、创业技能、创业机会等核心要素具有催生作用，甚至决定着创业的成败。发达国家的经验表明，通过政策倾斜为大学生提供专利创新、技术转化、企业孵化等必要支持，创造完备的创业生态系统，能够有效帮助其将创新思路一步步转化为可行的商业模式。[②]

我国大学生创业虽起步较晚，但支持性政策探索已有二十余年，故有必要对自始以来的相关政策作系统性检视。一般认为，我国大学生创业发端于 1998 年清华大学举办的首届清华创业计划大赛。1999 年共青团中央等部门联合举办了首届“挑战杯”中国大学生创业计划竞赛，进一步扩展了创业活动在高校的影响，创业成为高校大学生的热门话题，并以此为载体兴起了从校园走向市场的大学生创业活动。[③] 随着大学生创业规模的不断扩大及其社会经济效益的日益显现，政府开始制定相关政策引导和鼓励大学生创业。纵观我国大学生创业政策的历史沿革，大致可以分为以下三个阶段：

（一）初步探索阶段（1998—2005 年）

1998 年 12 月，教育部发布《面向 21 世纪教育振兴行动计划》，要求“加强对教师和学生的创业教育，采取措施鼓励他们自主创办高新技术企业”。1999 年 5 月，教育部等部门出台文件“鼓励和支持毕业生到非国有制单位就业或自主创业”。2002 年 3 月，国务院办公厅颁布《关于进一步深化普通高等学校毕业生就业制度改革有关问题意见的通知》，首次明确提出鼓励和支持高校毕业生自主创业，这标志着大学生创业政策开始受到政府的重视并步入实质性推动阶段。同年 4 月，教育部发文确定清华大学等九所高校为创业教育试点院校，这成为教育部门首次针对创业教育作出的专门政策设计和制度安排，标志着创新创业教育由个别院校的自发性实践转向局部性的行政引导行为。次年开办的首期“教育部创业教育骨干教师培训班”推动了高校创业教育的开展。2003 年 5 月，国务院办公厅颁布《关于做好 2003 年普通高等学校毕业生就业工作的通知》，首次在行政事业性收费、

---

① 杜天宝，于纯浩，温卓. 大学生创新创业政策扶持体系优化研究［J］. 经济纵横，2019（9）：88－94.

② TIJSSENR J W. Universities and industrially relevant science：towards measurement models and indicators of entrepreneurial orientation［J］. Research policy，2006，35（10）：1569－1585.

③ 夏人青，罗志敏，严军. 中国大学生创业政策的回顾与展望（1999—2011 年）［J］. 高教探索，2012（1）：123－127.

小额担保贷款等方面针对高校毕业生创业提出具体优惠政策。此后，政府相关部门纷纷出台鼓励大学生自主创业的政策和法规。如财政部、国家发展和改革委员会共同出台了关于高校毕业生从事个体经营有关收费的具体优惠政策。在地方政府层面，如山东、浙江、天津、上海等省市，也都出台了为大学毕业生创办企业减免税收、行政性收费以及贷款贴息的配套政策。2005 年，中共中央办公厅、国务院办公厅出台《关于引导和鼓励高校毕业生面向基层就业的意见》，系统地肯定了大学生创业的必要性，部署了一系列优惠政策，强调要提供有针对性的咨询服务，并通过财政和社会两条渠道筹集“高校毕业生创业资金”。这一阶段的大学生创业政策尚处于启动和初创阶段，以营造创业氛围为主要内容，创业政策主要作为改革高校毕业生就业制度的一部分来鼓励推动大学生创业。

（二）全面推进和实施阶段（2006—2014 年）

2006 年，中央组织部等十四部门联合发布《切实做好 2006 年普通高等学校毕业生就业工作的通知》，详细规定了对高校毕业生自主创业的扶持方法，对大学生创业给予大力扶持。党的十七大报告提出“提高自主创新能力，建设创新型国家”和“促进以创业带动就业”的发展战略。2008 年，我国颁布实施《就业促进法》，首次从立法高度鼓励劳动者自主创业、自谋职业。与此同时，政府制定了一系列政策法规促进以创业带动就业，要求“强化创业服务和创业培训，改善创业环境，加快形成政策扶持、创业培训、创业服务‘三位一体’的工作机制”。2010 年，教育部发布《关于大力推进高等学校创新创业教育和大学生自主创业工作的意见》，对创新创业人才培养进行了翔实的规范，是我国在创新创业领域首份专门针对大学生的政策。同年 5 月，人力资源和社会保障部发布《关于实施大学生创业引领计划的通知》，部署了创业培训实训、政策扶持、指导服务和孵化支持等核心任务，在政策层面提出建立分阶段、多方位、阶梯型的大学生创业服务体系。教育部下发《关于大力推进高等学校创新创业教育和大学生自主创业工作的意见》，指出大学生是最具创新创业潜力的群体之一，要求全国各级各类高校统一开展创新创业教育。该政策是我国高校创新创业教育自诞生以来最具全面性的制度设计，标志着小范围、局部性、作坊式的创新创业教育发展形态不再延续，创新创业教育开始在政策的有序和强力驱动下向普及化和体系化迈进。2012 年 3 月，教育部发布《关于全面提高高等教育质量的若干意见》，进一步就加强创新创业教育进行了专门规定，提出将创新创业教育贯穿人才培养全过程、开发创新创业类课程、建设实习基地、开展创新创业师资培训并构建兼职教师队伍。同年 8 月，教育部印发《普通本科学校创业教育教学基本要求（试行）》，从课程教学视角系统性探索了教学内容、教学方法和教学组织设计，并编写了“创业基础”教学大纲的范本，提倡学校应结合自身特色和专业特点开展创业活动。党的十八届三中全会通过的《中共中央关于全面深化改革若干重大问题的决定》要求健全促进就业创业的体制机制，完善扶持创业的优惠政策，形成政府激励创业、社会支持创业、劳动者勇于创业的新机制。2014 年 5 月，国家提出实施经济发展的“新常态”战略，创新与创业成为新常态下的重要引擎。在此背景下，人力资源和社会保障部等九部门联合发布《关于实施大学生创业引领计划的通知》，提出通过提升大学生的创业意识和创业能力，完善政策制度和服务体系以及促进创业良好机制的形成，力争实现 2014—2017 年引领 80 万大学生创业的预期目标。在这一阶段，政府已将促进大学生创业纳入其重要议程，不仅政策制定主体间开始有机协调和联动，而且已从法律层面规范创业活动，政策内容从大学生技能培训、金融支持拓展到创业服务及创业环境改善，涵盖了创业活动的各个领域，大学生创业政策体系初步形成。

（三）深化改革与转型升级阶段（2015 年至今）

2015 年，时任总理李克强在政府工作报告中正式提出“大众创业、万众创新”战略，开启了全民关注创业、万众支持创业的新局面。国务院办公厅下发《关于深化高等学校创新创业教育改革的实施意见》，从创新创业课程体系建设、创业指导服务、人才培养机制、创业政策保障与资金支持等方面对高校开展创新创业教育提出意见。随后，国务院出台《关于大力推进大众创业万众创新若干政策措施的意见》《关于加快构建大众创业万众创新支撑平台的指导意见》，指出要健全创业人才培养与流动机制、加强创新创业知识普及教育、完善创业课程设置和导师队伍建设、建立创新创业绩效评价机制，加快发展“互联网 +”创新创业，构建以创新创业链为基础的资金链、产业链、就业链和平台空间相联动的普惠性、立体化、全方位的政策体系。2016—2017 年，教育部启动深化创新创业教育改革示范高校遴选认定工作，先后分两批次公布了 200 所示范高校名单，以通过示范带动效应推广典型模式和经验促进创新创业教育改革的纵深推进，全面增强学生的创新创业能力。2018 年 9 月，国务院印发《关于推动创新创业高质量发展打造“双创”升级版的意见》，明确要求高校推广创业导师制，将创新创业教育纳入必修课体系，深化产教融合和实习实训。该政策将创新创业教育推向了质量建设和改革的新发展阶段。同年 11 月，教育部发布的《关于做好 2019 届全国普通高等学校毕业生就业创业工作的通知》也明确要求“推动双创升级，着力促进高校毕业生自主创业”，提出应当全面深化创新创业教育改革，完善并落实创新创业优惠政策，加大对应届毕业生在创新创业方面场地、资金、税收等的扶持力度，强化针对应届毕业生的创业指导与服务。2020 年 3 月，为减轻新冠病毒感染疫情对高校毕业生创业的不利影响，教育部强调应特别重视大学生创业政策的落实，要求各地教育行政主管部门与全国各高校会同有关部门落实大学生创业优惠政策。在这一阶段，创新创业教育进入国家、高校与社会合力推进的质量提升阶段，国家有关部门通过一系列专项政策的制度引导和规制着力深化创新创业教育改革，打造创新创业教育升级版。该阶段政策内容立足宏观指导，更加重视不同地区的差异性落实，既着眼大局，又因地制宜，精准发力，逐步建立全面覆盖、点面结合的大学生创业政策体系，旨在整改从理念到实践的薄弱环节和解决瓶颈问题，借此促进创新创业教育的转型发展、体系完善与质量升级。

通过以上分析可以看出，我国大学生创业政策的发展和完善与国家经济体制改革进程及社会就业形势密切相关，大学生创业政策的完善过程与政府主导的体制改革与转型同步。从中央到地方的各级政府日益重视大学生创业，并多部门联合参与创业政策的制定；创业政策内容从单纯提供优惠政策向提供系统辅导转变，政策体系逐步完善；大学生创业政策的实施成效日渐显现，不仅一定程度上缓解了大学生的就业压力，而且也成为推动我国经济转型发展和社会创新的重要引擎。

四、大学生创业能力的结构维度要素

钱德勒（Chandler）和汉克斯（Hanks）首次提出“创业能力”概念，并将其界定为“发掘、预测并利用机会的能力”。① 此后，不同研究者从各自理论视角对创业能力的内涵进行探讨，大致包含以下几个视角：①资源视角，认为创业能力是创业者在创业活动中掌握的各种有形或无形资源，包括资金、设备、信息、技术及声誉等，是支持创业活动顺利开展的资源基础。② ②过程视角，强调创业能力是创业者利用和整合各类资源，针对市场机会进行创造性开发的行动过程。过程视角下的创业能力包括对创业机会的发掘和提炼，以及配置和整合资源对创业机会进行开发和利用两方面。③ ③机会视角，认为创业机会的发掘是创业的重要基础，感知创业机会的存在是运用和整合资源以创造潜在利润空间的关键前提。④ 因此，能够成功地洞察和开发市场机会是创业者能力的本质特征。

作为复杂的社会实践活动，创业是个人能力展现的重要平台，具有较高的创业能力是创业取得成功的重要条件和保障。但创业能力不是一个笼统的概念，它贯穿创业活动的始终，根据创业的性质、内容、环境以及方式的要求，由多种不同的能力构成，是一个复杂的能力系统。国内外从不同的分析框架，对创业能力的维度进行分析，形成比较丰富的成果。曼（Man）和劳（Lau）依据创业能力特征提出六维结构模型，认为创业能力是由机

① CHANDLER G N，HANKS S H. Measuring the performance of emerging businesses：a validation study [J]. Journal of business venturing，1993，8（5）：391－408.

② 林嵩. 创业资源的获取与整合：创业过程的一个解读视角［J］. 经济问题探索，2007（6）：166－169.

③ 朱秀梅，蔡莉，陈嵌，等. 新创企业与成熟企业的资源管理过程比较研究［J］. 技术经济，2008（4）：24－30.

④ SHANE S，VENKATARAMAN S. Entrepreneurship as a field of research：a response to Zahra and Dess，Singh and Erickson［J］. Academy of management review，2001，26（1）：13－16.

会胜任力、关系胜任力、概念胜任力、组织胜任力、战略胜任力和承诺胜任力六个方面构成[①]；德诺布尔（De Noble）认为创业能力包括风险和不确定管理技能、创新和产品开发技能、人际关系和网络符理技能、机会识别技能、处理和配置关键资源的技能、发展并保持一个创新环境的技能共六个维度。罗德蒙德（Rodermund）将创业能力划分为领导力、好奇心和创业技能。唐靖和姜彦福基于创业者任务的视角，从感知、发现和开发机会以及运营管理新企业两方面，将创业能力分解为机会识别能力、机会开发能力、组织管理能力、战略能力、关系能力、承诺能力六个方面；[②] 尹苗苗和蔡莉通过梳理有关创业能力的文献综述，从个体和组织两个层面对创业能力进行分解，其中与个体相关的能力包括创业者特质、机会识别能力、构想能力、承诺能力、机会评估能力、机会利用能力、关系能力共七个方面。[③] 马林建构的《大学生创业能力》问卷认为创业能力包括四个方面，即创新意识与创造力、机会识别与利用、风险认识与决策、组织领导与管理能力。李巍等将理工科大学生创业能力构成维度划分为机会洞察能力、方案配置能力、团队管理能力、资源整合能力四个方面。[④]

基于大学生创业实践活动的特点，创业能力应该包括从发现商机到经营公司过程中的多种能力，如创新能力、机会开发能力、组织管理能力、经营发展能力、社会关系能力、心理控制能力。

（一）创新能力

从一定程度上说，创业本身就是一种创新，优秀的创业者一定也是一个成功的创新人才。可以说，创业是创新的载体，创新是创业的灵魂。具体来说，创业中的创新能力就是创业者在创业活动中表现出来的一种独特的解决问题的能力，是一种创造性思维活动，能够产生具有一定价值的新的观念、产品和制度等。创新能力不是一种具体的能力，它蕴含在其他各种特殊能力之中，通过具体的创业活动发挥其作用。大学生创业群体掌握了丰富的科学文化知识，了解当代经济社会发展的前沿，其创业活动与一般的生存型创业相区别，创新性是其突出的、本质的代表。因此，努力培养大学生的创新能力是创业教育的关键所在。

---

① MAN T, LAU T. Entrepreneurial competen cies of SME owner/managers in the Hong Kong services sector: a qualitative analysis [J]. Journal of enterprising culture, 2000, 8 (3): 235 - 254.

② 唐靖，姜彦福. 创业能力概念的理论构建及实证检验 [J]. 科学学与科学技术管理，2008 (8): 52 - 57.

③ 尹苗苗，蔡莉. 创业能力研究现状探析与未来展望 [J]. 外国经济与管理，2012 (12): 1 - 11.

④ 李巍，席小涛，王阳. 理工科大学生创业能力结构模型与培育策略 [J]. 现代教育管理，2017 (10): 79 - 85.

（二）机会开发能力

创业过程始于发现商机并把握创业机会，因此成功的创业者需要具备敏锐的机会开发能力。创业者要从成千上万纷繁复杂的市场中发现有利的商机，然后通过各种评价手段进行评估，最终发现适合创业的机会。在这个过程中，创业者需要认真分析市场机会，在特定的市场上发现价格低于价值的东西或者充分利用现有资源获利。商机就是市场在发展的过程中由于内部作用力相互作用导致的不均衡，创业者的主要任务就是通过自己敏锐的市场观察能力，发现这种不均衡引发的各种未满足的需求和未解决的问题，通过创建能够为市场创造新价值的新组织，进而找到有效的解决方法。大学生创业者的机会开发能力应包含两个方面：首先要具备市场观察能力，能够发现具有潜力的市场领域，识别出具有商业价值的市场机会；其次要能够迅速捕捉到高质量的商机，及时开发出能够满足市场需求的产品和服务。

（三）组织管理能力

组织管理能力是创业能力中的重要构成部分，是一种在创业的过程中起领导和组织管理作用的能力。对于大多数创业者来说，谈到创业就会谈到创业合作伙伴和创业团队的问题。出色的创业者一定是一名出色的领导者，需要对带领的团队成员具有一定影响力，能够解决团队组织产生的问题，保证团队的正常运作，带领团队成员朝着既定目标奋斗。在现实的创业环境中，技术、资金和市场在一定程度上不是根本的问题，最重要的是拥有一支运转良好、精神饱满的精英团队。作为大学生创业者，一方面，要能够有效地领导和管理创业团队成员，充分调动每位合作伙伴或者员工的积极性，有效地对他们的工作进行管理与监督，并及时对团队成员进行培训，不断提高他们的各项技能；另一方面，要能够制定合理的规章制度，有效地配置组织内部的各项资源，实现对新创企业内部各个职能领域的有效组织和管理。

（四）经营发展能力

如果说组织管理能力是大学生成功创业的保障性能力，那么经营发展能力就是一种动力性能力，直接关系到新创企业的未来发展。作为成功的创业者，必须具有总揽全局的能力，能够为新创企业的发展制定明确的方向，并作出正确的决策，制订合理的规划，带领自己的创业团队朝着既定目标奋进。作为大学生创业者，首先，要能够敏锐洞察所处行业的发展趋势，制订明确的战略目标和具体的发展规划；其次，必须具备很强的适应能力，能够对战略规划及时作出适当的调整，保证企业的发展能够适应环境变化；最后，还应具备充沛的开拓能力，为企业的发展提供充足的动力，包括开辟新市场的能力、获取更多发展资金的能力和营销管理的能力等。简言之，经营发展能力包括制订战略目标与规划、及时调整目标与经营思路两种能力。

（五）社会关系能力

创业是一个艰辛的过程，需要创业者在各种资源匮乏的情况下积极识别并把握商机，这就注定创业者不能是一个孤军奋战的团队，需要努力获得其他组织和个人的帮助与支持。同时，创业活动是一种面向市场的商业活动，创业者必须与顾客接触，这就要求他们具备较强的社会关系能力。概括来说，社会关系能力就是创业者所具备的处理人与人或者人与组织之间互动的能力，涉及创业过程中的各个环节和各个领域，是每个创业者必须具备的能力。针对大学生创业者来说，社会关系能力就是维持和建立新的各种社会关系的能力，包括沟通能力、说服能力和人际交往能力等，主要是与相关的政府机构、中介组织、重要资源拥有者、周围的企业和潜在的顾客等组织或个人建立良好稳定的合作关系。

（六）心理控制能力

创业之路充满艰辛和曲折，要随时面对变幻莫测的激烈竞争以及各种问题和矛盾。成功的创业者一定要拥有驱使他完成从发现商机到创建并良好运营企业的强大心理动力，并主动承担责任、采取行动和作出贡献。大学生在创业过程中，首先，要有坚持不懈的精神，不论遇到什么困难都不屈服，不轻言放弃，即使失败也要勇敢向前；其次，要有坚定的信心，面对各种不确定性，要拥有惊人的忍耐力，通过冷静思考去应对外界的各种干扰；再次，要能够为了创业成功不惜牺牲一时的利益，在关键的抉择上不放弃自己的创业梦想；最后，还要勇于承担风险，在创业过程中一味地规避风险可能会导致丧失商机，要合理分析风险。简言之，心理控制能力包括面临逆境仍能坚持、为了大局能够牺牲一时利益两种能力。

第三节 教育生态视角下电子信息类专业大学生创新创业教育体系构建

一个专业对学生的创新创业教育，离不开学校和社会创新创业大环境的支持。电子信息类专业学生创新创业教育需要依托学校及社会的更多资源支撑。本节主要以学校视角从共性层面提供电子信息类专业学生创新创业教育的建议。

一、高校大学生创新创业教育生态的主体关系

就高校的育人职能而言，要提高大学生的创新创业能力，形成良好的创新创业教育氛围，就要建设完善的创新创业培育体系，形成一个像生态体系一样的良性循环系统，构建一个全方位的立体创新创业教育生态培育体系。这一体系包括高校、政府、企业、家庭、学生等多个子系统，各子系统之间相互联系、相互作用、相互支撑，构成一个完整的创新创业教育生态培育体系。

高校内部一般会明确相关部门执行创新创业教育任务，落实创新创业教育职责，如很多高校就明确教务处、学生处、团委等部门联合推进此项工作。不少高校则设立“创新创业学院”“创客学院”“大学生创业孵化中心”以及与地方联合建设“产业研究院”等机构，承担大学生创新创业教育职责，并以之作为学生创新创业载体，为大学生提供创新创业的实践训练和现实创业机会。有的高校还专门创建大学生创业基地（园区）、人才培养模式创新实验区等多种平台，培养创新型人才开展创新创业教育。

作为创新创业教育生态培育体系的主干，高校发挥着关键作用。高校承担着人才教育培养的直接任务，面向学生进行知识的灌输、能力的培养和专业的指导。作为参与者和协助者，政府是创新创业教育生态培育体系中的重要一环，发挥着重要作用，能够在政策制定、资金支持、舆论导向、服务体系、部门协调等多方面为高校创新创业教育创造良好的外部环境，为创业人士提供现实支持。各类企业尤其是知名企业，在高校创新创业教育中起着重要的示范作用，它们是大学毕业生创新创业的最直观奋斗目标。同时，企业也是产业、行业的重要单元，是创业者投身创业的现实环境，因此企业在高校创新创业教育中担负着不可推卸的社会责任。创新创业教育的最终落脚点在学生，只有学生接受了创新创业观念，并勇于去实践创新创业，才能说创新创业教育起到了实际的效果，因此学生需要在创新创业教育中充分发挥自身的主体性。而每一个学生的背后都有一个家庭，家庭的支持是学生实践创新创业的有力保障。

二、高校创新创业教育的传统类型与内容体系

从广义视角，创新创业教育是以培养具有创业基本素质和开创型个性的人才为目标，不仅仅是以培育在校学生的创业意识、创新精神、创新创业能力为主的教育，而是面向全社会，针对那些打算创业、已经创业、成功创业的群体，分阶段、分层次地进行创新思维培养和创业能力锻炼的教育。创新创业教育本质上是一种实用教育。

目前国内高校的创新创业教育主要有如下几种类型：①以“挑战杯”及创业设计类竞

赛为载体开展创新创业教育；②以大学生就业指导课为依托开展创新创业教育；③以大学生创业基地（园区）为平台开展创新创业教育；④以成立专门组织机构为保证推动创新创业教育的开展；⑤以人才培养模式创新实验区为试点培养创新型人才；⑥搭建创新创业教育课程体系，实施创新创业教育；⑦融入人才培养方案，全面实施创新创业教育。

高校在学生中开展创新创业教育主要包括意识培养、能力提升、环境认知和实践体验四个方面内容。①意识培养：通过教育教学，启蒙学生的创新意识和创业精神，使学生了解创新型人才的素质要求，了解创业的概念、要素与特征等，掌握开展创业活动所需要的基本知识。②能力提升：通过课堂教学和实践活动等，解析并培养学生的批判性思维、洞察力、决策力、组织协调能力与领导力等各项创新创业素质，使学生具备必要的创业能力。③环境认知：通过互动交流、现场教学、实践考察等方式，引导学生认知当今的企业及行业环境，了解创业机会，把握创业风险，掌握商业模式开发的过程、设计策略及技巧等。④实践体验：通过创业计划书撰写、模拟实践活动开展等，鼓励学生体验创业准备的各个环节，包括创业市场评估、创业融资、创办企业流程与风险管理等，也包括通过孵化基地相关条件支持、学校政策制度激励等办法，为真正有创业想法的学生提供实现支持和具体指导。

三、高校电子信息类专业学生创新创业教育课程建设

当前，课程建设是高校对学生教育的重要抓手，课程体系构建是达成人才培养目标和完成任务内容的主要途径。

（一）学生创新创业教育课程的层次构成

大学生创新创业教育理念要转化为教育实践需要依托有效的课程载体。课程体系是实现创新创业教育的关键。创新创业教育课程体系主要由以下三个层次构成：第一层次，面向全体学生，旨在培养学生创新创业意识、激发学生创新创业动力的普及课程；第二层次，面向有较强创新创业意愿和潜质的学生，旨在提高其基本知识、技巧、技能的专门的系列专业课程；第三层次，旨在培养学生创新创业实际运用能力的各类实践活动课程，要以项目、活动为引导，教学与实践相结合，有针对性地加强对学生创业过程的指导。

（二）学生创新创业教育课程形式与内容

一是以就业职业指导课为依托，开展创新创业教育。高校主要根据创新创业涉及的知识内容和能力要求，为学生提供课堂教学相关形式的指导教育，同时也结合学生所学专业的实际应用开展创业指导教育。高校面向在校学生开设“大学生职业规划与创业教育”

“大学生就业创业指导”等必修或选修课程。此类课程主要向学生讲授职业生涯理论，职业生涯规划概念、步骤、内容，就业政策法规，求职相关准备，创业理论和相关内涵等，旨在提升学生创新创业和就业意识，培养学生创新创业精神，提高学生创业机会识别能力，促进学生做好职业发展规划，为学生成功创业提供基础指导。

二是开设基础知识课程，推进创新创业教育。高校面向有创新创业意愿或基础的学生开设创新创业素质提升和能力拓展类课程，如“商务导论”“商业模式”“市场调查与预测”“创新创业项目构思与设计”“市场营销实务”“小企业法律常识”“创业计划书撰写与项目路演”等。还有一些高校专门为学生开设了“创新思维”“创业实务”“SIYB 创业培训”“大学生 KAB 创业培训”等课程，指导学生创新创业。

三是设计实践体验课程，推进创新创业教育。一方面，高校以竞赛为载体，组织培训和实战。如以“挑战杯”“互联网 +”等创业设计类竞赛为载体，开展创新创业教育。“挑战杯”中国大学生创业计划竞赛是由共青团中央、中国科协、教育部、全国学联主办的大学生课外科技文化活动中一项具有导向性、示范性和群众性的创新创业竞赛活动，每两年举办一届。中国“互联网 +”大学生创新创业大赛是由教育部与政府、各高校共同主办的一项技能大赛。该大赛每年举办一届，旨在深化高等教育综合改革，激发大学生的创造力，培养造就“大众创业、万众创新”的主力军；推动赛事成果转化，促进“互联网 +”新业态形成，服务经济提质增效升级；以创新引领创业、创业带动就业，推动高校毕业生更高质量创业就业。相关大赛的目的是通过“以赛促学、以赛促教、以赛促创”，把大赛作为深化创新创业教育改革的重要抓手，培养创新创业生力军，激发学生的创造力，切实提高学生的创新精神、创业意识和创新创业能力，并推动赛事成果转化和产学研用紧密结合，形成高校毕业生更高质量创业就业的新局面。另一方面，高校各学院或专业系所也会与企业联合开展一些项目竞赛，如企业根据自身发展需要或者项目研究情况提出一些实战题目，让学生参与实践；同时，围绕比赛或做项目的需要，对学生进行创新创业教育和引导。

四是融入人才培养方案，实施创新创业教育。高校结合各学院专业教学，面向专业学生和部分有志趣的跨专业学生，开设一些紧密结合教师在学术科研创新、科研成果转化、产权与技术服务对接应用方面的学科专业建设前沿和产业课程，推进学生创新创业教育，在人才培养方案中专门设置一定学分的课程学习和实践教学。对电子信息类专业，结合“人工智能与创新训练”“基于大数据分析的营销决策”“嵌入式系统开发及应用”“单片机与微机原理”“传感与检测技术”“DSP 技术及应用”“现代电子技术设计”等课程推进创新创业教育。

有些高校通过整合全校资源，根据学生创新创业需要，推进创新创业课程体系建设。如哈尔滨工业大学就专门整合了各个学院，共同开设学生创新创业课程，供学生选择学习。

四、生态系统视域下高校创新创业教育的转型发展

从创业教育到创新创业教育，经历 20 余年实践探索，在政府“驱动”与市场“带动”下，全国各大高校纷纷投入大量资源，加大力度参与其中，推进高校创新创业教育深化改革。虽然创新创业教育的基本内容和体系已经逐步完善，但是外部驱动发展模式和要素式研究思维已逐渐出现瓶颈问题，导致创新创业教育仍处在“外热内冷”的阻滞状态。

随着创新创业教育的不断推进，其迫切需要从“外驱式建设”转向“内涵式发展”。高校作为创新创业教育的主阵地，不仅要思考创新、创造、创业的融合，更要思考如何与社会、企业、政府更好地互动，因而需要将其作为一个整体存在的生态发展问题来研究。

面对正在转型发展的创新创业教育，其理论与实践的发展必须站在更高更广的视角，超越创新创业教育要素论，探寻创新创业教育与内外环境的相互关系，进而为创新创业教育的发展提供理论指引及实践导向。生态式思维方法强调从整体出发，尤其关注系统的平衡性和联动性，把握事物之间的因果关系，从而改变目前研究中“只见局部、不见整体”“头痛医头、脚痛医脚”的研究现状，从整体、共生、可持续的角度探讨和解决我国高校创新创业教育面临的一些问题。

高校创新创业教育生态系统本质上是一个社会生态系统的子系统，也是一个耦合开放的创新创业关系网络，其发展演变过程涉及生态位、生态系统、社会生态系统、创新生态系统和协同创新等众多理论的交叉。因此，此部分将以生态位理论和生态系统中的“整体”“共生”“协同”思想作为主要视角，推动创新创业教育研究从“要素完善”转到“生态发展”，运用生态思维寻求生态系统中各要素之间及与系统生态环境之间的整体互动、协同发展，构建高校创新创业教育生态系统。

创新创业教育生态系统为高校创新创业教育研究提供了全新的全局视角，将创新创业研究从对高校的创新创业教育和学生个人创新创业行为的研究，进一步深化到探索复杂的外界生态环境与高校创新成果转化以及人才培养关系的范畴。在不同政策、体制机制环境下研究影响高校创新创业教育发展的生态要素，把握创新创业活动的生态规律，能切实增强高校创新创业教育的实效性。

（一）高校创新创业教育“教研训”相结合打造体验式教学新模式

在创新创业教育生态系统中，高校创新创业教育是实操性极强的一种教育模式，创新创业教学（教）和创新创业研究（研）是基础，创新创业实践（训）则具有不可替代的作用，不仅要向学生传授创新创业的理论知识，更要以实践教学引导学生培养创新思维、创业意识，提升创业实践的能力，通过协同机制、课程整合、资源共享、平台建设、过程

实施，增强创新创业教育的可行性和实效性，促使学生实现从“善思考”向“善运用”的转变。高校创新创业教育以产业转型和发展为依据，以行业发展人才需求为导向，依托创新创业（研究）服务中心，搭建跨专业、交叉学科的综合能力实践平台，将高校、政府、学生和企业等多方需求置于同一平台，围绕创新创业实践活动，实现“教研训”一体化；以立体多维课程体系、嵌入拓展综合实训、交互共赢师资配备、整合联动指导服务等机制的体验式教学新模式，打破学院、专业及学科之间的壁垒，推动跨学科、跨领域的合作与交流，适应学生的多元化、个性化需求，融入人才培养全过程，提高学生的参与度和体验度。①

（二）高校创新创业教育“内合外联”建立生态系统联动新机制

创新创业教育是一项长期的、复杂的系统性工程，高校是整个生态系统建设的核心，承担主体责任，但绝非高校独自所能完成，需要以更系统、更全面的视角来看待创新创业教育，以创业需求为导向，将与校内外创新创业相关的所有构成要素和资源进行整合，包括内源性要素（创新创业理念内涵、文化核心等）、基础性要素（推动高校创新创业教育发展的执行机构，包括创新创业教育教学委员会、技术转移中心、创新创业学院等，以及开展创新创业活动的实质性机构，如创业训练与孵化基地、科技园、孵化器等）和发展性要素（保障政策、课程体系、师资队伍等），形成全社会共同参与的“内合外联”创新创业教育模式。“内合”指在高校内部整合各级组织机构、科研资源、教学资源以及实践平台等要素，针对性地为学生提供教育、培训和服务；“外联”指搭建高校与政府、社会和企业等环境因子沟通的桥梁，成为多方联动的纽带，为创新创业教育和活动的开展提供服务和保障，构建高校、政府、社会和企业等生态要素分工合理、良性互动的创新创业教育新机制，形成由内而外、逐层扩展的格局，建立高校与区域范围内各构成要素间协同发展、开放互联、共生演进的生态系统。高校创新创业教育如同生物体从外部环境汲取知识、资源、信息等要素，从而丰富并扩展高校的创新创业教育与活动，而系统内的其他生态因子则通过高校中枢获取自身成长所需要的营养，彼此之间的良性互动促使生态系统有序健康地运行，最终使得创新创业教育的生态系统循环往复发展。②

（三）“互联网+众创空间”构建高校创新创业教育新生态

“互联网+”不仅是一种创新载体，更是一种全新的经济形态。这种经济形态以互联

---

① 屠火明，柯玲，刘吕高，等. 建设“整合体验式”创新创业教育长效机制［J］. 中国高等教育，2011（15）：28-29.

② 黄兆信，罗志敏. 多元理论视角下高校创业教育的发展策略研究［J］. 教育研究，2016（11）：58-64.

网为平台和实现工具，通过重新配置经济社会中的生产要素，实现与经济社会各个领域的深度融合，从而推动实体经济的深度创新与融合发展。① 众创空间是依托互联网和开源技术基础，通过专业化服务、市场化管理和资本化途径有效地整合创新创业服务资源，以政策集成与协同效应构建开放式、便利化、低成本、全要素的新型创新创业服务平台；提供多层次、全链条的创业增值服务，实现创新与创业、线上与线下、实体与虚拟、孵化与投资的相互融合。② 高校众创空间集成高校科研、师资、课程、场地、机构设置及培训服务等资源，吸收社会众创空间的资源整合、市场化管理、全链条式服务等功能，在“互联网＋教育”的时代大背景下，形成了信息技术使能的创新创业教育实践平台、线上与线下相融合的众创教育空间，并与互联网时代的创业教育无缝对接，通过创设无处不在的教育环境，开发开放多元、多层次的教育课程，打造专业化、精准匹配的师资队伍以及创新校政企合作发展机制，实现资源共享共用、平台互联互通，推动技术创新与应用创新互融共生，构建了高校创新创业教育的新生态。③

高校创新创业教育生态系统的构建，促使我国高校创新创业教育更多地从“权力推进、资源驱动”等外部驱动发展模式走向基于自组织生长机理的开放协同的生态发展机制，从无序走向有序，在创新驱动发展的时代背景下推进以创新创业教育为突破口的高等教育改革。

五、高校创新创业教育新型平台载体建设

（一）高校产业学院建设

2020 年 7 月 30 日，教育部办公厅、工业和信息化部办公厅联合发布《现代产业学院建设指南（试行）》，指出培养适应和引领现代产业发展的高素质应用型、复合型、创新型人才，是高等教育支撑经济高质量发展的必然要求，是推动高校分类发展、特色发展的重要举措。为扎实推进新工科建设再深化、再拓展、再突破、再出发，协调推进新工科与新农科、新医科、新文科融合发展，全面提高人才培养能力，将在特色鲜明、与产业紧密联系的高校建设若干与地方政府、行业企业等多主体共建共管共享的现代产业学院。教育部、工业和信息化部将统筹各类资源，对现代产业学院建设予以政策支持和资源倾斜，加

---

① 2015 年政府工作报告［EB/OL］. http://www.gov.cn/xinwen/2015-03/11/content_2832629.htm.

② 王占仁，刘海滨，李中原. 众创空间在高校创新创业教育中的作用研究：基于全国 6 个城市 25 个众创空间的实地走访调查［J］. 思想理论教育，2016（2）：85-91.

③ 万力勇，康翠萍. 互联网＋创客教育：构建高校创新创业教育新生态［J］. 教育发展研究，2016（7）：59-65.

大对毕业生的就业指导和服务力度。①

产业学院建设的目的是适应新工科发展需要，推进人才“双创”教育，这已经成为国家重要发展战略。高校创新创业教育要想获得产业资源的支持，离不开与产业合作，推进产教融合和教育转型。通过对接产业资源，高校逐步改造了专业教学和人才培养与供应模式。而企业要想拓展新资源，需要优化内部结构，通过与高校合作扩展区域市场或资源，拓展市场影响力。因此，产业学院应该成为合作企业的人才培训中心、（区域）营销中心以及研究中心，成为高校的产业研究基地、学生实践/实习基地以及大学生创业基地。产业学院建设过程中涉及企业与高校的合作有多方面内容：

一是推进产业经验和专业教育融合。高校依据企业发展规划，调整相关专业的教学计划，围绕着企业的业务设立课程，以此提高课程的实用性；合作企业参与课程的开发工作，并提供必要的内部培训。

二是推进社会实践与业务发展融合。高校以企业发展需求为核心，组织大学生社会实践、实习，开展创新创业实践；合作企业提供适合的项目、业务、实习岗位或指导。

三是推进产业发展与专项研究融合。高校结合企业业务发展在相关领域进行专项研究，研究成果为双方共享，可向相关主管部门申报研究经费；合作企业为专项研究提供信息、数据、政策、岗位以及调研方面的支持，也可以依托高校的专家资源进行研究和交流。

四是推进人力资源与人才培养融合。高校基于企业所提供的实习、实践、就业岗位进行推荐服务，不断修正人才培养标准，加强学生创新创业教育；合作企业提供实习、实践、就业岗位，为创新创业学生提供有关支持，并对高校人才培养标准提供建议。

五是推进整体战略与区域资源融合。高校凭借自身在当地的丰富社会资源举办各类活动，提高人才培养和企业相关产业业务等在当地的知名度；合作企业配合高校进行相关活动，获得区域资源的合作机会以及业务发展。

六是推进品牌战略与社会形象融合。高校引进产业资源开展合作，可提升自身发展优势，推进人才培养，扩大社会影响力；合作企业则可提升品牌知名度和社会形象，同时获得优质人力资源，并打造社群发展的良好基础。

（二）高校创业孵化基地（孵化器）建设

创业孵化基地是指以政府为创业者搭建的制度性、智能化服务平台，经市、县人力社保部门、财政部门认定，能为入驻的初创小微企业和个体创业者提供基本的生产经营场地

---

① 教育部办公厅 工业和信息化部办公厅关于印发《现代产业学院建设指南（试行）》的通知[EB/OL]. http://www.gov.cn/zhengce/zhengceku/2020-08/28/content_5538105.htm.

以及有效的创业指导服务和一定期限的政策扶持，具有持续滚动孵化和培育创业主体功能的各类创业载体。高校的创业孵化基地主要为在校学生、毕业生当中有创业意向者提供教育指导，为自主创业者提供低成本的孵化服务。

创业孵化基地通过为新创办的各类型中小企业提供物理空间和基础设施，以及一系列服务支持，进而降低创业者的创业风险和创业成本，提高创业成功率，促进科技成果转化，培养成功的企业和企业家。传统的孵化器大多仅是出租办公场所或仅能提供部分初创企业所欠缺的服务，被动地为初创企业提供服务。创新型孵化器则会根据创业者的实际特征和情况，为其提供完善的、全面的服务，包括入驻、孵化培训、孵化投资、技术支持、运营支持、创业者培训等，能够完善地解决创业者在企业起步、成长、发展、壮大过程中遇到的各种问题。创业孵化基地对入驻的初创企业有诸多好处：

一是场地租金优惠。创业孵化基地在“大众创业、万众创新”的背景支持下，借助国家各类政策补贴，可以实现场地租金优惠甚至免租，助力创业者成功迈出创业第一步。

二是公司注册等基础服务一步到位。凭借强大的服务团队与运营经验，创业孵化基地可以为创业团队提供可靠的工商财税等创业相关专业指导与服务，一步到位，让创业者省力省心又放心，避免为企业后期扩张与发展带来不必要的麻烦，同时又可控制初期人力财物成本。

三是创业服务资源丰富。创业服务是创业孵化基地区别于一般办公楼的根本之所在。创业孵化基地除了提供物业、办公等基础服务外，还组织经验丰富的专业人士对初创企业进行辅导，提供专业培训指导与服务，满足初创企业的阶段性需求。

四是创业氛围浓厚，激发创业活力。创业孵化基地作为一个物理空间，可容纳多个创业团队同时办公，打破了传统意义上每个创业项目各自独立办公、与外界相对绝缘的状态，创造出诸多项目之间、项目和外界之间连接的机会，具有集中化特点。

（三）高校众创空间建设

众创（Mass innovation）的提出源于“大众创业、万众创新”，本质上是知识社会条件下创新民主化的展现。众创空间也是一种创新型孵化器，是顺应创新时代用户创新、开放创新、协同创新、大众创新的趋势，把握全球创客浪潮兴起的机遇，根据互联网及其应用深入发展、知识社会创新环境下的创新创业特点和需求，通过市场化机制、专业化服务和资本化途径构建的低成本、便利化、全要素、开放式的新型创业公共服务平台的统称。①

2015 年 3 月 2 日，国务院办公厅印发《关于发展众创空间推进大众创新创业的指导意见》，指出推进大众创新创业要坚持市场导向、加强政策集成、强化开放共享、创新服务

① 创新 2.0 时代的众创及众创空间国内外发展［J］. 办公自动化（综合版），2016，21（6）：26－29.

模式，重点抓好八个方面的任务：一是构建一批低成本、便利化、全要素、开放式的众创空间。实现创新与创业相结合、线上与线下相结合、孵化与投资相结合，为广大创新创业者提供良好的工作空间、网络空间、社交空间和资源共享空间。二是降低创新创业门槛。深化商事改革，为创业企业工商注册提供便利。对众创空间等新型孵化机构的房租、宽带接入费用和公共软件等给予适当财政补贴。三是鼓励科技人员和大学生创业。加快推进中央事业单位科技成果使用、处置和收益管理改革试点，完善科技人员创业股权激励机制。推进实施大学生创业引领计划，为大学生创业提供场所、公共服务和资金支持。四是支持创新创业公共服务。支持中小企业公共服务平台和服务机构建设，促进科技基础条件平台开发共享，加强电子商务基础建设。完善专利审查快速通道，对小微企业核心专利申请予以优先审查。五是加强财政资金引导。发挥财政资金杠杆作用，通过市场机制引导社会资金投入，培养发展天使投资群体，支持初创科技型中小企业发展。六是完善创业投融资机制。开展互联网股权众筹融资试点。规范和发展服务小微企业的区域性股权市场。鼓励银行业金融机构为科技型中小企业提供金融服务。七是丰富创新创业活动。继续办好中国创新创业大赛等赛事和创业培训活动。建立健全创业辅导制度。鼓励大企业建立服务大众创业的开放创新平台。八是营造创新创业文化氛围。积极倡导敢为人先、宽容失败的创新文化，树立崇尚创新、创业致富的价值导向，大力培育企业家精神和创客文化。①

发展众创空间要充分发挥社会力量作用，有效利用国家自主创新示范区、国家高新区、应用创新园区、科技企业孵化器、高校和科研院所的有利条件，着力发挥政策集成效应。2020 年 4 月 16 日，科技部确定了 498 家国家备案众创空间②，其中就有相当比例的众创空间运营管理主体是高校，也有一些众创空间是地方政府与高校共同运营管理的。除此之外，诸多高校也创办“众创空间”或者“创客空间”，发挥就业创业教育和服务的职能。

（四）高校就业创业指导中心建设

国内高校一般都设有就业创业指导中心等专门部门或机构，为学生就业创业和用人单位招聘提供专门指导与服务，承担学校就业创业教育职能。多数学校的就业创业指导中心隶属学生工作处（学生工作部）管理或合署办公，也有一些学校将其独立开来，主要负责开展就业创业课程建设、就业指导、就业市场拓展、就业服务、就业管理、创业孵化等工作。就业创业指导中心的具体职能一般包括两个方面：一是教育指导职能，包括毕业生思

---

① 国务院办公厅关于发展众创空间推进大众创新创业的指导意见［EB/OL］. http://www.gov.cn/govweb/zhengce/content/2015-03/11/content_9519.htm.

② 科技部关于印发 2020 年度国家备案众创空间的通知［EB/OL］. https://www.safea.gov.cn/tztg/202004/t20200426_153453.html.

想教育，职业生涯规划指导与咨询；就业创业政策宣传、就业创业文化活动组织与开展；就业创业课程建设及理论研究、创新创业教育指导及赛事组织、师资培训；创业基地建设与创业孵化；职业技能培训与创业培训等。二是市场协调职能，包括毕业生的对外宣传与推荐；就业信息采集、审批、发布与分析；就业市场拓展，用人单位联系与接待；组织校园专场招聘会；就业市场调查与分析，毕业生跟踪与调查；就业网站招聘信息管理；毕业生资源信息收集、审核及报送；制订就业方案，就业率统计及报送，毕业生派遣与调整改派等。

在国家层面，教育部设有专门的直属事业单位推进高校大学生创新创业教育，其中1989年批准成立"全国高等学校毕业生就业指导中心"，1998年更名为"全国高等学校学生信息咨询与就业指导中心"。按照《教育部办公厅关于部分直属事业单位机构调整的通知》（教人厅函〔2022〕2号），"全国高等学校学生信息咨询与就业指导中心"的中文名称自2022年2月16日起更名为"教育部学生服务与素质发展中心"，英文名称更名为"Center for Student Services and Development，Ministry of Education，P. R. China"。从其网站内容及相关介绍来看，其职责就包括组织开展与高校毕业生就业创业相关的统计、评价与分析、去向登记、生涯教育和就业指导、培训、实践和项目对接、政策研究以及宣传推广等工作。

六、高校创新创业教育的保障体系

（一）政策保障

制度建设是创新创业教育发展的基本保障，是创新创业教育扎根高校教育长久发展的需要。高校应增设或完善激励政策，提高创新创业教育参与主体的积极性和实践质量。如对创新创业教育业绩突出的教师予以工作量的认定，给予他们物质奖励，对他们的职称评定予以倾斜支持。针对学生参与创新创业相关项目活动，建立学分认定及课程免修、推免研究生加分、申请休学创业等方面的激励性管理制度，积极引导大学生参与创新创业，提高大学生的创新创业参与度，扩大创新创业教育范围，让大学生吃透政策、享受政策。如广东工业大学出台十多项创新创业方面的激励性管理制度：《创新创业实践保障与激励办法》《学生申请休学创业实施办法》《创新创业学院工作办法》《"大学生创新创业计划"项目管理办法》等。

（二）经费保障

高校应加大创新创业教育投入力度，满足创新创业教育发展的多方面需求；积极向政府和社会争取实际资源，特别是争取中央财政支持、地方高校发展专项资金支持、校友相关资助等，为开展创新创业教育吸收更多资源。为保障经费的良好运转使用，需成立专门的领导和部门组织，实现创新创业教育经费的公开透明及高效利用。

（三）场所支持

创新创业教育需要有独立的工程实践基地，应提供专门场所支持建设“创业孵化基地”“创新创业中心”“创客中心”等，以及重点实验室、实训场地等。如广东工业大学依托香港科技大学霍英东研究院和广州国家 IC 基地、东莞华南设计创新院、佛山数控装备协同创新研究院、河源协同创新研究院等协同创新平台搭建粤港协同互动多赢的创新创业平台。

（四）队伍保障

要推动创新创业教育的发展，提高创新创业教育质量，为社会培养高素质创新创业人才，教师是关键因素之一。学校应推进教学与实践相结合、创新与创业相结合、校内与校外相结合，花大力气建立一支专业化、高水平、相对稳定的创新创业教育教师队伍。应从组织层面对队伍建设予以支持，通过制定相关制度、加强培训等方面保障队伍建设。同时，提升队伍专业指导能力，促进校企合作、产教融合，推进专兼职队伍建设，保证创新创业项目的落地实施。

（五）课程建设

课程建设与创新创业内容是相互支撑的，需要充分利用校内外资源，有针对性地优化创新创业课程体系。需推进网络课程平台建设，以开放式的网络实验课程和学生在线学习平台，支持更多学生选课修课，并鼓励教师建设实践培训课程等。

（六）氛围营造

高校应提高大学生创业的社会支持认可度，开展多形式、多渠道的宣传活动，如开展线上线下创业答疑活动、举办创业成果分享会、邀请学生到创业实践基地参观，改变社会对创业的偏见，以文化的渗透作用传递创业观念，呵护大学生创业的星星之火，营造良好的创业文化氛围，激发学生的创业激情和创业动机，注重创新创业文化育人，营造“敢创、爱创、能创”的创客氛围。